古代歷史文化研究輯刊

十三編

王明蓀 主編

第 **8** 冊

唐五代內官制度研究

霍斌 著

國家圖書館出版品預行編目資料

唐五代內官制度研究／霍斌 著 -- 初版 -- 新北市：花木蘭文化
出版社，2015〔民 104〕
序 2+ 目 4+200 面；19×26 公分
（古代歷史文化研究輯刊 十三編：第 8 冊）
ISBN 978-986-404-018-6（精裝）
1. 宮廷制度 2. 隋唐五代
618   103026948

ISBN-978-986-404-018-6

9 789864 040186

古代歷史文化研究輯刊
十三編　第 八 冊　　　　　　ISBN：978-986-404-018-6

唐五代內官制度研究

作　　者	霍　斌	
主　　編	王明蓀	
總 編 輯	杜潔祥	
副總編輯	楊嘉樂	
編　　輯	許郁翎	
出　　版	花木蘭文化出版社	
社　　長	高小娟	
聯絡地址	235 新北市中和區中安街七二號十三樓	
	電話：02-2923-1455／傳真：02-2923-1452	
網　　址	http://www.huamulan.tw 信箱 hml 810518@gmail.com	
印　　刷	普羅文化出版廣告事業	
初　　版	2015 年 3 月	
定　　價	十三編 27 冊（精裝）台幣 52,000 元	

唐五代內官制度研究

霍　斌　著

作者簡介

霍斌（1987～），男，山西太原人。中國人民大學歷史學院中國古代史專業在讀博士研究生。2009 年畢業於山西師範大學歷史與旅遊文化學院，2012 年畢業於陝西師範大學歷史文化學院。2012 年起在中國人民大學就讀。主要研究方向：唐代政治制度史、中古醫療社會史。主要研究成果：《「毒」與中古社會》（碩士學位論文，十七萬字）、《隋汾陽宮考》、《唐玄宗內官制度改革發微》、《恐懼與話語權：唐代「蠱毒」研究的新視角》等。

提　要

　　唐前期內官制度行用周禮模式，即「三夫人、九嬪、二十七世婦、八十一御女」。在開元元年十二月或開元二年八月左右唐玄宗進行內官制度改革，原因主要有二：第一，鏟除太平公主之前安排在宮內的勢力。第二，唐朝初期所遵循的周禮模式，本身就具有不穩定性，破壞和改革是一種發展常態。

　　五代內官制度打破周禮模式，內官與宮官兩大系逐漸融合，形式新的內職系統。而五代內職制度所呈現的模式主要有三種：位號＋封號、宮官職號（＋美名）＋封號、美名＋封號。但並非所有宮官都是皇帝配偶。十國的內官制度則有自己的特點，如出現新的元妃、順妃、慧妃等位號。

　　唐後期的內官制度發生新的變化。宮內女子假借外命婦封號如「國夫人」、「郡夫人」等成為皇帝配偶，可稱為「內夫人」。一般情況下內夫人在去世後才能被追贈內官位號，可見內夫人與內官之間存在明顯的等級差距。但從唐昭宗開始兩者之間的鴻溝似乎在逐漸縮短。宋代的內職制度受五代的影響，內官和宮官系統出現交叉和融合，而且趨於成為定制。宋代內命婦的遷轉途徑是：宮官→宮官＋封號→內官，其中加封號環節往往必不可少。然而宋代的宮官卻並非都是皇帝侍妾，其中還有一部分在宮內協助皇帝處理政務文書。唐代先皇妃嬪的稱號一般情況下都會改為某國太妃或太儀。但宋代的先皇妃嬪依然按原本位號等級進遷，據此推斷宋代先皇妃嬪留在宮內奉養的情況可能更為普遍。

序

　　霍斌所撰的《唐五代內官制度研究》一書即將出版，在翻閱完書稿，欣喜之餘，覺得還有一些話不吐不快，說出來與讀者共勉。

　　首先，此書的選題很好。目前關於唐代內官制度的研究成果不少，有大量的論著湧現，但大都存在著這樣那樣的問題，有的對內官的範疇界定不清，有的則是淺嘗輒止，未有深入的探討，還有的只涉及到其中一部分內容，算不上全面系統的研究。存在的最大的問題是，不少論著僅涉及了唐代的制度，對五代十國時期的制度卻視而不見。其實五代十國的制度直接沿襲了唐制，唐制在以後的發展變化，主要體現在五代十國制度上，所以研究唐代制度便不能不涉及五代之制。霍斌此書彌補了這些不足的方面，將唐五代的內官制度進行了系統全面的研究，是此書的一大特點。

　　其次，重視這一歷史時期內官制度的變化。唐朝的內官制度並非一成不變，唐初之制完全承襲隋制，自高宗以來就已經開始有了變化，除了嬪妃的設置有所變化外，品階的變化更大，至唐玄宗時期遂對這一制度進行了重大的改革。此書對唐玄宗改革內官制度的時間、原因、目的等方面，進行了詳盡的探討，對改革後的嬪妃名號也進行了歸納，這些都十分難得的。五代十國時期雖然沿襲了唐制，但由於其處於所謂的亂世，加之史料闕如，所以顯得十分零亂。作者在這方面做了很大的努力，以釐清混亂的頭緒，除了將其沿襲唐代的名號一一釐清外，還指出了這一時期新創的嬪妃名號，並認為這些多為一時之制。最重要的研究結論是：指出了五代的內官系統已經將唐代的內官和宮官兩大系統逐漸融合在一起了。

　　尤其難能可貴的是，作者在此書中還涉及到了宋代的內官制度，因爲宋人標榜其制沿襲唐制，所以欲要搞清唐制的發展變化，便不能不對宋制進行考察。然而實際情況正如作者所說的：「在唐代界定清晰、區分明白的內官和宮官系統，在宋代卻混淆不清，而且大量被視爲是外命婦封號的國夫人、郡夫人、郡君、縣君也充斥於內廷。」針對這種情況，作者進行了深入的探索分析，探尋其變化的根源，認爲是受五代之制影響的結果。這一研究結論與我一貫堅持的宋制主要是沿襲了五代十國之制的論點相吻合，宋人之所以不願意承認這一點，完全是出於其對五代十國歷史歧視的緣故。這些可以視爲此書的第二個特點。

　　再次，資料收集齊全而豐富。對於唐五代史的研究而言，除了傳統史籍外，原來被視爲新資料的敦煌吐魯番文書經過百餘年的研究，現在已經不好再算新資料了。至於前些年發現的天聖令，引起了中外學術界的高度重視，研究成果一度呈井噴狀湧現，但是其中卻沒有關於內官制度方面的內容。有關這方面的新資料主要來源就是出土的唐五代墓誌，前人編輯出版的碑誌不論，僅近幾年新編輯出版的就有好幾部，如《秦晉豫新出土墓誌搜佚》（四冊）、《大唐西市博物館藏墓誌》（三冊）、《長安新出墓誌》、《洛陽流散唐代墓誌彙編》（二冊）、《西安碑林博物館新藏墓誌續編》（二冊）等。據我不完全的瞭解，還有數部新出墓誌正在整理編輯之中，不久即可面世。日本學者氣賀澤保規編輯出版了《唐代墓誌所在總合目錄》一書，已經修訂了幾次，看樣子還得不斷地修訂下去。正因爲新墓誌不斷地發現，而且其中有不少嬪妃、宮人的墓誌，遂使這部分資料成爲研究內官制度必須查閱的內容，然而已有的不少論著在這方面卻做得很不夠，不能不說是一個很大的缺憾。此書的作者很早就注意到了這個問題，因此在其書大量地使用出土墓誌，在資料的佔有方面超越了前人，這是此書的又一個特點。

　　此外，在研究方法、研究內容、學術規範等方面，此書都有自己的特色，反正讀者自有判斷，就不多說了。作爲一個青年學者，經過自己的努力，寫出自己的第一部學術專著，是非常不容易的。希望作者再接再厲，不要鬆懈，爭取拿出更多更好的研究成果來。

杜文玉

2014 年 10 月寫於古都西安

目

次

第一章　緒　論

一、相關問題回顧

　　關於唐代后妃的研究成果可謂汗牛充棟，涉及到政治、制度、生活、娛樂等諸多方面。個案研究的文章也很多，如對武則天、上官婉兒、楊貴妃等的研究。尤其是 2013 年底上官婉兒墓誌銘的公佈，使其成爲學界和媒體的重要關注點之一。〔註1〕因本文之研究並非觸及到唐代后妃的各個方面，故而僅針對涉及到的制度史的相關研究做一回顧。關於后妃其他方面的研究回顧，可參看三篇碩士學位論文所作的學術史整理，即柳夏雲的《唐代后妃及其生

〔註 1〕 關於上官婉兒早期的研究成果主要有：蘇者聰：《才華絕代的上官婉兒》，《湖南社會科學》，1991 年第 3 期；唐圍結：《上官婉兒生平考述》，《河南教育學院學報》，2004 年第 5 期；趙傑：《上官婉兒家世考》，《長春師範學院學報》，2004 年第 8 期；李宜蓬：《論上官婉兒》，《綏化學院學報》，2007 年第 5 期；李宜蓬：《上官婉兒與中宗文壇》，2010 年第 2 期；李海燕：《上官婉兒與初唐宮廷詩的終結》，《求索》，2010 年第 2 期。隨著 2013 年上官婉兒墓誌的發現，集中產生一批研究上官婉兒的專門文章，研究較以前也更爲深入。主要研究成果有：李明、耿慶剛：《〈唐昭容上官氏墓誌〉箋釋——兼談唐昭容上官氏墓相關問題》，《考古與文物》，2013 年第 6 期。仇鹿鳴：《複數的上官婉兒》，《東方早報》2013 年 8 月 25 日；《上官婉兒之死及平反》，《東方早報》2013 年 9 月 22 日；《上官婉兒墓誌透露的史實》，《東方早報》2014 年 1 月 19 日；《碑傳與史傳：上官婉兒的生平與形象》，《學術月刊》，2014 年第 5 期。杜文玉：《被誤讀的上官婉兒》，《文史知識》，2014 年第 1 期。陸揚：《上官婉兒和她的製造者》，《東方早報》，2014 年 3 月 30 日。于賡哲：《巾幗宰相上官婉兒》，西安：陝西師範大學出版社，2014 年。

活研究》〔註2〕，劉曉雲的《唐代女官制度研究》〔註3〕，張萍萍的《從唐代的后、妃看唐代的政治和生活》〔註4〕。

張晉藩先生等著《中國政治制度史》〔註5〕專章論述唐代的后妃制度，認為唐代後宮制度大抵沿襲漢代以來的制度，宮中有官爵分明的一套組織，也是皇帝之下的一個內置結構。並認為內官系統分為兩個：夫人系統和內侍省系統。但這種劃分將宮官系統也納入到夫人系統中，並不合適。因此我們認為應該依據《唐六典》將唐代後宮系統分為內官、宮官和內侍省三大系統更為妥當。

吳以寧、顧吉辰著《中國后妃制度研究》（唐宋卷）〔註6〕，涉及到唐宋后妃制度的諸多層面，在《宮禁之職》中論述唐代妃嬪位號的問題時也很有深度，但是全書詳於宋而略於唐，有些專章更是只論述宋而無唐，如《后妃等級》。這可能是由於宋代后妃史料較唐代更多、更系統。因而此書對於唐代后妃制度的研究並不完善。

白鋼先生主編的《中國政治制度通史》，其中隋唐五代部分由俞鹿年先生執筆。〔註7〕在第二章《隋唐五代的皇帝制度》中涉及到後宮制度的內容，分類時將自皇后以下的內職系統分為妃嬪等內命婦系統和宮中女官系統。此分類方法較張晉藩稍顯進步。但是論述的內容幾乎是照搬《舊唐書·后妃傳》，沒有展開更深入的探討。

徐連達、朱子彥著《中國皇帝制度》〔註8〕，第三章專門探討后妃制度，涉及面比較廣，如對等級地位、禮儀、女官、后妃干政等方面都有論述，但是可能是限於選題，研究更多是平鋪直敘，深入討論不足。

朱子彥先生的主要研究方向是中國后妃制度史，在《中國皇帝制度》出版後自覺美中不足，因而專門撰寫《後宮制度研究》〔註9〕一書。此書以後宮

〔註2〕 柳夏雲：《唐代后妃及其生活研究》，陝西師範大學碩士學位論文，2010年。

〔註3〕 劉曉雲：《唐代女官制度研究》，首都師範大學碩士學位論文，2007年。

〔註4〕 張萍萍：《從唐代的后、妃看唐代的政治和社會》，天津師範大學碩士學位論文，2009年。

〔註5〕 張晉藩：《中國政治制度史》，北京：中國政法大學出版社，1987年。

〔註6〕 吳以寧、顧吉辰：《中國后妃制度研究》（唐宋卷），上海：華東理工大學出版社，1995年。

〔註7〕 俞鹿年：《中國政治制度通史》（隋唐五代）第五卷，北京：人民出版社，1996年。

〔註8〕 徐連達、朱子彥：《中國皇帝制度》，廣州：廣東教育出版社，1996年。

〔註9〕 朱子彥：《後宮制度研究》，上海：華東師範大學出版社，1998年。

冠名，因此研究內容的廣度和深度都優於前書。而且研究視野較廣，涉及到妃嬪、女官和後宮制度的產生、演變；禮儀制度；生活；宮廷鬥爭和政治鬥爭等方面，還對皇后問題做翔實地考證。關於唐五代后妃制度的論述主要是在第二章《妃嬪、女官與後宮管理機構》，雖然此章不以唐代為主，但是對很多小問題都有涉及。尤其是注意到五代妃嬪制度的改革是使妃嬪與宮廷女官制度合二為一。但對此問題並未展開詳細討論，未注意到五代對宋代產生的影響。2006 年是書再版，更書名為《帝國九重天——中國後宮制度變遷》〔註10〕，關於唐五代的內容也未增添新內容。尤其是沒有利用新出土的唐代墓誌材料，使得唐代部分的研究有美中不足之遺憾。

另外任爽先生在《唐朝典制》〔註11〕、《唐朝典章制度》〔註12〕兩書中也都涉及到內官制度，並將其歸入到皇帝制度當中，主要引用的是《唐六典》中的記載。但是可惜未能突破原有研究的窠臼，沒有深刻認識到唐玄宗內官制度改革的動機和歷史背景，也未注意到唐後期內官制度發生的變化。

筆者管見所及，目前專門研究唐代內官制度的文章僅有一篇，即董春林的《唐代內官制度初探》〔註13〕。此文從《唐六典》「司封郎中員外郎」條和「內官」條所載唐代內官制度的差異入手，著重探討唐玄宗時期內官制度發生的變化。但其所論問題在兩《唐書·后妃傳》前言和《唐六典》中已交代得非常清楚，基本無考證的必要。文章只是單純陳述一種變化，對於變化背後的原因未加深究。由於不重視墓誌材料，該文對唐後期內官制度的變化也未有所創見。

王超的《唐朝皇帝制度的發展與完備》〔註14〕，雖然涉及到後宮制度，但也只是簡單描述。上揭柳夏雲《唐代后妃及其生活研究》和張萍萍《從唐代的后、妃看唐代的政治和生活》兩篇文章，在內官制度方面也是轉引史書，簡單陳述一種靜態的制度。毛佩琦《中國后妃制度論述》〔註15〕、陳恩虎《中

〔註10〕 朱子彥：《帝國九重天——中國後宮制度變遷》，北京：中國人民大學出版社，2006 年。

〔註11〕 任爽：《唐朝典制》，長春：吉林文史出版社，1995 年。

〔註12〕 任爽：《唐朝典章制度》，長春：吉林文史出版社，2001 年。

〔註13〕 董春林：《唐代內官初探》，《哈爾濱學院學報》，2007 年第 10 期。

〔註14〕 王超：《唐朝皇帝制度的發展與完備》，《南京大學學報》，1985 年第 4 期。

〔註15〕 毛佩琦：《中國后妃制度論述》，《中國人民大學學報》，1990 年第 6 期。

國封建社會皇帝后妃問題初探》〔註 16〕都屬於貫通性的論述后妃制度的文章，對唐代內官制度的論述也只是寥寥數筆。朱子彥先生《後宮制度研究》問世之後，這些論文的分量就顯得單薄。萬靜在《論中國古代帝王后妃制度的確立》〔註 17〕一文中將研究的重心放在周代，但由於之前已有顧頡剛先生的《由「蒸」、「報」等婚姻方式看社會制度的變遷（上、下）》〔註 18〕一文，就顯得萬靜的文章從考證到論述都缺乏創新。

關於研究唐代女官制度方面的文章，主要有潘泰泉先生的《唐代的女官》〔註 19〕和劉曉雲的《唐代女官制度研究》。前者有開創之功，後者論述更爲詳盡和全面。耿慧玲先生的《從神龍宮女墓誌看其在政變中之作用》〔註 20〕從政治史中定位女官的歷史角色，很有創見。文中將「宮人」分爲內官和宮官兩個系統，筆者表示認同。

趙雨樂先生的《唐前期宮官與宦官的權力消長》〔註 21〕一文，探討唐代前期宮官在政治史中所發揮的作用，認爲在武后主政時期，后妃、宮官與命婦結成更爲龐雜的宮內力量。這是女主政治下的產物。與此同時宦官的勢力並不顯著。從唐玄宗政權成立開始，武后、韋后時期以宮人爲核心的中宮政治才宣告瓦解，宦官勢力開始崛起。

五代十國的內官制度由於材料零散，情況複雜難考，目前尚無專門文章給予研究。關於五代十國制度史研究的三部代表作杜文玉先生的《五代十國制度研究》〔註 22〕和任爽先生的《十國典制考》〔註 23〕、《五代典制考》〔註

〔註16〕 陳恩虎：《中國封建社會皇帝后妃問題初探》，《安徽大學學報（哲社版）》，1996 年第 3 期。

〔註17〕 萬靜：《論中國古代帝王后妃制度的確立》，《成都大學學報（社科版）》，2004 年第 1 期。

〔註18〕 顧頡剛：《由「蒸」、「報」等婚姻方式看社會制度的變遷（上、下）》，《文史》第十四、十五輯，1985 年。

〔註19〕 潘泰泉：《唐代的女官》，收入朱雷主編：《唐代的歷史與社會：中國唐史年會第六屆年會暨國際唐史學術研討會論文選集》，武漢：武漢大學出版社，1997 年，第 557～567 頁。

〔註20〕 耿慧玲：《從神龍宮女墓誌看其在政變中之作用》，《唐研究》第三卷，北京：北京大學出版社，1997 年。

〔註21〕 趙雨樂：《唐前期宮官與宦官的權力消長》，收入氏著《從宮廷到戰場：中國中古與近世諸考察》，香港：中華書局，2007 年，第 1～35 頁。

〔註22〕 杜文玉：《五代十國制度研究》，北京：人民出版社，2006 年。

〔註23〕 任爽主編：《十國典制考》，北京：中華書局，2004 年。

〔註24〕 任爽主編：《五代典制考》，北京：中華書局，2007 年。

24〕中都沒有涉及此問題。但也有略微涉及到五代十國妃嬪的文章，如王文才《花蕊夫人氏籍考》〔註25〕，杜文玉《五代敍封制度初探》〔註26〕，趙雨樂《藩婦與后妃：唐宋之際宮廷權力的解說》〔註27〕，曾國富、鄧上清《五代后妃與政治》〔註28〕，胡耀飛《世系・命運・信仰：唐末五代東海徐氏家族三題》〔註29〕等，但囿於選題均未對內官制度作著力探討。

　　尤其需要提到的是陳麗萍先生近年正努力於從事政治史視域下的唐代后妃研究。學界以往的研究或由於材料所限，多集中討論唐前期的問題。陳先生的研究有兩大特點：第一，重視墓誌新史料，如《唐〈內人蘭英墓誌釋讀〉——兼論唐代后妃的收養現象》〔註30〕、《唐睿宗豆盧貴妃史事考證》〔註31〕、《從太后改姓看晚唐后妃的結構變遷與帝位繼承》〔註32〕。都以新史料爲基礎來探討新的問題，在政治史上多有發覆。第二，將研究的重心放在唐後期。這樣需要研究者做大量文本細讀的工作，而陳先生做到了這點。她的研究如《唐懿宗的皇后》〔註33〕、《讀兩〈唐書〉札記四則》〔註34〕、《唐宣宗的后妃》〔註35〕、《〈資治通鑑〉唐代后妃紀事獻疑》〔註36〕、《唐懿宗的后妃——兼論唐後期后妃制度的發展與變遷》〔註37〕，都由小見大，給人耳目一新之

〔註25〕王文才：《花蕊夫人氏籍考》，《成都大學學報（社科版）》，1991年第2期。
〔註26〕杜文玉：《五代敍封制度初探》，《史學月刊》，2003年第10期。
〔註27〕趙雨樂：《藩婦與后妃：唐宋之際宮廷權力的解說》，收入氏著《從宮廷到戰場：中國中古與近世諸考察》，第231～264頁。
〔註28〕曾國富、鄧上清：《五代后妃與政治》，《蘭州學刊》，2008年第7期。
〔註29〕胡耀飛：《世系・命運・信仰：唐末五代東海徐氏家族三題》，《唐史論叢》第13輯，西安：三秦出版社，2011年。
〔註30〕陳麗萍：《唐〈內人蘭英墓誌釋讀〉——兼論唐代后妃的收養現象》，《碑林集刊》十六輯，西安：三秦出版社，2011年。
〔註31〕陳麗萍：《唐睿宗豆盧貴妃史事考證》，《唐史論叢》第十三輯，西安：三秦出版社，2011年。
〔註32〕吳麗娛、陳麗萍：《從太后改姓看晚唐后妃的結構變遷與帝位繼承》，《唐研究》第十七卷，北京：北京大學出版社，2011年。
〔註33〕陳麗萍：《唐懿宗的皇后》，《中國史研究》，2010年第4期。
〔註34〕陳麗萍：《讀兩〈唐書〉札記四則》，《隋唐遼宋金元論叢》第一輯，北京：紫禁城出版社，2011年。
〔註35〕陳麗萍：《唐宣宗的后妃》，《中國社會科學院歷史研究所學刊》第七集，北京：商務印書館，2011年。
〔註36〕陳麗萍：《〈資治通鑑〉唐代后妃紀事獻疑》，《隋唐遼宋金元史論叢》第二輯，上海：上海古籍出版社，2012年。
〔註37〕陳麗萍：《唐懿宗的后妃——兼論唐後期后妃制度的發展與變遷》，《中國社會科學院歷史研究所學刊》第九集，北京：商務印書館，2014年。

感。陳先生所著《兩〈唐書‧后妃傳〉輯補》〔註 38〕，利用大量新材料，提出很多新的見解，主要是補兩《唐書‧后妃傳》中所缺內容，並且校正某些錯漏。此外還對后妃的生平、子女及家族網絡進行考辨，成為唐代后妃制度研究和皇族婚姻史的主要參考書。由於后妃身處皇權的漩渦之中，其所涉及到的問題基本都是重大的政治史課題。因此對於后妃的重新研究一定程度上就是對政治史的突破性考察。本文與陳先生研究的不同之處是更偏重於制度史，而且是以長時段視角，上啟兩漢下至宋，梳理內官制度的變化軌跡。如筆者與陳先生都發現唐代後期內官制度出現新的變化。本文則更重視探討產生這個變化的原因及對於五代和宋的內官制度造成的影響。

總而言之，唐代內官制度的研究存在以下幾點不足：第一，研究內官制度的通史性著作和論文較多。因此限於選題，對唐五代的內官制度沒有給予足夠的重視，深度不足；第二，唐代的內官制度往往被皇帝制度涵蓋，沒有成為獨立的問題；第三，有專書卻以唐宋並舉，且詳於宋而略於唐。總之，目前學界對唐五代內官制度研究的最大不足就在於泛泛而談、略而不精、創新不足。

二、問題緣起

筆者對唐代后妃興趣的產生，主要來源於凍國棟和黃樓兩位先生合撰的文章《唐德宗貞元末皇位之爭考辨》〔註 39〕，文中寫到韋賢妃參與宮廷鬥爭一事令筆者眼界大開。因為剛剛花費一年的時間讀完《資治通鑑》隋唐五代部分和兩《唐書》，對於此段政治鬥爭竟然毫無印象，深感讀書之淺薄。尤其是在讀兩《唐書‧后妃傳》時對於韋賢妃也只是一掃而過，基本沒有任何記憶。讀罷此文才發現原來唐代后妃還有許多問題被掩埋而尚待挖掘。於是在之後的讀書過程中對此問題就有所留意，並開始積累材料。

進而有一個想法就是想做一份《唐代后妃表》，統計出唐代的后妃到底有多少。但是當著手準備時首先面臨的問題就是如何界定妃嬪群體，這個群體包括哪些位號。因此之後轉而將工作重心放到唐代內官制度的梳理上。後來發現柳夏雲在《唐代后妃及其生活研究》已經撰有較為完善的《唐代后妃一

〔註38〕陳麗萍：《兩〈唐書‧后妃傳〉輯補》，香港大學饒宗頤學術館，2012 年。
〔註39〕收入嚴耀中主編：《唐代國家與地域社會研究——中國唐史學會第十屆年會論文集》，上海：上海古籍出版社，2008 年，第 1～27 頁。

覽表》，就將更多的精力投入到唐代的內官制度上。在進一步學習中發現，學界對唐代內官制度的研究其實有很多不足，大多研究是人云亦云，缺乏深度。如果只用兩《唐書‧后妃傳》等材料來論證內官制度問題就容易陷入一個誤區，那就是幾乎無視唐代後期制度發生的變化，或者潛意識認爲唐後期的制度和唐前期相同，這樣就忽視了歷史本身所具有的發展特點。

　　制度本身就有一個延續繼承和發展變化的特點。在對唐代內官制度有所思考外，五代的內官制度也成爲不容逃避的問題。而且通過對五代內官制度的研究，也可以上溯探究唐後期內官制度的諸多問題。然而史學界對五代十國后妃制度的研究，幾乎是一片空白，也是有待開發的學術荒漠。

　　對比宋代的內職制度和《唐六典》所載的內官、宮官制度，作爲唐史研究者發現宋代制度會給人一種不適感和混亂感。如在唐代界定清晰、區分明白的內官和宮官系統，在宋代卻混淆不清，而且大量被視爲是外命婦封號的國夫人、郡夫人、郡君、縣君也充斥於內廷。宋代的這種變化肯定是受到唐後期、五代以來內官制度變化影響的結果。在梳理唐前期、唐後期、五代十國的內官制度後，宋代的制度也逐漸清晰，可以爲其找到淵源和演進軌跡。因此爲給研究尋找落腳點，宋代的問題也需要涉及。

三、概念界定

　　首先需要對「內官」、「宮官」、「女官」做概念界定。「內官」可以根據《唐六典》來作詮釋，即屬於皇帝配偶系統的妃嬪。這裡不包括母儀天下的皇后，皇后不屬於「官」的範疇。「宮官」是指六尚諸司諸典諸掌，即尚宮局、尚儀局、尚服局、尚食局、尚寢局、尚功局中各級人員，屬於後宮服務系統。宦官在《唐六典》中屬於「內侍省」，不屬於宮官。「女官」如果從廣義上講包括內官和宮官，即包括妃嬪和宮內掌管不同事務的女宮人。如果從狹義上講，可以引用朱子彥先生的觀點，是指「內宮中與天子無配偶名分而掌管著上起后妃教育，下至衣食供給的各級女性管理人員。」〔註40〕這樣女官便僅有宮官的含義。本文所指的女官取狹義概念。

　　爲便於研究，位號、封號、宮官職號也需要區別。位號是妃嬪之號，如貴妃、昭儀、才人等，即唐代內官之號。封號是縣君、郡君、郡夫人、國夫

〔註40〕朱子彥：《後宮制度研究》，第 96 頁。

人等，即唐代外命婦之號。宮官職號是後宮女官的職稱，如六尚、二十四司等各級女官號。

第二章　唐代內官制度初探

一、前言

　　鄧廣銘先生早有「歷史研究的四把鑰匙」之論斷，職官制度便為其一。因此如若研究唐代后妃的諸多問題，其制度就是開啓這扇大門的鑰匙。但是當許多研究者涉及到唐代內官制度時，多引用兩《唐書・后妃傳》前言或《唐六典》「內官」條中的相關內容來做靜態闡述。這樣做自然是省工夫，也不至於大誤，但同時也陷入一個誤區，那就是忽視制度本身發展變化的特點。其實僅依靠兩《唐書・后妃傳》、《唐六典》、《通典》等史料並不能闡述清楚唐代的內官制度。因為它有一個變化的過程，或者說，唐代的內官制度實際上一直在改變。〔註1〕只不過在安史之亂以後，唐代後期的內官制度情況因隱藏於史籍當中而難以明晰。那麼把它重新挖掘、清理，讓它重現到人們的視野中，這是一個既有趣而充滿挑戰的問題。

　　在展開論述之前，先列出史書中有明確記載唐代內官制度的史料條目，如下：兩《唐書・后妃傳》前言、《舊唐書》卷四四《職官志三》「內官」條、《新唐書》卷四七《百官志二》「內官」條、《唐六典》卷二「司封郎中」條、《唐六典》卷一二「內官」條、《通典》卷三四《職官一六》「后妃」條、《唐會要》卷三「內職」條。

　　以上內容從靜態來看，整體大同小異。其中以《舊唐書・后妃傳》前言的記載為代表，茲引於下：

〔註1〕從後文中唐高宗、唐玄宗、唐肅宗及以後「內夫人」的出現都可以證明此觀點。

　　唐因隋制，皇后之下，有貴妃、淑妃、德妃、賢妃各一人，爲夫人，正一品；昭儀、昭容、昭媛、修儀、修容、修媛、充儀、充容、充媛各一人，爲九嬪，正二品；婕妤九人，正三品；美人九人，正四品；才人九人，正五品；寶林二十七人，正六品；御女二十七人，正七品；采女二十七人，正八品；其餘六尚諸司，分典乘輿服御。龍朔二年，官名改易，內職皆更舊號。咸亨二年復舊。開元中，玄宗以皇后之下立四妃，法帝嚳也，而后妃四星，一爲正后；今既立正后，復有四妃，非典法也。乃於皇后之下立惠妃、麗妃、華妃等三位，以代三夫人，爲正一品；又置芳儀六人，爲正二品；美人四人，爲正三品；才人七人，爲正四品；尚宮、尚儀、尚服各二人，爲正五品；自六品至九品，即諸司諸典職員品第而序之，後亦參用前號。〔註2〕

內官制度研究的重心在其位號的考證。唐代內官位號本不複雜，但是修史者在編撰史書時，由於史料編排順序和詳略的不同，就產生諸多疑問。如上列史料就把尚宮、尚儀、尚服和諸司諸典職員等編進去，這就帶來一問題，即六尚諸司是否屬於皇帝妃嬪中的一員？如若不是，爲何會出現在《后妃傳》中？其實，這是兩《唐書·后妃傳》的一種模糊誤導。《舊唐書·職官志三》、《新唐書·百官志二》、《唐六典》都很明確的將六尚諸司列入「宮官」中。那麼對比可得《舊唐書·后妃傳》中除皇后和六尚諸司之外的位號即可歸爲「內官」。

二、唐代內官制度初探

　　唐代的內官制度沿襲於隋朝，而隋朝的後宮建制則仿傚周禮，即套用「三夫人、九嬪、二十七世婦、八十一御女」的模式，因而在此節論述唐代內官制度時，筆者將據此框架一一論述。

（一）唐代內官制度的周禮模式

　　「三夫人」方面。《唐六典》卷一二「內官」條記載：「內官：妃三人，正一品。（注）《周官》三夫人之位也。古者，帝嚳立四妃，蓋象后妃四星，其一

〔註2〕　（後晉）劉昫等撰：《舊唐書》卷五一《后妃傳上》，北京：中華書局，1975年，第2161～2162頁。

明者，后也。至舜，不立正妃，蓋但三妃而已，謂之三夫人。自夏、殷已降，復有立者，視三公位。雖云古制，數頗繁焉。其餘沿革，事不經見。隋氏依《周官》，立三夫人。皇朝上法古制，而立四妃，其位：貴妃也，淑妃也，德妃也，賢妃也。」〔註3〕帝嚳立四妃，其中之一為后，實則共四人。舜時不設正妃，即沒有后之位，因此才創設「三夫人」之制。可見唐代初期的四妃之制雖說是「皇朝上法古制」，但皇后與四妃加起來是五人，卻與古制相違背。

　　再簡單來看「三夫人」的歷史沿革。（第四章將詳細考證）曹魏之前，三夫人不是定制。直到晉武帝時「置貴嬪、夫人、貴人，是為三夫人，位視王公。」〔註4〕南朝宋泰始三年（467），太宗「又省貴人，置貴姬，以備三夫人之數」〔註5〕，三夫人又成為貴嬪、夫人、貴姬。南齊建元元年（479），「有司奏置貴嬪、夫人、貴人為三夫人」〔註6〕。梁武帝時，「定令制貴妃、貴嬪、貴姬為三夫人」〔註7〕。南陳時「世祖天嘉初，詔立後宮員數，始置貴妃、貴嬪、貴姬三人，以擬古之三夫人。」〔註8〕北魏時，孝文帝之前無三夫人之說，之後設三夫人，位比外朝三公。〔註9〕北齊時，河清新令中規定：「其弘德、正德、崇德為三夫人，比三公。」〔註10〕隋文帝由於獨孤皇后的原因，不設三妃，直至獨孤皇后崩後，「始置貴人三員」，隋煬帝時，「貴妃、淑妃、德妃，是為三夫人，品正第一」。〔註11〕從以上沿革變化中不難發現，唐以前「三夫人」之數都是「三」。簡表如下：

〔註 3〕　（唐）李林甫等撰；陳仲夫點校：《唐六典》卷一二「內官」條，北京：中華書局，1992 年，第 347 頁。

〔註 4〕　（梁）沈約撰：《宋書》卷四一《后妃傳》，北京：中華書局，1974 年，第 1269 頁。

〔註 5〕　《宋書》卷四一《后妃傳》，第 1270 頁。

〔註 6〕　（梁）蕭子顯撰：《南齊書》卷二〇《皇后傳》，北京：中華書局，1972 年，第 389 頁。

〔註 7〕　（唐）李延壽撰：《南史》卷一一《后妃傳上》，北京：中華書局，1975 年，第 317 頁。

〔註 8〕　（唐）姚思廉撰：《陳書》卷七《皇后傳》，北京：中華書局，1972 年，第 125 頁。

〔註 9〕　（北齊）魏書撰：《魏書》卷一三《皇后傳》，北京：中華書局，1974 年，第 321 頁。

〔註 10〕　（唐）李延壽撰：《北史》卷一三《后妃傳上》，北京：中華書局，1974 年，第 487 頁。

〔註 11〕　（唐）魏徵等撰：《隋書》卷三六《后妃傳》，北京：中華書局，1974 年，第 1107 頁。

朝　　代	三夫人
兩晉	貴嬪、夫人、貴人
南朝宋	貴嬪、夫人、貴姬
南齊	貴嬪、夫人、貴人
南梁	貴妃、貴嬪、貴姬
南陳	貴妃、貴嬪、貴姬
北魏	貴人、貴華、貴嬪
北齊	弘德、正德、崇德夫人
北周	德妃、貴妃、長貴妃）
隋代	獨孤后崩後：貴人三員 隋煬帝時：貴妃、淑妃、德妃

因此，在唐玄宗時期便以「非典法」爲理由做出調整，「開元中，……乃於皇后之下立惠妃、麗妃、華妃等三位，以代三夫人，爲正一品。」〔註12〕但是在《新唐書·百官志二》「內官」條卻又記載爲：「貴妃、惠妃、麗妃、華妃，各一人，正一品。掌佐皇后論婦禮於內，無所不統」，之後又補充「其後復置貴妃」〔註13〕，如家喻戶曉的楊貴妃。可見玄宗的調整最後還是回到唐初皇后和四妃並立的局面，「法古制」與屢壞古制之間的矛盾，十分耐人尋味。

「九嬪」方面。《舊唐書·后妃傳上》記載：「昭儀、昭容、昭媛、修儀、修容、修媛、充儀、充容、充媛各一人，爲九嬪，正二品。」唐玄宗又做改革，變九嬪爲六儀。《新唐書·百官志二》記載：「淑儀、德儀、賢儀、順儀、婉儀、芳儀，各一人，正二品。掌教九御四德，率其屬以贊后禮。」〔註14〕這裡需要注意的是《舊唐書·后妃傳》記載爲「又置芳儀六人，爲正二品」；《新唐書·后妃傳上》只記載爲「六儀」〔註15〕；《舊唐書·職官志》記載爲：「六儀六人，（正二品，《周官》九嬪之位也。）掌教九御四德，率其屬以贊導后之禮儀。」〔註16〕後三條史料沒有明確記載「六儀」有哪些，這就很容

〔註12〕《舊唐書》卷五一《后妃傳上》，第 2162 頁。

〔註13〕（宋）歐陽修撰：《新唐書》卷四七《百官志二》，北京：中華書局，1975 年，第 1225 頁。

〔註14〕《新唐書》卷四七《百官志二》，第 1225 頁。

〔註15〕《新唐書》卷七六《后妃傳上》，第 3467 頁。

〔註16〕《舊唐書》卷四四《職官志三》，第 1867 頁。

易讓人產生兩種誤解：第一，芳儀像婕妤、美人、才人一樣，一職多人；第二，「六儀」就是妃嬪位號。在此特作說明。

「二十七世婦」方面。《舊唐書・后妃傳上》記載：「婕妤九人，正三品；美人九人，正四品；才人九人，正五品。」《新唐書・后妃傳上》記載：「婕妤、美人、才人各九，合二十七，是代世婦。」〔註17〕唐玄宗調整爲「美人四人，爲正三品；才人七人，爲正四品。」廢除「婕妤」位號，美人和才人分別遞進一品，人數由二十七人減至十一人。

「八十一御女」方面。《舊唐書・后妃傳上》記載：「寶林二十七人，正六品；御女二十七人，正七品；采女二十七人，正八品。」《新唐書・后妃傳上》記載：「寶林、御女、采女各二十七，合八十一，是代御妻。」〔註18〕唐玄宗全部廢除寶林、御女和采女等位號。《舊唐書・職官志》記載：「玄宗以爲后妃四星，其一正后，不宜更有四妃，乃改定三妃之位：惠妃一，麗妃二，華妃三，下有六儀、美人、才人四等，共二十人以備內官之位也。」〔註19〕後宮內官之數只剩下二十人。

綜上可見，唐前期的內官數量爲 4＋9＋27＋81＝121 人，經過唐玄宗調整之後就變爲3＋6＋11＝20 人，可見裁減人數之眾，改革力度之大。

這裡還要補充一個問題，那就是唐高宗龍朔二年（662）的內官制度改革。《唐會要》卷三「內職」條記載：

> 龍朔二年，改易官名，置贊德二人，正一品，以代夫人；宣儀四人，正二品，以代九嬪；承閨五人，正四品，以代美人；承旨五人，正五品，以代才人；衛僊六人，正六品，以代寶林；供奉八人，正七品，以代御女；侍櫛二十人，正八品，以代采女。又置侍巾三十人，正九品。咸亨二年，復舊。〔註20〕

這只是驚鴻一瞥，也無規律、模式可言，乃一時之制，咸亨二年（671）便復舊，並且對後世也沒有產生什麼重大影響。《舊唐書・后妃傳上》記載「龍朔二年，官名改易，內職皆更舊號。」〔註21〕從中可見贊德、宣儀、承閨等都

〔註17〕《新唐書》卷七六《后妃傳上》，第3467頁。
〔註18〕《新唐書》卷七六《后妃傳上》，第3467頁。
〔註19〕《舊唐書》卷四四《職官志三》，第1867頁。
〔註20〕（宋）王溥等撰：《唐會要》卷三「內職」條，上海：上海古籍出版社，2006年，第37頁。《新唐書》卷四七《百官志二》「內官」條，記載與此相同。
〔註21〕《舊唐書》卷五一《后妃傳上》，第2162頁。

是舊位號,但史籍中卻沒有這些位號的記載,不知承襲於何朝。唯一可道者是此次改革位號的變化特點。之前位號多是對女子品行或容顏的描述,如「淑」、「德」、「賢」「媛」、「美」等,而新的位號首字多為動詞,如「贊」、「宣」、「承」、「衛」、「供」、「侍」等,即從一種更多體現女性特點的位號轉向職事特點。或許是武后試圖通過女性的實際工作能力來提高女性的地位。如新中國為提高女性地位,提出「婦女能頂半邊天」的口號,即通過實際勞動來證明女性並不是弱者。另外唐高宗還特別為武則天設立「宸妃」位號,用來提高其地位,為當皇后做鋪墊,但是遭到宰相韓瑗和來濟的反對,因而取消宸妃之號。〔註22〕

(二)唐前期內官、宮官的品級變化

安史之亂前唐代內官和宮官的品級變化也耐人尋味。根據《舊唐書‧后妃傳》和《新唐書‧百官志》的相關記載列表便會一目了然,表如下:

品級	唐代初期	唐高宗龍朔二年	唐玄宗時期
正一品	貴妃、淑妃 德妃、賢妃	贊德二人	惠妃、麗妃、華妃
正二品	昭儀、昭容、昭媛 修儀、修容、修媛 充儀、充容、充媛	宣儀四人	淑儀、德儀、賢儀 順儀、婉儀、芳儀
正三品	婕妤九人		美人四人
正四品	美人九人	承閨五人	才人七人
正五品	才人九人	承旨五人	尚宮、尚儀 尚服各二人
正六品	寶林二十七人	衛僊六人	自六品至九品,即諸司諸典職員品第而序之
正七品	御女二十七人	供奉八人	
正八品	采女二十七人	侍櫛二十人	
正九品		侍巾三十人	

這就出現一個新的問題,唐玄宗改革內官制度後,內官和宮官的品級序列成為一體,依此而晉升,這就是內官系統和宮官系統逐漸交叉與融合的體

〔註22〕就此問題可參看趙文潤:《武則天》第四章第二節《武則天當過宸妃嗎?》,西安:西安出版社,2007年,第33~34頁。另見趙文潤、王雙懷:《武則天評傳》,西安:三秦出版社,2000年,第41頁。

現。如前文所述，朱子彥先生已經發現這個問題，他認為五代帝王嬪妃制度改革的主要內容是恢復漢、晉舊制，並使妃嬪與宮廷女官合二為一。〔註 23〕關於恢復漢、晉舊制一說，筆者並不贊成，但是此變化確實是五代內官制度的實際情況。在此我們還可補充，其實五代的情況在唐玄宗時期就已經出現萌芽。但是《唐會要》「內職」條在講完妃嬪之後又說：「其外又有尚宮、尚儀、尚服、尚食、尚寢、尚功，分掌宮中服御藥膳之事。宮正糾愆失，彤史紀功書過。」〔註 24〕可見《唐會要》的編撰者也不認為六尚諸司系統屬於妃嬪之列。這當與開元後期內官制度又恢復到唐前期模式有關。因此唐玄宗時期所呈現的內官和宮官合二為一的萌芽，在開元二十三年左右就被扼殺。（詳見下文）

　　唐玄宗此次內官制度改革的時間在開元初年（詳見下節考證），但是成書於開元二十七年的《唐六典》記載宮官時卻又與《舊唐書·后妃傳》不同。為方便對比，引《唐六典》文列表於下〔註 25〕。

		正五品	正六品	正七品	正八品
尚宮局	尚宮二人	司記二人、司言二人 司簿二人、司闈二人	典記二人、典言二人 典簿二人、典闈二人	掌記二人、掌言二人 掌簿二人、掌闈二人
尚儀局	尚儀二人	司籍二人、司樂二人 司賓二人、司贊二人 彤史二人	典籍二人、典樂二人 典賓二人、典贊二人	掌籍二人、掌樂二人 掌賓二人、掌贊二人
尚服局	尚服二人	司寶二人、司衣二人 司飾二人、司仗二人	典寶二人、典衣二人 典飾二人、典仗二人	掌寶二人、掌衣二人 掌飾二人、掌仗二人
尚食局	尚食二人	司膳四人、司醞二人 司藥二人、司饎二人	典膳四人、典醞二人 典藥二人、典饎二人	掌膳四人、掌醞二人 掌藥二人、掌饎二人
尚寢局	尚寢二人	司設二人、司輿二人 司苑二人、司燈二人	典設二人、典輿二人 典苑二人、典燈二人	掌設二人、掌輿二人 掌苑二人、掌燈二人
尚功局	尚功二人	司制二人、司珍二人 司綵二人、司計二人	典制二人、典珍二人 典綵二人、典計二人	掌制二人、掌珍二人 掌綵二人、掌計二人
	宮正一人	司正二人	典正四人	

　　按《舊唐書·后妃傳上》記載：「尚宮、尚儀、尚服各二人，為正五品；自六品至九品，即諸司諸典職員品第而序之，後亦參用前號。」但是上表中

〔註23〕朱子彥：《後宮制度研究》，第 58 頁。
〔註24〕《唐會要》卷三「內職」條，第 36～37 頁。
〔註25〕表上內容出處是《唐六典》卷一二「宮官」條，第 349～355 頁。

六尚長官都位居正五品，並且沒有九品之職。由此推測唐玄宗改革後的制度可能在開元二十七年之前又出現變化。另外唐代的宮官在唐後期也有變化，《唐內人蘭英墓誌》記載：「咸通八年二月六日，葬於萬年縣長樂鄉王徐村小唾盂局。內人蘭英。淑妃養女。」〔註26〕經陳麗萍先生考證，小唾盂局不見於六尚諸司，當是唐後期新設。〔註27〕但是具體變化的情況如何，限於史料尚難明確。

（三）唐前期的「貴嬪」與「嬪」考辨

《舊唐書‧后妃傳上》前言所載唐代內官制度就唐前期而言，也不完備。通過新出土唐代墓誌我們還發現「貴嬪」位號。

大唐西市博物館所藏墓誌中有《大唐莫貴嬪墓誌銘》，其文如下：

> 貴嬪莫氏，諱麗芳，吳郡吳人也。其先光輔楚國，望祀潼漳，世處莫敖，因以命氏。祖影龍，陳東衡、北兗、南徐三州刺史。父孝恭，高唐太守。葳蕤蘭桂，國芳雲挺。煥爛珠玉，曜廡燭車。貴嬪稟眹靈山，降祥精月。含犀表相，麗玉應圖。生知環佩之節，天挺琴瑟之韻。好班姬之筆研，工蔡媛之眞草。陳氏愧其花銘，孫婦慚其香賦。鑿繡之則，巧洞天機；締絡之功，妙踰神造。故得家移戚里，身陟瑤臺。位處袂良，禮承巾櫛。高禖既祀，銀環乃授。載誕璇枝，慶隆盤石。然而玄女之經，奇方罕驗；恒娥之藥，秘術難追。武德元年十一月，薨於別館，春秋卅有二。巽風徘徊，林星掩曜。紫庭興悼，彤管流嗟。詔贈貴嬪，禮也。粤以其年歲次戊寅十二月壬申朔十四日乙酉，窆於長安之福陽鄉。〔註28〕

莫麗芳在武德元年被贈「貴嬪」位號。陳麗萍先生根據「載誕璇枝，慶隆盤石」來判斷，莫貴嬪曾為高祖生有子嗣。〔註29〕而且唐高祖二十二子的生母在兩《唐書》高祖諸子傳都有明確記載，莫貴嬪就是傳中的莫嬪。

還見《太安宮嬪楊氏墓誌銘》載：

> 貴嬪諱，弘農華陰人，隋上柱國上明公之女也。昔西周國風，

〔註26〕吳鋼主編：《全唐文補遺》第二輯，西安：三秦出版社，1995年，第583頁。

〔註27〕陳麗萍：《唐〈內人蘭英墓誌〉釋讀——兼談唐代后妃的收養現象》，《碑林集刊》第十六輯，2011年。

〔註28〕胡戟、榮新江主編：《大唐西市博物館藏墓誌》，北京：北京大學出版社，2012年，第61頁。

〔註29〕陳麗萍：《兩〈唐書‧后妃傳〉輯補》，第21頁。

著好仇之美；東京內職，盡良家之選。況夫資世德之丕慶，播川靈之粹祉。撫翼黃閣，翻飛紫庭，新宮既飾，增成爰處。貴嬪神儀艷逸，姿制凝閒，賦善懷貞，執柔居順，含壹德而爲美，婉六義而成章。於是備列九重，聿宣四德。覽晨雞而作戒，顧彤管而問詩。佩服衿帨，覽鏡圖史。至於翠帳晨開，蘭燈曉滅，粉壁金釭之下，朱墀玉階之上，艷桃李而增鮮，照雲霞而掩色。既留皇鑒，宜降神祐，閱水傳薪，促齡短世，委繁華於方壯，歸太陰而潛處。貞觀八年八月四日遘疾薨於後宮，即以其月九日葬於長安縣義楊鄉。〔註30〕從「貴嬪諱」、「貴嬪……」這種墓誌書寫格式來看，與上一方很類似。太安宮嬪之「嬪」就是貴嬪無疑。

除此以外，唐高祖時期還有孫嬪、崔嬪、楊嬪、小楊嬪。可見確實有「嬪」作爲位號的存在。昭儀、昭容等爲九嬪，那麼有沒有可能是凡有九嬪位號者皆可以簡稱爲嬪呢？《舊唐書·高祖二十二子傳》載：「高祖二十二男：太穆皇后生隱太子建成及太宗、衛王玄霸、巢王元吉，萬貴妃生楚王智雲，尹德妃生酆王元亨，莫嬪生荊王元景，孫嬪生漢王元昌，宇文昭儀生韓王元嘉、魯王靈夔，崔嬪生鄧王元裕，楊嬪生江王元祥，小楊嬪生舒王元名……」〔註31〕宇文昭儀就是九嬪之一，如果九嬪和嬪相同，此處爲何「昭儀」和「嬪」並列呢？再有以上兩方墓誌材料，可證明確實存在「貴嬪」，可見兩者不相同。

《新唐書》載兩例明確爲貴嬪的史料。第一，至德二載（757）五月庚申，「詔追冊貴嬪楊氏爲皇后」〔註32〕第二，「帝在東宮，后以景雲初入宮爲良媛。……帝即位，爲貴嬪。其姊，節愍太子妃也。初，肅宗生，卜云：『不宜養。』乃命王皇后舉之。后無子，撫肅宗如所生。后又生寧親公主，乃薨。」〔註33〕都是在說肅宗生母玄宗元獻皇后楊氏，在唐玄宗即位之初爲貴嬪。

但《舊唐書》所載卻與此大相徑庭。《舊唐書·后妃傳》載：「開元中，肅宗爲忠王，后（元獻皇后楊氏）爲妃，又生寧親公主。……（至德）二載五月，玄宗在蜀，詔曰：『聖人垂範，是推顧復之恩；王者建極，抑有追尊之禮。蓋母以子貴，德以諡尊。故妃弘農楊氏特稟坤靈，久釐陰教。往以續塗

〔註30〕趙振華、孫紅飛：《唐高祖李淵嬪楊氏與長安太安宮》，《唐都學刊》，2011年第6期。

〔註31〕《舊唐書》卷六四《高祖二十二子傳》，第2413～2414頁。

〔註32〕《新唐書》卷五《玄宗本紀》，第153頁。

〔註33〕《新唐書》卷七六《后妃傳上》，第3492頁。

山之慶，降華渚之祥。誕發異圖，載光帝業。而冊命猶闕，幽靈尚閟。夏王繼統，方軫陽城之恩；漢后褒榮，庶協昭靈之稱。宜於彼追冊爲元獻太后。」〔註34〕《肅宗本紀》載至德二載五月庚申，「詔追贈故妃楊氏爲元獻皇太后，上母也。」〔註35〕尤其是對比兩書至德二載五月庚申玄宗詔文，一爲「貴嬪」，一爲「妃」。

張說曾撰《節愍太子妃楊氏墓誌》可以爲第三種史料來判斷兩《唐書》記載之不同。其文曰：「初，上在東宮時，妃有女弟，選爲良媛，生忠王。卜者曰：『不宜養』。爰自襁褓，命妃舉字（集作之）。及開元正位，良媛爲嬪而卒。」〔註36〕節愍太子妃楊氏是元獻皇后楊氏的姐姐。從最後一句「良媛爲嬪而卒」來分析，楊皇后卒前位號還是「嬪」而不是「妃」。另外如果是妃的話，那麼在盡是溢美之詞的墓誌中爲何不如此書寫而彰顯其家族榮譽呢？畢竟「妃」比「嬪」高一個等級。

但是筆者認爲《新唐書》中元獻楊皇后部分的撰寫，歐陽修曾參考張說的《節愍太子妃楊氏墓誌》。原因有二：第一，《新唐書》在書寫時特別強調「其姊，節愍太子妃也。」《舊唐書》不見。第二，《新唐書》「初，肅宗生，卜云：『不宜養。』」一句可能來源於張說文。而《舊唐書》此事的書寫與兩者截然不同。〔註37〕《舊唐書》書寫爲「妃」又有兩種可能：第一，肅宗即位以後，爲突出楊氏在玄宗朝的高貴地位，達到「子以母貴」的效果而竄改記載。第二，楊皇后卒前位號確實是「嬪」，當開元二十四年（736）忠王李亨被立爲太子以後，因「母以子貴」，其被玄宗追冊爲「妃」。我傾向於認同第二種可能，原因有三：第一，如果竄改「嬪」爲「妃」當時玄宗還在世，而且開元天寶時期的大臣在世者還有很多，此乃掩耳盜鈴之舉，實無必要。

〔註34〕《舊唐書》卷五二《后妃傳下》，第 2184 頁。
〔註35〕《舊唐書》卷一〇《肅宗本紀》，第 246 頁。
〔註36〕（宋）李昉等編：《文苑英華》卷九六四《志》，北京：中華書局，1960 年，第 5071 頁。
〔註37〕《舊唐書》卷五二《后妃傳下》載：「后景雲元年八月，（楊皇后）選入太子宮。時太平公主用事，尤忌東宮。宮中左右持兩端，而潛附太平者，必陰伺察，事雖纖芥，皆聞於上，太子心不自安。后時方娠，太子密謂張說曰：『用事者不欲吾多息胤，恐禍及此婦人，其如之何？』密令說懷去胎藥而入。太子於曲室躬自煮藥，醺然似寐，夢神人覆鼎。既寤如夢，如是者三。太子異之，告說。說曰：『天命也，無宜他慮。』既而太平誅，后果生肅宗。太子妃王氏無子，后班在下，后不敢母肅宗。王妃撫鞠，慈甚所生。」，第 2184 頁。

第二，開元十七年二月節愍太子妃薨，張說撰《節愍太子妃楊氏墓誌》當在此之後不久。彼時忠王還不是太子，地位亦不凸顯，生母楊氏還未追冊爲妃。因此誌文中自然不會書寫爲「妃」。而歐陽修撰寫《新唐書》時直接引張說之說，所以致誤。第三，《舊唐書》的史料來源多是實錄或國史，制敕之文也多是原文，而《新唐書》基本都加改動。因此《舊唐書》中的至德二載五月誥從其書寫文法上來分析，當是誥的原文。所以《新唐書》「誥追冊貴嬪楊氏爲皇后」改動之文不正確。《新唐書》中關於「貴嬪」的記載可以視爲歐陽修自己的改寫，而元獻皇后曾經爲「嬪」則爲確實。

綜上而論，我們可以得出如下結論。唐高祖武德時期確實存在「貴嬪」位號，而且可以簡稱爲「嬪」。唐太宗時期有「下嬪」。《新唐書·后妃傳上》載：「下嬪生豫章公主而死，后視如所生。」〔註38〕似乎「嬪」還有等級之分。《大唐新語》亦載唐太宗時存在「貴嬪」，「太宗有事遼海，詔（馬）周輔皇太子，留定州監國。及凱旋，高宗遣所留貴嬪承恩寵者迓於行在。」〔註39〕如果把貴嬪理解爲像貴妃一樣的位號，就很難解釋清楚爲什麼獨留貴嬪而無其他妃嬪。所以這裡的貴嬪可能成爲妃以下內官的泛稱，而下嬪可能是指寶林、御女、采女之類。

再來解釋元獻皇后楊氏「嬪」的位號。貴嬪位號始於曹魏文帝封郭女王爲貴嬪，此後兩晉、前趙、後趙、後燕、北魏和南朝都有使用。〔註40〕北齊、北周未見有此號。史料所記隋代內官制度較爲系統，亦不見。（詳見下文）唐前期的周禮模式內官制度和唐玄宗改革之後的《唐六典》所載的內官制度，應該源於《職員令》，但都沒有貴嬪。所以元獻皇后開元初被封爲「嬪」，其實並無令文依據，可能也是對妃以下內官的一種泛稱。

可是通過《大唐莫貴嬪墓誌銘》、《太安宮嬪楊氏墓誌銘》可以證明在武德年間確實存在「貴嬪」位號。武德令中是否有規定我們已經不得而知。但應該只是一時之制。

此外，還需要補充三點。第一，《唐令拾遺·內外命婦職員令第七》中有按語：「《唐六典》卷二『司封郎中員外郎』條的內命婦之制，與同書卷

〔註38〕《新唐書》卷九七《后妃傳上》，第 3470 頁。
〔註39〕（唐）劉肅撰；許德楠、李鼎霞點校：《大唐新語》卷六《舉賢》，北京：中華書局，1984 年，第 89 頁。
〔註40〕維基百科「貴嬪」：http://zh.wikipedia.org/wiki/貴嬪。

十二《內官》中矛盾。」〔註 41〕筆者詳考此兩項內容，其實並無矛盾。前者所載乃唐玄宗內官制度改革前之內容，後者乃唐玄宗內官制度改革的成果。後者的注中亦提到「司封郎中員外郎」條中內命婦的內容，因此並不矛盾。

第二，隋代妃嬪中還有「承衣刀人」也見於唐初。《太尉秦王刀人高墓誌銘》載：高惠通，武德五年（622）六月五日被選爲秦王刀人，武德九年四月十日卒於公館。〔註 42〕葛承雍先生認爲刀人爲有武藝的女侍衛〔註 43〕，但陳麗萍先生否定這個觀點，並認爲應該是隋代低級后妃名號。〔註 44〕筆者贊同陳先生的觀點。《隋書・后妃傳》中對此有明確記載，「煬帝時，后妃嬪御，無釐婦職，唯端容麗飾，陪從醮遊而已。帝又參詳典故，自製嘉名，著之於令。貴妃、淑妃、德妃，是爲三夫人，品正第一。順儀、順容、順華、修儀、修容、修華、充儀、充容、充華，是爲九嬪，品正第二。婕妤一十二員，品正第三，美人、才人一十五員，品正第四，是爲世婦。寶林二十四員，品正第五；御女二十四員，品正第六。采女三十七員，品正第七，是爲女御。總一百二十，以敘於宴寢。又有承衣刀人，皆趨侍左右，並無員數，視六品已下。」〔註 45〕而且《隋書・禮儀志》在記載隋代后妃服飾時，在皇后、貴妃等之後，特別記載「承衣刀人、采女，皆服褖衣，無印綬。」〔註 46〕但是據此墓誌，「刀人」在唐初已經不屬於妃嬪系統，已經成爲諸王侍妾之一。

第三，唐代大明宮有妃嬪院。《張美人墓誌》載其開元十二年卒於大明宮妃嬪院。〔註 47〕陳麗萍先生據此推斷，大明宮內可能有妃嬪的固定聚居處。〔註 48〕學界關於唐代君妃在大明宮的生活狀態，尚有諸多難解之謎。此

〔註 41〕（日）仁井田陞著；栗勁、霍存福、王占通、郭延德編譯：《唐令拾遺》，長春：長春出版社，1989 年，第 57 頁。

〔註 42〕周紹良、趙超主編：《唐代墓誌彙編續集》武德〇〇五，上海：上海古籍出版社，2001 年，第 4 頁。

〔註 43〕葛承雍：《唐秦王李世民女侍衛墓誌初考》，《故宮博物院院刊》，2002 年第 5 期。

〔註 44〕陳麗萍：《兩〈唐書・后妃傳〉輯補》，第 50 頁。

〔註 45〕《隋書》卷三六《后妃傳》，第 1107 頁。

〔註 46〕《隋書》卷一二《禮儀志》，第 277 頁。

〔註 47〕唐瑋：《新出唐〈張美人〉墓誌考釋》，《碑林集刊》第十輯，第 121～123 頁。

〔註 48〕陳麗萍：《兩〈唐書・后妃傳〉輯補》，第 94 頁。

材料給予我們一點這種信息，彌足珍貴。此外，《唐六典》卷七載東都上陽宮也有妃嬪院。〔註49〕

三、唐玄宗內官制度改革發微

上文已揭，唐玄宗時期進行過內官制度改革，然而此次改革在兩《唐書·玄宗本紀》和《資治通鑒》中都沒有記載。關於此事，史家多未曾注意，有論及者也只是一筆帶過而未加重視〔註50〕。此次改革內官人數從 121 人驟減為 20 人，如此大幅度縮減不合常理，而對於此次改革的時間和改革背後的政治鬥爭未見有專門研究者，筆者特就此問題試做一考證。

（一）內官制度改革的時間

《舊唐書·后妃傳》和《新唐書·百官志》記載此次改革為「開元中」，《新唐書·后妃傳》載為「開元時」，《唐六典》只云「今上」。筆者認為此次改革的時間在開元元年十二月左右或開元二年八月左右。

《唐六典》始撰於開元十年（722），完成於開元二十七年（739），首先可以確定這次改革在開元二十七年之前。

《舊唐書·后妃傳上》記載：「及王庶人廢後，特賜號為惠妃，宮中禮秩，一同皇后。」〔註51〕同傳記載王皇后被廢於開元十二年（724）七月，那麼武惠妃也就是在這年獲得「惠妃」位號。「特賜號」有兩層含義：第一，之前沒有「惠妃」的位號，唐玄宗為武惠妃特設，那麼改革就在是年。第二，惠妃居三妃之首，當時沒有皇后，惠妃就是後宮之主，用「特」字來表示唐玄宗對武氏的特殊恩寵。《新唐書·后妃傳上》記載：「時王皇后廢，故進冊惠妃，

〔註49〕《唐六典》卷七「工部郎中員外郎」條，第 221 頁。元代陶宗儀撰《南村輟耕錄》卷二十一中談到元大都有妃嬪院四座，據此，唐代妃嬪院可能也不只有一處。

〔註50〕如任爽：《唐朝典制》，第 35 頁。朱子彥：《後宮制度研究》，第 57 頁。朱子彥：《帝國九重天——中國後宮制度變遷》（增訂版），第 52 頁。劉曉雲：《唐代女官制度研究》，第 8 頁。李文才：《試論唐玄宗的後宮政策及其承繼——〈太平廣記〉卷 224「楊貴妃」條引〈定命錄〉書後》，《北華大學學報》，2007 年第 2 期，第 79 頁。這些論著都涉及到唐玄宗內官制度的改革，但是沒有進行深入研究。陳麗萍在《兩〈唐書·后妃傳〉輯補》中注意到唐玄宗的內官制度改革，但未作研究僅指出「具體時間待考」，第 84 頁。

〔註51〕《舊唐書》卷五一《后妃傳上》，第 2177 頁。

其禮秩比皇后。」〔註52〕對比《新唐書》來看，「特賜號」可能是第二層含義。因此唐玄宗的改革是在開元十二年之前。

解決此問題的關鍵史料在於《唐會要》所載開元二年（714）八月十日的一份詔書，特不避繁冗，全引於下：

> 古者三夫人、九嬪、二十七世婦、八十一御女，以備內職焉。朕恭膺大寶，頗修舊號。而六宮曠位，未副於周禮；八月算人，不行於漢法。至於姜后進諫，永巷脫簪；袁盎有言，上林引席，此則朕之所慕，未曾忘也。頃者，人頗喧譁，聞於道路，以爲朕求聲色，選備掖庭。豈余志之未孚，何斯言之妄作！往緣太平公主取人入宮，朕以事雖順從，未能拒抑。見不賢莫若自省，欲止謗莫若自修，改而更張，損之可也。妃嬪已下，朕當揀擇，使還其家。宜令所司將車牛，今月十二日赴崇明門待進止。〔註53〕

這條詔文的主旨是講唐玄宗開元二年八月本欲實行八月算人之制，選民間女子充備後宮，但由於反對聲音的出現不得不停止，進而轉變爲出宮人。《資治通鑒》亦有相同記載：「民間訛言，上采擇女子以充掖庭，上聞之，八月乙丑，令有司具車牛於崇明門，自選後宮無用者載還其家；敕曰：『燕寢之內，尙令罷遣；閨閤之間，足可知悉。』」〔註54〕

細推敲這條詔文可以發現一些信息。第一，「朕恭膺大寶，頗修舊號」，「號」從文義判斷，當爲內官之號，「頗修」表明在唐玄宗即位之初已經對內官之號進行修改。這應該就是指內官制度的改革。第二，詔文中解釋選人的原因在於六宮曠位，不副周禮，這就表明是在內官員額不足情況之下欲擴大內宮人數，行算人之制。此兩點與唐玄宗改革縮減內官編制的情況相吻合。但是爲什麼在內官改制，縮減員額之後不久又提出要遵循周禮選人足額呢？這種反覆的原因涉及到改革的政治性目的，即詔文中所透出的第三點信息，太平公主曾「取人入宮」，實則是太平公主安排眼線監視唐玄宗舉動。（見下文）

據此，唐玄宗內官制度改革的時間當在開元二年之前。太平公主黨羽覆

〔註52〕 《新唐書》卷七六《后妃傳上》，第3491頁。

〔註53〕 《唐會要》卷三「出宮人」條，上海：上海古籍出版社，2006年，第40～41頁。

〔註54〕 （宋）司馬光編著：《資治通鑒》卷二一一，唐玄宗開元二年八月條，北京：中華書局，1956年，第6703～6704頁。

滅於先天二年（713）七月，而唐玄宗進行內官制度改革當在此之後。因而改革的時間範圍爲開元元年（713）七月至開元二年八月之間。進一步縮小範圍，筆者認爲或爲開元元年十二月左右。先天二年十二月大赦天下，改元開元，「內外官賜勛一轉，改尚書左右僕射爲左右丞相，中書省爲紫微令，門下省爲黃門省，侍中爲監。」〔註 55〕唐高宗龍朔二年二月也是改易官名的同時改易內職名，「龍朔二年，官名改易，內職皆更舊號」〔註 56〕，「二月甲子，改京師諸司及百官名：尚書省爲中臺，門下省爲東臺，中書省爲西臺，左右僕射爲左右匡政，……又改六宮內職名。」〔註 57〕由此來看，唐玄宗很有可能循高宗舊制，改易官名之時也更改內官名號。因而唐玄宗內官制度的改革時間或在開元元年十二月。

但是，這也並非定論。《開元二年八月出宮人詔》又見《通典》，詔文大體相同，但字詞略有不同，簡引如下：「……朕恭膺大寶，頗循舊號，……至而姜后進諫，……流聞道路，……往緣太平公主，輒進人入宮，時以事須順從，未能拒抑。見不賢莫若內省，……妃嬪已下，備當簡擇，使還其家。（後缺）」〔註 58〕個別字不同並不影響理解，唯獨此處是「頗循舊號」不同於「頗修舊號」。如果是「頗循舊號」那麼就需要重新分析。

第一，循舊號就是因循內官舊制，即依周禮內職名號配備三夫人、九嬪、二十七世婦、八十一御女。但由於玄宗剛即位不久尚未選人入宮，使得六宮曠位，特行八月算人之制。

第二，由於民間反對聲音的出現，唐玄宗示天下以賢德，改弦更張，不僅不選人入宮反而放還宮人。

第三，所放宮人乃「妃嬪已下」，唐玄宗內官制度改革的內容據《舊唐書·后妃傳》可知，妃嬪已下縮減員額最大。如果就此而言，改革內官制度與放宮人是同時發生或相隔不久，即開元二年八月左右。

此詔文僅見於此兩處記載，無法從第三者來辨別孰是孰非。而且從文義上來講都能說通，《漢書》有「是時宣帝頗修武帝故事，宮室車服盛於昭帝」

〔註 55〕《舊唐書》卷八《玄宗本紀上》，第 172 頁。
〔註 56〕《舊唐書》卷五一《后妃傳上》，第 2162 頁。
〔註 57〕《舊唐書》卷四《高宗本紀上》，第 83 頁。
〔註 58〕（唐）杜佑撰：《通典》卷三四《職官一六·后妃》，北京：中華書局，1988年，第 947～948 頁。

〔註59〕之語,《隋書》有「自史館廢絕久矣,漢氏頗循其舊,班、馬因之」〔註60〕之言。因而兩說並存。

（二）內官制度改革的原因

唐玄宗改革內官制度的原因,史書記載也很模糊。《唐六典》卷一二「內官」條記載:「今上以爲后妃四星,其一后也,既有后位,復立四妃,則失其所法象之意焉。因省嬪婦、女御之數,改定三妃、六儀、美人、才人四等,共二十人,以備內官。」〔註61〕顯然不夠清楚。

任爽先生在《唐朝典制》中做出如下解釋:「玄宗即位以後,懲舊制之弊,對嬪妃加以裁撤,以別內外,以正家道。」〔註62〕朱子彥先生在《後宮制度研究》一書中沿用此說:「玄宗感舊制之弊,對嬪妃加以裁撤,以別內外,以正家道。」〔註63〕這句話也被劉曉雲《唐代女官制度研究》文中引用。〔註64〕這種解釋本源出自《唐會要》卷三《內職》:「玄宗即位,大加懲革,內外有別,家道正焉。」〔註65〕以上諸位先生特別指出改革針對的是「舊制之弊」。任爽先生認爲唐高宗時期改易內官之名,加強了嬪妃的政治權勢,故而唐玄宗以此爲「弊」加以懲革。後二人引用任爽先生觀點未對「弊」加以解釋。李文才先生《試論唐玄宗的後宮政策及其承繼》〔註66〕解釋唐玄宗此次改革體現其防範后妃干政的後宮政策。

然而筆者認爲這兩種解釋有可商榷之處。第一,如果說唐玄宗的此次改革是其所欲實行的後宮政策,那麼必是貫徹始終的,但是最晚到開元二十三年,唐玄宗的內官制度又回到唐初的模式之下。第二,欲防範后妃涉政,可以存其位號而不封授其人亦可。如唐後期已經不存在眞正意義上的皇后,貴妃也少見。這才是防範後宮的主要體現。第三,從唐玄宗內官制度改革的內容來看,改革力度最大的是低品級嬪御,而她們的政治影響力恐怕遠不如后

〔註59〕（漢）班固撰:《漢書》卷七二《王貢兩龔鮑傳》,北京:中華書局,1962年,第3062頁。

〔註60〕《隋書》卷三三《經籍志二》,第992頁。

〔註61〕《唐六典》卷一二「內官」條,第347頁。

〔註62〕任爽:《唐朝典制》,第35頁。

〔註63〕朱子彥:《後宮制度研究》,第57頁。

〔註64〕劉曉雲:《唐代女官制度研究》,第8頁。

〔註65〕《唐會要》卷三「內職」條,第37頁。

〔註66〕李文才:《試論唐玄宗的後宮政策及其承繼——〈太平廣記〉卷224「楊貴妃」條引〈定命錄〉書後》,《北華大學學報》,2007年第2期。

妃。因而說此次改革的目的是為限制后妃的政治勢力恐怕是講不通的，當另有它因。

　　《唐六典》記載改革原因較為詳細：「古者，帝嚳立四妃，蓋象后妃四星，其一明者，后也。至舜，不立正妃，蓋但三妃而已，謂之三夫人。自夏、殷已降，復有立者，視三公位。雖云古制，數頗繁焉。其餘沿革，事不經見。隋氏依《周官》，立三夫人。皇朝上法古制，而立四妃，其位：貴妃也，淑妃也，德妃也，賢妃也。今上以為后妃四星，其一后也，既有后位，復立四妃，則失其所法象之意焉。因省嬪婦、女御之數，改定三妃、六儀、美人、才人四等，共二十人，以備內官。」〔註67〕

　　這裡所說改革的重點在於「三夫人」，帝嚳立四妃，其中之一為后，實則共四人。然而唐代初期的四妃之制與此不同，雖說是「皇朝上法古制」但是皇后與四妃加起來是五人，卻與古制相違背。故而唐玄宗覺得「失法象」，因此改四妃為三妃，所以此次內官制度改革的重點當在三妃上。然而事實並非如此。改革之後，妃三人、芳儀六人、美人四人、才人七人，四等共二十人，與周禮「三夫人、九嬪、二十七世婦、八十一御女」相比，人數從121人驟減為20人，相比較而言豈不是失之毫釐，謬以千里。此舉乃是對周禮的更大破壞，絕對不是遵法古制。因而法星象只是官方理由，並不是唐玄宗改革的真正原因。

　　上文已提示，筆者認為唐玄宗改革內官制度的原因是與太平公主勢力的政治較量相關。回到開元二年八月詔中，「往緣太平公主取人入宮，朕以事雖順從，未能拒抑」。這裡透露出一個重要的信息，即太平公主曾安排大量的女子入宮，這些女子可能充斥於後宮的內官、宮官和下等宮女各個層級之中，她們充當太平公主的眼線，在宮內監視唐玄宗的一舉一動，玄宗皇帝當然很受掣肘。

　　這種情況從玄宗初被封為皇太子時就存在，《舊唐書·后妃傳下》記載：「后（玄宗元獻皇后楊氏）景雲元年八月，選入太子宮。時太平公主用事，尤忌東宮。宮中左右持兩端，而潛附太平者，必陰伺察，事雖纖芥，皆聞於上，太子心不自安。」〔註68〕這裡宮中持兩端者之「宮」當指太子東宮，說潛附太平公主者將細微之事彙報給唐睿宗，不如說是彙報給太平公主，太平公主再向睿宗誹謗玄宗。李隆基心不自安是必然的。

〔註67〕《唐六典》卷一二「內官」條，第347頁。
〔註68〕《舊唐書》卷五二《后妃傳下》，第2184頁。

　　更岌岌可危者乃是太平公主唆使宮人元氏下毒毒殺唐玄宗。崔湜本黨於太平公主，公主黨覆滅之後崔湜被流放到嶺外，「俄而所司奏宮人元氏款稱與湜曾密謀進鴆，乃追湜賜死。」〔註 69〕此事《資治通鑑》亦有記載，且更詳細，「太平公主依上皇之勢，擅權用事，與上有隙，宰相七人，五出其門。文武之臣，太半附之，與竇懷貞、岑羲、蕭至忠、崔湜及太子太保薛稷、雍州長史新興王晉、左羽林大將軍、常元楷、知右羽林將軍李慈、左金吾將軍李欽、中書舍人李猷、右散騎常侍賈膺福、鴻臚卿唐晙，及僧慧範等謀廢立，又與宮人元氏謀於赤箭粉中置毒進於上。」〔註 70〕赤箭，《新修本草》引《神農本草經》記載：「久服益氣力，長陰肥健，輕身增年。」〔註 71〕可見玄宗即位之初便注重服食養生。「赤箭」一詞從側面反證此次下毒的真實性，司馬溫公記赤箭之事必有所據，不可能憑空捏造。關於太平公主與唐玄宗兩派爭權鬥爭之事治史者詳知，恕不贅言。

　　此外還有一層原因為趙雨樂先生發現。在《唐前期宮官與宦官的權力消長》一文中，趙先生認為唐玄宗此次改革是鑒於唐前期武韋女主專政時期宮內複雜的政治生態而實施的。「在女主專政的陰霾下，政令的制訂與施行，由宮內親近人士強力控制，其中由宮人、宮官和命婦結合而成的宮婦群體，與後宮之間融合著政治、經濟和宗教的利益關係。由於宮婦的穿梭往來，活動範圍自宮內向京城伸展，構成內外互通的政治覆蓋。」〔註 72〕唐玄宗在打垮太平公主勢力後，為整治宮內人物的混雜局面，才對宮內機構進行改革。而宮內的主要政治勢力也從宮官、命婦轉移到宦官群體，形成兩者之間權力的消長。

　　總而言之，唐玄宗內官制度改革的主要目的是穩定內宮。徹底清除武韋的宮內勢力，並將太平公主安插在宮內之人驅除出去。可以說唐玄宗改革內官制度是「攘外必先安內」的政治性舉措。

　　此外，從內官制度的沿革和繼承上來看，唐玄宗的改革或許也受到「三夫人、九嬪、二十七世婦、八十一御女」這種模式本身所具有的不穩定性的

〔註 69〕《舊唐書》卷七四《崔仁師傳附孫崔湜傳》，第 2623 頁。

〔註 70〕《資治通鑑》卷二一〇，唐玄宗開元元年六月條，第 6681～6682 頁。

〔註 71〕（唐）蘇敬等撰；尚志鈞輯校：《新修本草》，合肥：安徽科學技術出版社，2004 年，第 84 頁。

〔註 72〕趙雨樂：《唐前期宮官與宦官的權力消長》，收入氏著《從宮廷到戰場：中國中古與近世諸考察》，第 27 頁。

影響。唐代后妃所傚仿的制度，是源於《禮記‧昏義》的記載：「古者天子后立六宮、三夫人、九嬪、二十七世婦、八十一御妻，以聽天下之內治，以明章婦順，故天下內和而家理。天子立六官、三公、九卿、二十七大夫、八十一元士，以聽天下之外治，以明章天下之男教，故外和而國治。」〔註73〕鄭玄注曰：「天子六寢，而六宮在後，六官在前，所以承副，施外內之政也。三夫人以下百二十人周制也，三公以下百二十人似夏時也，合而言之取其相應有象，大數也。」〔註74〕清人孫希旦認爲：「蓋先王之立內官，所以佐后之內治，非淫於色也。故雖設此數，而無其人則闕，《周禮‧天官》於世婦、女御不言其數，以此也。」〔註75〕在《周禮‧天官》中世婦、女御條下皆不言其具體數字是「二十七」和「八十一」。所以可見世婦、女御之數本非固定，只是後世將其作爲「金科玉律」照搬而已。《禮記》、《周禮》記載的制度是否屬於周代制度對於後代來說已經不重要，重要的是它作爲一種理念而被奉爲「模範」。

然而後世也並非照搬〔註76〕，正如《唐六典》卷一二「內官」條所說那樣：「《周官》有夫人、嬪、世婦、女御之位，聽天下之內治。漢、晉已來，雖有位號，多不盡備。隋氏法《周官》而悉置焉，則列夫人、嬪、婕妤、美人、才人、寶林、御女、采女等，充百二十位。……皇朝因之。」〔註77〕眞正落實此理念始於北齊的《河清令》，隋文帝開皇年間大致效法，隋煬帝繼續執行，唐初期又沿襲，高宗龍朔二年破壞，咸亨二年復舊，唐玄宗改革又破壞。

《隋書‧后妃傳》記載：

> 高祖思革前弊，大矯其違，唯皇后正位，傍無私寵，婦官稱號，未詳備焉。開皇二年，著內官之式，略依《周禮》，省減其數。嬪三員，掌教四德，視正三品。世婦九員，掌賓客祭祀，視正五品。女御三十八員，掌女工絲枲，視正七品。……初，文獻皇后功參歷試，

〔註73〕（清）阮元校刻：《十三經注疏‧禮記正義》，北京：中華書局，1980年，第1681頁。

〔註74〕《十三經注疏‧禮記正義》，第1682頁。

〔註75〕（清）孫希旦撰；沈嘯寰、王星賢點校：《禮記集解》，北京：中華書局，1989年，第1422頁。

〔註76〕詳細《通典》卷三四《職官一六‧后妃》，第945～948頁。

〔註77〕《唐六典》卷一二「內官」條，第347頁。

外預朝政，內擅宮闈，懷嫉妒之心，虛嬪妾之位，不設三妃，防其
上逼。自嬪以下，置六十員。加又抑損服章，降其品秩，至文獻崩
後，始置貴人三員，增嬪至九員，世婦二十七員，御女八十一員。
貴人等關掌宮閨之務，六尚已下，皆分隸焉〔註78〕

這個時候三夫人、九嬪、二十七世婦、八十一御女的制度才得到實行。隋煬
帝時期的內官制度如下：

貴妃、淑妃、德妃，是爲三夫人，品正第一。順儀、順容、順
華、修儀、修容、修媛、充儀、充容、充華，是爲九嬪，品正第二。
婕妤一十二員，品正第三，美人、才人一十五員，品正第四，是爲
世婦。寶林二十四員，品正第五；御女二十四員，品正第六；采女
三十七員，品正第七，是爲女御。一百二十，以敘於宴寢。〔註79〕

隋煬帝時數量本應是八十一人的御女多四人，即女御的數量是 24＋24＋37＝
85 人，但是最後又說總數是「一百二十」，如果這樣應該是 3＋9＋27＋81＝
120 人，之間的差誤在於采女的三十七人之數，如果是三十三人，那就符合御
女八十一人之數。筆者懷疑這裡是史書之誤。因爲「八十一御女」之數是一
個模式，完全沒有必要多加四人加以破壞。「采女三十七員」當爲「三十三員」，
「七」之錯誤可能是在史書流傳抄寫中，受到「品正第七」之「七」字的影
響而致誤。但是校對百衲本《隋書》，此處亦記載爲「三十七」，因此「七」
字尚難肯定爲錯誤。

還有唐高宗的改革，上文已有論述，也是一時改變，旋即又恢復到原來。
再加上唐玄宗的改革，可以發現改革力度最大的往往是九嬪之下的世婦和御
女。原因就在於「三夫人、九嬪、二十七世婦、八十一御女」這種模式從來
就沒有穩定地執行過，沒有成爲一種固化的模式。再者加上《周禮》對世婦、
御女數字記載的模糊，就使得後世可以進行改革變化，而不算違背「古制」。
政治家爲自己的政治利益，從而標榜遵循古制，但是也爲自己的政治利益可
以尋找古制的漏洞而加以破壞。當然古制不一定是正確的，也不可能在後世
中一成不變。

〔註78〕《隋書》卷三六《后妃傳》，第 1106 頁。
〔註79〕《隋書》卷三六《后妃傳》，第 1107 頁。

四、餘論

　　《唐六典》與兩《唐書》關於唐代內官制度的記載以唐玄宗內官制度改革為下限，《新唐書・百官志二》補記一句「其後復置貴妃」〔註80〕，或是針對其後出現楊貴妃而補充。然而從唐後期史料的記載來看，唐玄宗的內官改革並非內官制度最終形態，兩《唐書》對於唐代內官制度的記載或本之於《唐六典》，而將唐後期的內官制度付之闕如。

　　唐玄宗改制之後的惠妃、麗妃、華妃、淑儀、德儀、賢儀、順儀、婉儀、芳儀等位號在唐後期都不見記載，而唐前期的淑妃、德妃、賢妃、昭儀、昭容、昭媛、修儀、修容、修媛、充儀、充容、充媛等位號卻大量見於史料。

　　唐肅宗張皇后，「肅宗即位，冊為淑妃」〔註81〕；唐德宗昭德皇后王氏，「德宗即位，冊為淑妃」〔註82〕；唐德宗韋賢妃〔註83〕；唐武宗王賢妃〔註84〕；唐宣宗元昭皇后晁氏，「及即位，以為美人。大中中薨，贈昭容」〔註85〕；唐懿宗淑妃郭氏〔註86〕；唐昭宗積善皇后何氏，「昭宗即位，立為淑妃」〔註87〕。《舊唐書・順宗本紀》載：「（貞元二十一年）五月己巳，……承徽王氏、趙氏可昭儀，崔氏、楊氏可充儀，王氏可昭媛，王氏可昭容，牛氏可修儀，張氏可美人。……誥立良娣王氏為太上皇后，良媛董氏為太上皇德妃。」〔註88〕《舊唐書・憲宗本紀》載：「（元和元年）六月丙申，冊德宗充容武氏為崇陵德妃。……秋七月甲子，郇王母王昭儀、宋王母趙昭儀、郯王母張昭訓、衡王母閻昭訓等，各以其王並為太妃。以許氏為美人，尹氏、段氏為才人。潯陽公主母崔昭訓為太妃。」〔註89〕《舊唐書・文宗本紀下》記載：「大和四年

〔註80〕《新唐書》卷四七《百官志二》，第 1225 頁。
〔註81〕《舊唐書》卷五二《后妃傳下》，第 2185 頁。
〔註82〕《舊唐書》卷五二《后妃傳下》，第 2193 頁。
〔註83〕《舊唐書》卷五二《后妃傳下》，第 2194 頁。
〔註84〕《舊唐書》卷五二《后妃傳下》，第 2203 頁。
〔註85〕《新唐書》卷七七《后妃傳下》，第 3510 頁。
〔註86〕《新唐書》卷七七《后妃傳下》，第 3511 頁。
〔註87〕《舊唐書》卷五二《后妃傳下》，第 2203 頁。
〔註88〕《舊唐書》卷一四《順宗本紀》，第 408～409 頁。承徽、良娣、良媛都是太子配偶的位號。《唐六典》卷二「司封郎中員外郎」條載：「皇太子良娣二員，正三品；良媛六員，正四品；承徽十員，正五品；昭訓十六員，正七品；奉儀二十四員，正九品。」，第 38 頁。
〔註89〕《舊唐書》卷一五《憲宗本紀》，第 417～418 頁。

春正月丙子朔。……戊子，詔封長男永爲魯王。……封魯王母王氏爲昭儀。……
詔昭儀王氏冊爲德妃，昭容楊氏冊爲賢妃。」〔註90〕

以上材料表明在唐後期內官制度很可能又恢復到唐前期「三夫人、九嬪、
二十七世婦、八十一御女」的周禮模式之下。

那麼恢復舊制具體爲何時呢？史書中沒有明確交代。杜甫曾撰《唐故德
儀贈淑妃皇甫氏神道碑》，其文載：「淑妃諱字，姓皇甫氏，其先安定人也。……
今上昔在春宮之日，詔詰良家女，擇視可否，充備淑哲。……由是恩加婉順，
品列德儀，雖掖庭三千，爵秩十四，掩六宮以取俊，超群女以見賢。……以
開元二十三年歲次乙亥十月癸未朔，薨於東京某宮院，春秋四十有二。……
制曰：『故德儀皇甫氏，贊道中壼，肅事後庭，孰云疾疢，奄見凋落，永言懿
範，用愴於懷。宜登西妃之列，式旌六行之美，可冊贈淑妃。喪事所須，並
宜官供』。」〔註91〕德儀是唐玄宗改制之後的新號，淑妃是唐玄宗改制之前的
舊號，再者楊玉環在天寶初被封授爲貴妃〔註92〕。如果先復置淑妃，幾年後
又復置貴妃，顯得不合常理，當是一併回歸到舊的內官制度下。據此可以判
斷恢復舊制的時間最晚是在開元二十三年（735）。而《唐六典》「內官」所載
內官制度，可能是開元七年令的內容。

《新唐書·百官志二》中「其後復置貴妃」一句給人錯誤認識，單從字
面意思來理解其後只復置貴妃，形成「貴妃、惠妃、麗妃、華妃」四妃制度。
而開元二十三年唐代內官制度已經回歸到玄宗改制之前的模式之下。因而此
種四妃制度可能並不存在。〔註93〕這與《新唐書》「事增文省」的書寫特點相
關，特加說明。

如果說兩《唐書》中的內官本之於《唐六典》故而無視唐後期內官制度
的變化，那麼杜佑著《通典》時是否有所糾正呢？答案是沒有。《通典·職官
一六》記載：「大唐內官有惠妃、麗妃、華妃三人，淑儀、德儀、賢儀、順儀、

〔註90〕《舊唐書》卷一七下《文宗本紀下》，第535、570頁。
〔註91〕（唐）杜甫；高仁標點：《杜甫全集》卷20《策問文狀表碑誌十七首》，上海：
上海古籍出版社，1996年，第318～319頁。關於《唐故德儀贈淑妃皇甫氏神
道碑》，郭海文曾撰寫考釋文章，見《唐史論叢》第十七輯，西安：三秦出版
社，2014年。
〔註92〕《舊唐書》卷五一《后妃傳下》，第2178頁。
〔註93〕任爽和朱子彥先生就認爲此四妃並置。「改四夫人爲三妃，卻仍封有貴妃，而
惠妃、麗妃、華妃之位仍舊照置。」《唐朝典制》，第36頁。《帝國九重天——
——中國後宮制度變遷》（增訂版），第52頁。

婉儀、芳儀六人，美人四人，才人七人」〔註94〕。結筆也在於唐玄宗的改革。左補闕李瀚在《〈通典〉序》中說：「上自黃帝，至於我唐天寶之末。」《通典》點校前言中亦云：「必要時也上溯軒轅，下探蕭代。」進而發問，杜佑所處代、德、順、憲四朝，當時的內官制度已經是唐初期的模式。杜佑為什麼還如此記載呢？造成這種歷史記憶缺失的原因也許在於當時未有明確的相關制敕存在。

　　需要進一步強調，在唐代後期內官系統中還出現另外一種情況，很值得注意。《唐代墓誌彙編》有《故南安郡夫人贈才人仇氏墓誌銘》〔註95〕和《故楚國夫人贈貴妃楊氏墓誌銘》〔註96〕。《唐代墓誌彙編續集》有《大唐故韓國夫人王氏贈德妃墓誌之銘》〔註97〕。不難發現內官中出現國夫人、郡夫人等外命婦的名號。《唐大詔令集》卷二五《吳氏等封昭儀制》記載：「吳氏可封昭儀，張氏可封婕妤，晁氏、梁氏並可封美人，羅氏、史氏並可封才人，錢氏可封長城郡夫人，曹氏可封武威郡夫人。」〔註98〕這道制文的時間為會昌六年五月二十三日，由於唐武宗崩於會昌六年三月二十三日，所以此制文是由唐宣宗即位初頒發。其中郡夫人與昭儀、婕妤、美人、才人同時受封，可見國夫人、郡夫人等與正式嬪妃已處於同一系統。〔註99〕

　　由於史料記載的闕失，唐代後期的內官制度研究存在一段空白區，五代十國亦如此，其中的發展變化尚有可發覆之處。這種新情況自然是唐代內官制度中的新發展，前人甚少注意，筆者將於第五章詳細論述。

〔註94〕《通典》卷三四《職官一六·后妃》，第 947 頁。

〔註95〕周紹良主編、趙超副主編：《唐代墓誌彙編》大中〇五五，上海：上海古籍出版社，1992 年，第 2291 頁。

〔註96〕《唐代墓誌彙編》咸通〇四一，第 2410 頁。

〔註97〕《唐代墓誌彙編續集》咸通〇七五，第 1091～1092 頁。

〔註98〕（宋）宋敏求編著：《唐大詔令集》卷二五「妃嬪」條，北京：中華書局，2008 年，第 83 頁。

〔註99〕吳麗娛先生和陳麗萍先生也注意到這個問題，並且從晚唐后妃出身卑微的整體性加以解釋。參見吳麗娛、陳麗萍：《從太后改姓看晚唐后妃的結構變遷與地位繼承》，《唐研究》第十七卷，2011 年，第 388 頁。陳麗萍先生在《兩〈唐書·后妃傳〉輯補》中除補充唐宣宗長城郡夫人和武威郡夫人外，還有唐昭宗河東夫人、晉國夫人、趙國夫人、馮翊夫人等等，第 148～151 頁。

第三章　五代內官制度初探

五代時期的內官制度，已經打破「三夫人、九嬪、二十七世婦、八十一御妻」的模式，具有不穩定的特點，類似於其時代特徵——「混亂」，這也是研究此問題的困難所在。因此，筆者將盡可能地收集史料，爬梳整理出妃嬪的位號，希望可以從中找到答案。鑒於十國史料的嚴重不足，在此僅能做簡單羅列。

一、五代內官制度初探

（一）後梁

後梁的妃嬪位號有：賢妃、德妃、昭儀、昭容。

賢妃。《新五代史·梁家人傳》記載：「太祖元貞皇后張氏……太祖少以婦聘之，生末帝。太祖貴，封魏國夫人。……天祐元年，后以疾卒。太祖即位，追冊為賢妃。……末帝立，追謚曰元貞皇太后。」〔註1〕《五代會要》卷一「皇后」條記載：「梁太祖皇后張氏。（早崩。開平二年追封賢妃，至乾化二年十一月二十三日追冊曰元貞皇后。）」〔註2〕

德妃。《新五代史·梁家人傳》記載：「末帝德妃張氏，其父歸霸，事太祖為梁功臣。帝為王時，以婦聘之。帝即位，將冊妃為后，妃請待帝郊天，而帝卒不得郊。貞明五年，妃病甚，帝遽冊為德妃，其夕薨，年二十四。」〔註3〕

〔註1〕 （宋）歐陽修撰：《新五代史》卷一三《梁家人傳》，北京：中華書局，1974年，第129～130頁。

〔註2〕 （宋）王溥撰：《五代會要》卷一，上海：上海古籍出版社，2006年，第12頁。

〔註3〕 《新五代史》卷一三《梁家人傳》，第131頁。

昭儀。《新五代史・梁家人傳》記載:「昭儀陳氏,宋州人也,少以色進。太祖已貴,嬪妾數百,而昭儀專寵。」〔註4〕

昭容。《新五代史・梁家人傳》記載:「昭容李氏,亦以色進。尤謹愿,未嘗去左右。太祖病,晝寢方寐,棟折,獨李氏侍側,遽牽太祖衣,太祖驚走,棟折寢上,太祖德之,拜昭容。皆不知其所終。」〔註5〕

另外還有末帝次妃郭氏。《新五代史・梁家人傳》記載:「次妃郭氏,父歸厚,事梁為登州刺史。妃少以色進。梁亡,唐莊宗入汴,梁故妃妾,皆號泣迎拜。」〔註6〕這裡的「次妃」不為正式稱號,但是有兩種推斷:第一,如果參考唐制,「貴妃、淑妃、德妃、賢妃」,這裡次妃或為「淑妃」。第二,如果結合上下文,史書在編撰時排序在其之前的是末帝德妃,如果按照順序來理解「次」字的話,也有為「賢妃」的可能。

賢妃、德妃都是唐代「三夫人」的位號,昭儀、昭容都是「九嬪」的位號。史料僅此而已,後梁或許沿襲唐代舊制,但是可能由於時局的不穩定使得後宮配製不一定完備。

(二)後唐

後唐的妃嬪位號比較複雜,需詳加考辨。

《新五代史・唐太祖家人傳》記載:「同光二年癸未,皇帝御文明殿,遣使冊劉氏為皇后。皇后受冊,乘翟車,鹵簿、鼓吹,見於太廟。韓夫人等皆不平之,乃封韓氏為淑妃,伊氏為德妃。」〔註7〕

《新五代史・唐太祖家人傳》記載:「自唐末喪亂,后妃之制不備,至莊宗時,後宮之數尤多,有昭容、昭儀、昭媛、出使、御正、侍真、懿才、咸一、瑤芳、懿德、宣一等,其餘名號,不可勝紀。」〔註8〕

《舊五代史・唐書・莊宗本紀》記載:「(同光二年十一月)以昭儀侯氏為沂國夫人,昭容夏氏為虢國夫人,昭媛白氏為沛國夫人,出使美宣鄧氏為魏國夫人,御正楚真張氏為涼國夫人,司簿德美周氏為宋國夫人,侍真吳氏為渤海郡夫人,其餘並封郡夫人。」〔註9〕

〔註4〕《新五代史》卷一三《梁家人傳》,第130頁。

〔註5〕《新五代史》卷一三《梁家人傳》,第130頁。

〔註6〕《新五代史》卷一三《梁家人傳》,第131頁。

〔註7〕《新五代史》卷一四《唐太祖家人傳》,第144頁。

〔註8〕《新五代史》卷一四《唐太祖家人傳》,第146頁。

〔註9〕(宋)薛居正撰:《舊五代史》卷三二《後唐莊宗本紀》,北京:中華書局,1976年,第443頁。

　　《五代會要》卷一「內職」條記載:「莊宗淑妃韓氏,德妃伊氏……昭儀侯氏,(封沂國夫人。)昭容夏氏,(封虢國夫人。)昭媛白氏,(封沂國夫人。)出使美宣鄧氏,(封魏國夫人。)御正楚眞張氏,(封涼國夫人。)司簿德美周氏,(封宋國夫人。)侍眞吳氏,(封渤海郡夫人。)懿才王氏,(封太原郡夫人。)咸一韓氏,(封昌黎郡夫人。)瑤芳張氏,(封清河郡夫人。)懿德王氏,(封琅玡郡夫人。)宣一馬氏。(封扶風郡夫人。並同光二年十一月敕。)」〔註10〕

　　總結一下,會得出如下稱號:淑妃、德妃、昭儀、昭容、昭媛、出使美宣、御正楚眞、司簿德美、侍眞、懿才、咸一、瑤芳、懿德、宣一。淑妃、德妃、昭儀、昭容、昭媛爲妃嬪位號無疑。出使、司簿爲女官。御正本爲北周官職之一,《通典·職官典》記載北周官秩正五命有「天官:司會、宗師、左宮伯、御正、御伯、主膳、太府、計部等中大夫。」〔註11〕這裡的御正也或爲女官之一。

　　出使美宣、御正楚眞、司簿德美這些稱號是新的出現,美宣、楚眞、德美之名都是特加的美名,宋代有兩字國夫人、十字國夫人等,如宋眞宗封其乳母劉氏爲「秦國延壽保聖夫人」,「延壽保聖」就是美名,因爲原本的「秦國夫人」已經不足彰顯其地位。〔註12〕美宣、楚眞、德美都是在原本宮官職號之上加以美名來凸顯其地位。而侍眞、懿才、咸一、瑤芳、懿德、宣一也不能被認爲是五代新設的位號,也應該是一種美名。

　　再來看後唐明宗時期的情況。《新五代史·唐明宗家人傳》記載:

　　　　明宗三后一妃:和武憲皇后曹氏生晉國公主;昭懿皇后夏氏生
　　　秦王從榮、愍帝;宣憲皇后魏氏,潞王從珂母也;淑妃王氏,許王
　　　從益之慈母也。

　　　　曹氏、夏氏皆不見其世家。夏氏無封爵,明宗未即位前卒。明
　　　宗天成元年,封楚國夫人曹氏爲淑妃,追封夏氏晉國夫人。長興元
　　　年,立淑妃爲皇后,而夏氏所生二子皆已王,乃追冊爲皇后,謚曰
　　　昭懿。〔註13〕

〔註10〕《五代會要》卷一「內職」條,第15頁。
〔註11〕《通典》卷三九《職官》,第1066頁。
〔註12〕參看邵育欣:《宋代內命婦封號問題研究》,《歷史教學》,2009年第14期,第
　　　23頁。
〔註13〕《新五代史》卷一五《唐明宗家人傳》,第157頁。

《舊五代史·唐書·明宗本紀》記載：「（天成三年正月）甲戌，制以楚國夫人曹氏爲淑妃，以韓國夫人王氏爲德妃，仍令所司擇日冊命。」〔註14〕

《新五代史·唐明宗家人傳》記載：「淑妃王氏，……明宗即位，議立皇后……乃立曹氏爲皇后，王氏爲淑妃。」〔註15〕

曹氏的晉升軌跡是：淑妃——皇后。王氏的晉升軌跡是：德妃——淑妃。由此可見淑妃等級高於德妃，這裡應該也是按照唐制，貴妃、淑妃、德妃、賢妃的標準。

《五代會要》卷一「內職」條記載：

> 明宗德妃王氏，（開成三年正月冊，至長興二年四月進號淑妃，應順元年閏正月十三日冊爲太妃，至周廣順元年四月追謚賢妃。）昭儀王氏，（封齊國夫人。）昭容萬氏，（封周國夫人。）昭媛劉氏，（封趙國夫人。）孫氏，（封楚國夫人。）御正張氏，（封曹國夫人。）司寶郭氏，（封魏國夫人。）司贊于氏，（封鄭國夫人。）尚服王氏，（封衛國夫人。）司記崔氏，（封蔡國夫人。）司膳翟氏，（封滕國夫人。）司醞吳氏，（封莒國夫人。）婕妤高氏，（封渤海郡夫人。）美人沈氏，（封太原郡夫人。）順御朱氏，（封吳郡夫人。）司飾聊氏，（封潁川郡夫人。）司衣劉氏，（封彭城郡夫人。）司藥孟氏，（封咸陽郡夫人。）梳篦張氏，（封清河郡夫人。）衣服王氏，（封太原郡夫人。）櫛篦傅氏，（封潁川郡夫人。）知客張氏，（賜號尚書。）故江氏，（追封濟陽郡夫人。以上皆長興三年九月敕，其名號皆中書門下按《六典》內職敘而行之。）內人李氏，（封隴西郡君。）崔氏，（封清河縣君。）李氏，（封成紀縣君。）田氏，（封咸陽縣君。）白氏。（封南陽郡君。並長興四年二月敕。按前代內職皆無封君之禮，此一時之制。）〔註16〕

統計以上史料有如下稱號：德妃、淑妃、昭儀、昭容、昭媛、御正、司寶、司贊、尚服、司記、司膳、司醞、婕妤、美人、順御、司飾、司衣、司藥、梳篦、衣服、櫛篦、知客。

德妃、淑妃、昭儀、昭容、昭媛屬於妃嬪位號無疑。按《唐六典》卷一

〔註14〕《舊五代史》卷三九《後唐明宗本紀》，第535頁。
〔註15〕《新五代史》卷一五《唐明宗家人傳》，第158頁。
〔註16〕《五代會要》卷一「內職」條，第16頁。

二「宮官」條記載，司寶屬於尚服局，司贊屬於屬於尚儀局，尚服屬於尚服局，司記屬於尚宮局，司膳、司醞屬於尚食局，司飾、司衣屬於尚服局，司藥屬於尚食局，都是宮官。御正、順御、梳篦、衣服、櫛篦、知客等也應該是五代新創的宮官職號。內人李氏、崔氏、李氏、田氏、白氏之後總結一句「按前代內職皆無封君之禮，此一時之制」值得重視。首先這裡「內職」所指為何？是內官還是宮官？從李氏等為內人來看，或許是下等女官。在第五章我們將證明唐代宮官有被封為國夫人的情況，而縣君比國夫人還低三個等級，為何說是「一時之制」呢？可能李氏等人地位過於低下，本不足與其他高等宮官相比擬而有封號，這處「內職」或指低等女官。

還可注意的是其中婕妤和美人在唐代分別位居正三品和正四品，是正式妃嬪位號，但在此卻與宮官混為一談，根本看不出有什麼等級上的差別。

綜上我們可以得出後唐內職制度的模式：位號＋封號，宮官職號（＋美名）＋封號，美名＋封號。封號已經成為其身份等級的證明。如同我們在上文中所見的唐玄宗時期出現內官和宮官合二為一的萌芽一樣，五代時我們看不出妃嬪位號與宮官職號之間明顯的差別。兩個系統已經在同一品級序列內遷轉。宋代內職制度即為此。（參看第七章。）

後唐明宗王賢妃，開成三年（928）正月被冊為德妃，長興二年（931）四月進為淑妃，應順元年（934）閏正月十三日冊為太妃，至周廣順元年（951）四月追諡賢妃。這裡疑問之處在於為何後周要追諡後唐明宗的妃嬪？如果王賢妃在廣順元年去世，那麼後周如何追諡前朝太妃？而且並非以太妃位號而是以賢妃位號，即在長興二年的淑妃的基礎之上進遷。在第七章將要討論的在北宋時期也有類似情況，真宗、仁宗會對太宗的妃嬪位號在原內官系統內進遷，而不是太妃之號。或由於後周已有此先例。還有「賢妃」是位號不是諡號，為何用「追諡」而不是「追冊」，若非字誤就是改朝換代之後會有不同表達嗎？不能確定。

引文中提到，「其名號皆中書門下按《六典》內職敘而行之」。此處《六典》即成書於唐玄宗時期的《唐六典》。但是考《唐六典》「內官」條，並無德妃、淑妃、昭儀、昭容、昭媛、婕妤之號，「宮官」條中無御正、順御、梳篦、衣服、櫛篦、知客之號，有一半的稱號不見載於《唐六典》。因此這裡「其名號皆中書門下按《六典》內職敘而行之」之「皆」字存在問題。而且《唐六典》所載是玄宗改制以後的制度，後唐其實更多是承襲唐後期的制度。所以這種變化可以概括為「心向往之，惜未可至」。

（三）後晉

後晉妃嬪位號的具體情況不得考，《五代會要》和《舊五代史》所載為晉少帝時的內職情況，但僅見有「宮官職號＋封號」此類情況，位號不見載。引文如下，《五代會要》卷一「內職」條載：

> 少帝寶省李氏，（封隴西郡夫人。）張氏，（封春宮夫人，充皇后宮尚宮。並天福八年十一月二日敕。）前左御正齊國夫人吳氏，（進封燕國夫人。）書省魏國夫人崔氏，（進封梁國夫人。）前右御正天水郡夫人趙氏，（封衛國夫人。）司簿孟氏，（封汧國夫人。）前司簿李氏，（封隴西郡夫人。）弟子院使齊氏、大使郭氏、副使賈氏，（並封本縣君。）太后宮尚宮陳留郡夫人何氏，（進封鄭國夫人。）河南郡夫人元氏，（進封齊國夫人。）番知客出使夫人石氏，（封武威郡夫人。）春宮姚氏、常氏、焦氏、王氏、陶氏、魏氏、趙氏等七人，（並超封郡夫人。）寶省婉美趙氏，（封天水郡夫人。）武氏巳下十一人，（並授春宮。天福八年十一月敕。）清河郡夫人張氏，彭城郡夫人劉氏，（並本宮、太后宮司寶。）南陽郡夫人路氏，出使夫人趙氏、白氏。（並充皇后宮司寶，開運二年八月敕。）〔註17〕

《舊五代史·晉書·少帝本紀》記載：「（天福八年十二月）庚戌，前左御正齊國夫人吳氏已降二十一人，並進封郡國夫人，太后宮、皇后宮知客夫人等亦如之。」〔註18〕

總結上文出現的稱號有：寶省、皇后宮尚宮、前左御正、書省、前右御正、司簿、弟子院使、大使、副使、太后宮尚宮、番知客出使夫人、春宮、寶省婉美、出使夫人、本宮、太后宮司寶、皇后宮司寶，太后宮、皇后宮知客夫人。

寶省、書省、春宮都是新出現的宮官，寶省婉美應與後唐出使美宣、御正楚真、司簿德美相類似。御正分左、右；弟子院有使、大使、副使。本宮、皇后宮、太后宮各有尚官、司寶等系統。太后宮、皇后宮知客夫人、番知客出使夫人與出使夫人，這些都是宮官。

（四）後漢與後周

後漢情況，因史籍中未見有記載，無從考證。

〔註17〕《五代會要》卷一「內職」條，第16～17頁。
〔註18〕《舊五代史》卷八二《後晉少帝本紀》，第1083～1084頁。

後周。《新五代史‧周太祖家人傳》記載：

> 淑妃楊氏……太祖柴夫人卒，聞妃有色而賢，遂娶之爲繼室。
> 太祖方事漢高祖於太原，天福中妃卒，遂葬太原之近郊。太祖即位，
> 廣順元年九月，追冊爲淑妃。

> 貴妃張氏……久之，太祖事漢高祖於太原，楊夫人卒，而武氏
> 子亦卒，乃納妃爲繼室。太祖貴，累封吳國夫人。太祖以兵入京師，
> 漢遣劉銖戮其家，妃與諸子皆死。太祖即位，追冊爲貴妃。

> 德妃董氏……漢高祖由太原入京師，太祖從，過洛陽，聞妃有
> 賢行，聘之。太祖建國，中宮虛位，遂冊爲德妃。廣順三年卒，年
> 三十九。〔註19〕

《舊五代史‧周書‧太祖本紀》記載：「（廣順元年二月）庚子，故吳國夫人
張氏追贈貴妃；故皇第三女追封樂安公主；故第二子青哥贈太保，賜名侗；
第三子意哥贈司空，賜名信；故長婦劉氏追封彭城郡夫人。」〔註20〕

《五代會要》卷一「內職」條記載：

> 周太祖貴妃張氏，（廣順元年二月追冊。）淑妃楊氏，（廣順元
> 年九月追冊。）德妃董氏，（廣順元年四月冊。）尚儀趙氏，（封汧
> 國夫人。）尚服蘇氏，（封岐國夫人。）尚宮甫氏，（封汾國夫人。）
> 司賓高氏，（封渤海郡夫人。）司賓柴氏，（封平陽郡夫人。）司賓
> 茹氏，（封潁川郡夫人。）司記丁氏，（封隴西郡夫人。）司記劉氏，
> （封彭城郡夫人。）典寶李氏，（封隴西縣君。）司寶王氏，（封琅
> 玡縣君。）司正李氏，（封隴西縣君。）司正王氏，（封琅玡縣君。）
> 尚食李氏，（封隴西縣君。）尚宮曹氏，（封鉅鹿縣君。）司衣李氏，
> （封隴西縣君。）司藥林氏，（封會稽縣君。）司藥翟氏。（特封潯
> 陽縣君。並廣順元年八月敕。）〔註21〕

總結上文出現的稱號有：貴妃、淑妃、德妃、賢妃、尚儀、尚服、尚宮、
司賓、司記、典寶、司寶、司正、尚食、司衣、司藥。按《唐六典》卷一
二「宮官」條記載：尚儀屬於尚儀局，尚服屬於尚服局，尚宮屬於尚宮局，
司賓屬於尚儀局，司記屬於尚功局，典寶、司寶屬於尚服局，司正屬於尚

〔註19〕《新五代史》卷一九《周太祖家人傳》，第197～199頁。
〔註20〕《舊五代史》卷一一一《周書‧太祖本紀》，第1468頁。
〔註21〕《五代會要》卷一「內職」條，第17頁。

宮局，尚食屬於尚食局，司衣屬於尚服局，司藥屬於尚食局，都屬於宮官系統。排除之後，只剩下貴妃、淑妃、德妃、賢妃等位號，而這種等級劃分又有明顯承襲唐代的痕跡。《舊五代史》卷一一〇《周書・太祖本紀》記載：「（廣順元年八月）丙辰，尚食李氏等宮官八人並封縣君，司記劉氏等六人並封郡夫人，尚宮皇甫氏等三人並封國夫人。唐制有內官、宮官，各有司存，更不加郡國之號，近代加之，非舊典也。」〔註22〕第五章我們將要詳細論述在唐中宗時期已經出現宮官加國夫人的情況，所以《舊五代史》最後一句的表達其實不是很正確。但是關於內官和宮官加封號在唐代確實沒有制度規定，而且不像五代成批出現。因此這裡表達的意思可能是五代這種情況比較普遍。

（五）小結

通過以上分析，五代的內官系統已將唐代的內官和宮官兩大系統逐漸融合在一起。這是從唐後期以來發展演變的結果。如唐代的「婕妤」、「美人」等妃嬪位號，在後唐時已經埋沒於宮官職號之中，絲毫看不出差別和不同。例如：「明宗德妃王氏……昭容……昭媛……御正……司寶……司贊……尚服……司記……司膳……司醞……婕妤……美人……順御……司飾……司衣……司藥……」〔註23〕朱子彥先生認爲：五代時期對嬪妃制度的改革，主要內容就是恢復漢、晉舊制，並使妃嬪與宮廷女官合二爲一，打破西周「三夫人、九嬪、二十七世婦、八十一御妻」的模式。〔註24〕此說在上文中可以得到印證。而五代內職制度所呈現的模式主要有三種：位號＋封號、宮官職號（＋美名）＋封號、美名＋封號。前兩種情況在宋代基本成爲固定制度。第一種模式中並不包括「妃」，如後唐莊宗的韓淑妃、尹德妃，後唐明宗的王淑妃，周太祖的張貴妃（追冊）、楊淑妃（追冊）、董德妃都未見加封號，而昭儀、昭容、婕妤、美人等卻有封號。可見「妃」本身在皇帝配偶中擁有高等地位，不需要藉以封號來凸顯其尊貴。另外，所有宮官未必都是皇帝配偶，如後晉少帝所封的宮官其中應該有很多都是服務性宮官。北宋的情況也是如此。因此以上三種五代內職模式，並非固定不變。

五代會出現兩種系統逐漸融合的原因，朱子彥先生認爲是五代諸帝鑒於

〔註22〕《舊五代史》卷一一〇《周書・太祖本紀》，第1474頁。
〔註23〕《五代會要》卷一「內職」條，第16頁。
〔註24〕朱子彥：《後宮制度研究》，第58頁。

唐代後宮龐大、掖庭穢亂以及后妃爭寵弄權等弊端。〔註25〕筆者不同意朱先生「掖庭穢亂以及后妃爭寵弄權」之說。掖庭穢亂以及后妃爭寵弄權之事，多發生在唐朝前期，安史之亂之前，唐後期這些情況並不多見。因此不能說五代是鑒於唐代前期掖庭穢亂以及后妃爭寵弄權的弊端而改革，而忽視直接影響五代的唐後期的情況。

不過筆者同意朱先生五代改革的原因在於唐代後宮數量龐大的觀點。其實這是一個歷史的問題，唐前期國土面積幅員遼闊，國家統一，國力強大，中央權力集中，帝王雄才偉略，財政收入穩定，這些都為套用所謂的周禮后妃模式奠定基礎。到唐後期，國勢衰微、國家分裂、皇權衰落、財政不穩，而還去維持一個龐大的後宮系統，已經心有餘而力不足，但是礙於皇家威嚴不得不繼續維持，但是已經步履維艱。因此到五代時期，已經沒有祖訓典制的束縛，又由於局勢的不穩定，因而內官制度顯得較為混亂。

還有一個疑問，就是為什麼在後唐時期出現內官制度的新變化。據楊寶玉和吳麗娛兩位先生的研究，後梁和後唐兩朝的建朝形勢和治國氣魄均不相同。後唐要恢復盛唐氣象，達到江山一統、萬國來朝。〔註26〕據此推斷，後唐進行一系列的改革以達到機制優化是很有可能的。通過新的制度改革以使後宮制度條理化，不再模式化，也是一種改革方向。

二、十國內官位號考

十國的內官制度需要有一個區別，即可以分為稱帝者和稱藩者。稱帝政權有：吳、南唐、前蜀、後蜀、南漢、閩、北漢。稱藩政權有：楚、吳越、南平（荊南）。

（一）稱帝政權的內官位號

（1）吳。吳國作為稱帝政權，有皇后、皇太后之號。《十國春秋‧吳‧太后王氏傳》記載：「太后王氏，睿帝其所出也。武義二年六月，睿帝即王位，尊為太妃；未幾稱帝，尊為皇太后。」〔註27〕

〔註25〕朱子彥：《後宮制度研究》，第 58 頁。

〔註26〕參見楊寶玉、吳麗娛：《梁唐之際敦煌地方政權與中央關係研究——以歸義軍入貢活動為中心》，《敦煌學輯刊》，2010 年第 2 期。

〔註27〕（清）吳任臣撰：《十國春秋》卷四《吳‧太后王氏傳》，北京：中華書局，1983 年，第 80 頁。

內官位號僅見有德妃。《資治通鑑》記載：「（後唐明宗長興四年）九月，甲戌朔，吳主立德妃王氏為皇后。」〔註28〕《十國春秋》卷四《吳‧睿宗讓皇后王氏傳》記載：「讓皇后王氏，初事睿帝為德妃，太和五年九月冊立為后。及南唐受禪，睿帝殂於丹楊宮，后不知所終。」〔註29〕

南唐。南唐內官位號有：順妃、保儀。

南唐有皇后。《陸氏南唐書‧烈祖元敬皇后宋氏傳》記載：「烈祖元敬皇后宋氏，小名福金。父韞，江夏人。后幼流離亂兵中，昇州刺史王戎得后。烈祖娶戎女，后為媵，得幸，生元宗。王氏早卒，義祖命烈祖禮為繼室。封廣平郡君，晉國君。……烈祖為齊王，封王妃；及受禪，立為后。」〔註30〕《馬氏南唐書》記載與此相同。

《馬氏南唐書‧女憲傳》記載：「嗣祖光穆皇后鍾氏，虔州刺史太章之女。太章初為裨將，義祖用之以殺張顥，既而尊大。……命以太章女配嗣祖。義祖初見歎曰：『非此兒不敵此女。』……鍾氏始封縣君，累加國夫人。昇元中，封齊王妃。嗣祖即位，冊為皇后。」〔註31〕《陸氏南唐書》記載與此大致相同。

內官位號僅見有順妃和保儀。《十國春秋‧南唐‧烈祖順妃王氏傳》記載：「順妃王氏，烈祖之故配也。父戎，官吳昇州刺史，義祖使烈祖委禽焉。……累封魏國君。未幾薨，義祖為感歎者久之。及開國，追封順妃。」〔註32〕《陸氏南唐書‧烈祖本紀》記載：「（昇元元年，十一月）丙辰，追冊故妃魏國君楊氏為順妃。」〔註33〕這裡從魏國君到順妃當是指同一人，但是兩書記載卻有「王氏」和「楊氏」的不同，《馬氏南唐書》沒有記載此事，無法做旁證。《馬氏南唐書》卷六《女憲傳》和《陸氏南唐書》卷一六后妃諸王傳中也都沒有將烈祖順妃入傳。但是從史料學角度出發，當以《陸氏南唐書》為是，但是《陸氏南唐書‧烈祖元敬皇后宋氏傳》記載：「王氏早卒，義祖命烈祖禮

〔註28〕 《資治通鑑》卷二七八，後唐明宗長興四年九月甲戌條，第9087頁。
〔註29〕 《十國春秋》卷四《吳‧睿宗讓皇后王氏傳》，第80頁。
〔註30〕 《陸氏南唐書》卷一三《烈祖元敬皇后宋氏傳》。
〔註31〕 （宋）馬令：《馬氏南唐書》卷六《女憲傳》，上海：上海書店，1984年。據商務印書館一九三四年版重印（四部叢刊本）。
〔註32〕 《十國春秋》卷一八《南唐‧烈祖順妃王氏傳》，第261頁。
〔註33〕 （宋）陸游：《陸氏南唐書》卷一《烈祖本紀》，上海：上海書店，1984年。據商務印書館一九三四年版重印（四部叢刊本）。

為繼室。」〔註 34〕恐當以王氏為正確，楊氏為誤記。然而二者都不影響本文的結論，「順妃」這一稱號的記載是相同的。

《馬氏南唐書·女憲傳》記載：「後主保儀黃氏，世為江夏人。父守忠，遇亂流徙湘湖，事馬氏為裨將。馬希萼之難，守忠死之。邊鎬下湖南，得黃氏，甫數歲，奇其貌，內後宮。後主即位，選為保儀，容態華麗冠絕當世，顧盼蠱笑，無不妍姣。」〔註 35〕《陸氏南唐書》記載與此大致相同。

《十國春秋·南唐·夫人鍾氏傳》記載：「種氏名時光，江西良家女。性警悟，通書計。常靚妝去飾，而態度閒雅，宛若神仙。年十六，入宮，隸樂部。俄得幸，生景逿。烈祖以受禪後所得子，甚愛之，種氏寵日盛，封夫人。……元宗即位，景逿始封保寧王，許種氏居景逿宮就養，進封王太妃。（《江越表志》云封國太妃。）」〔註 36〕這裡「夫人」成為一種等級稱號，這種情況在漢魏南北朝存在過。也有可能身為女官但有國夫人或郡夫人之號，皆詳見下文。但是《陸氏南唐書》卷一六《后妃諸王傳》「烈祖後宮種氏」和《馬氏南唐書》卷六《女憲傳》「先主種氏」都也沒有提到封夫人之事，因而此事可以否定。

前蜀。前蜀的內官位號有：賢妃、淑妃、貴妃、元妃、順妃、婕妤、昭儀等。

賢妃。《十國春秋》卷三八《前蜀·順聖皇太后徐氏傳》記載：順聖皇太后徐氏「太后事高祖為賢妃。」〔註 37〕

淑妃。《十國春秋》卷三八《前蜀·翊聖皇太妃徐氏傳》記載：「翊聖皇太妃徐氏，耕次女也。高祖時進位淑妃，宮中稱為花蕊夫人，亦曰小徐妃。光天元年夏六月，尊為皇太妃。」〔註 38〕

貴妃。《十國春秋》三八《前蜀·貴妃張氏傳》和《貴妃錢氏傳》記載：「貴妃張氏，梓州郪縣人。太子元膺，其所出也。武成中，進號貴妃。……貴妃錢氏，事後主，累封貴妃。」〔註 39〕

元妃、婕妤。《十國春秋》卷三八《前蜀·元妃韋氏傳》記載：「元妃韋氏，故徐耕女孫也。有殊色。後主適徐氏，見而悅之，太后因納之宮中。

〔註 34〕《陸氏南唐書》卷一三《烈祖元敬皇后宋氏傳》。
〔註 35〕《馬氏南唐書》卷六《女憲傳》，第 9 頁。
〔註 36〕《十國春秋》卷一八《南唐·夫人種氏傳》，第 262～263 頁。
〔註 37〕《十國春秋》卷三八《前蜀·順聖皇太后徐氏傳》，第 560 頁。
〔註 38〕《十國春秋》卷三八《前蜀·翊聖皇太妃徐氏傳》，第 560 頁。
〔註 39〕《十國春秋》卷三八《前蜀·貴妃張氏傳、貴妃錢氏傳》，第 561、562 頁。

後主不欲娶於母族，託言韋昭度孫。初爲婕妤，累封至元妃。」〔註40〕

順妃。《十國春秋》卷三八《前蜀‧順妃蘇氏傳》記載：「順妃蘇氏，未詳其家世。後主時累封至順妃。」〔註41〕

昭儀。《十國春秋》卷三八《前蜀‧昭儀李氏傳》記載：「昭儀李氏，名舜弦，梓州人。酷有辭藻，後主立爲昭儀，世所稱李舜弦夫人也。」〔註42〕

後蜀。後蜀的內官位號有貴妃、慧妃。

貴妃。《十國春秋》卷五〇《後蜀‧太后李氏傳》記載：「太后李氏，太原人，故唐莊宗嬪御也。莊宗以賜高祖。……初封夫人，明德元年進封貴妃。」〔註43〕這裡「夫人」可能是女官而兼有國夫人或郡夫人之號。

慧妃。《十國春秋》卷五〇《後蜀‧慧妃徐氏傳》記載：「慧妃徐氏，青城人。幼有才色，父國璋納於後主，後主嬖之，拜貴妃，別號花蕊夫人，又升號慧妃。」〔註44〕

南漢。南漢的內官位號有：昭儀、麗妃、貴妃、美人、才人。

作爲稱帝政權，南漢有皇后。《十國春秋》卷六一《南漢‧武皇后韋氏傳》記載：「后先封□國夫人，乾亨初追尊爲武皇后。」〔註45〕《南漢書‧后妃列傳》記載：「先封越國夫人；高祖稱制，追尊曰武皇后。」〔註46〕《新五代史‧南漢世家》記載：「（南漢乾亨三年）冊越國夫人馬氏爲皇后。馬氏，楚王殷女也。」〔註47〕第《十國春秋》卷六一《南漢‧高祖皇后馬氏傳》記載：「高祖皇后馬氏，楚武穆王女也。……后既歸嶺南，高祖改元乾亨，稱越帝，封后爲越國夫人。明年，更國號曰漢。三年，冊爲皇后。大有七年殂。」〔註48〕

昭儀。《十國春秋》卷六一《南漢‧太妃趙氏傳》記載：「太妃趙氏，殤帝生母也。有殊色，事高祖，頗擅寵。大有時，進位昭儀。殤帝嗣帝位，尊

〔註40〕《十國春秋》卷三八《前蜀‧元妃韋氏傳》，第562頁。

〔註41〕《十國春秋》卷三八《前蜀‧順妃蘇氏傳》，第562頁。

〔註42〕《十國春秋》卷三八《前蜀‧昭儀李氏傳》，第562頁。

〔註43〕《十國春秋》卷五〇《後蜀‧太后李氏傳》，第746頁。

〔註44〕《十國春秋》卷五〇《後蜀‧慧妃徐氏傳》，第748頁。

〔註45〕《十國春秋》卷六一《南漢‧武皇后韋氏傳》，第877～878頁。

〔註46〕（清）梁廷楠著；林梓宗校點：《南漢書》卷七，廣州：廣東人民出版社，1981年，第33頁。

〔註47〕《新五代史》卷六五《南漢世家》，第812頁。

〔註48〕《十國春秋》卷六一《南漢‧高祖皇后馬氏傳》，第878頁。

爲皇太妃。」〔註49〕《南漢書》卷七《后妃列傳》記載爲：「大有中，封昭儀。」
〔註50〕

麗妃。《十國春秋》卷六一《南漢·麗姬李氏傳》記載：「麗姬李氏，中宗之幸姬也。與內侍監許彥眞表裏用事，後彥眞卒用此敗事。」〔註51〕《南漢書》卷七《后妃列傳》記載：「麗妃李氏，中宗妃也。」〔註52〕《續資治通鑑長編》記載：「（太祖建隆三年十二月）南漢許彥眞既殺鍾允章，益恣橫，惡龔澄樞等居己上，頗侵其權，澄樞怒。會有告彥眞與先主麗妃私通者，澄樞發其事。彥眞懼，與其子謀殺澄樞。澄樞遣西班將軍王仁遇告彥眞父子謀反，下獄，族誅之。」〔註55〕這裡存在麗姬和麗妃的差別，從史料學角度判斷，當以《續資治通鑑長編》爲是，因此斷定爲麗妃。

貴妃。《十國春秋》卷六一《南漢·後主貴妃李氏傳》記載：「後主貴妃李氏，宦者李託養女也。後主納託二女於後宮，長者冊爲貴妃，凡國政稟託以行。」〔註53〕《南漢書》卷七《后妃列傳》記載：「貴妃李氏，後主妃，內官李託所養長女也。後主廣選後宮嬪御，託養二女皆有色。大寶五年，並進之。既得幸，大被寵憐，即日冊爲貴妃。」〔註54〕

美人。《十國春秋》卷六一《南漢·美人李氏傳》記載：「美人李氏，亦託養女。後主既立託長女爲貴妃，復以其次女充美人之職，一時並寵，宮中稱極盛焉。」〔註56〕《南漢書》卷七《后妃列傳》記載：「美人李氏，託所養次女也。與其養姊同時進御，亦得寵。後主既冊其姊爲貴妃，李氏亦得封美人。」同傳記載：「素馨，後主司花宮女，以色進御，封美人。」〔註57〕《續資治通鑑長編》記載「南漢主納李託兒女，長爲貴妃，次爲美人，皆有寵。」〔註58〕因此貴妃和美人之位號可以肯定。

〔註49〕 《十國春秋》卷六一《南漢·太妃趙氏傳》，第878頁。
〔註50〕 《南漢書》卷七《后妃列傳》，第34頁。
〔註51〕 《十國春秋》卷六一《南漢·麗姬李氏傳》，第878頁。
〔註52〕 《南漢書》卷七《后妃列傳》，第34頁。
〔註55〕 （宋）李燾撰：《續資治通鑑長編》卷三，北京：中華書局，1979年，第78頁。
〔註53〕 《十國春秋》卷六一《南漢·後主貴妃李氏傳》，第879頁。
〔註54〕 《南漢書》卷七《后妃列傳》，第35頁。
〔註56〕 《十國春秋》卷六一《南漢·美人李氏傳》，第879頁。
〔註57〕 《南漢書》卷七《后妃列傳》，第35、36頁。
〔註58〕 《續資治通鑑長編》卷三，第78頁。

才人。《十國春秋》卷六一《南漢・盧瓊仙傳》記載：「盧瓊仙者，故中宗宮人也。乾和中，與黃瓊芝並爲女侍中，朝服冠帶，參決政事。後主嗣位，進瓊仙秩爲才人，復以朝政決於瓊仙，凡後主詳覽可否，皆瓊仙指之。瓊仙與女巫樊胡子、宦官龔澄樞等，內外爲奸，朝臣備位而已。」〔註59〕《南漢書》卷七《后妃列傳》記載：「盧瓊仙……後主嗣位，進拜才人。」〔註60〕此外，《南漢書》卷七《后妃列傳》記載還有：「才人蘇氏……大有中，封才人。」〔註61〕

《南漢書》卷七《后妃列傳》記載：「尙儀謝氏，名宜清，姿容絕豔。選入事高祖，愛之，進職尙儀。」〔註62〕尙儀謝氏也被列入后妃傳中，而且言辭之中她也屬於皇帝的配偶群體之一，但是尙儀屬於尙儀局，屬於宮官的稱號，這種情況上文中講五代時已經提到，也由此可見五代十國整個內官制度的不穩定性。

閩。閩國的內官位號有：才人、淑妃、元妃、賢妃等。

閩國也有皇后。《十國春秋》卷九四《閩・太祖后任氏傳》記載：「太祖時，封□國夫人。……龍啓初，追崇曰□□皇后。」〔註63〕

才人、淑妃。《十國春秋》卷九四《閩・后陳氏傳》記載：「開平三年，太祖選良家女充後宮，……太祖召爲才人，……惠宗時御紫宸門宣見，大悅，封爲淑妃，甚嬖之。龍啓元年立爲皇后……」〔註64〕

元妃。《十國春秋》卷九四《閩・康宗元妃李氏傳》記載：「累封梁國夫人，康宗嬖李后，遇夫人甚薄，終於其位。」〔註65〕

賢妃。《十國春秋》卷九四《閩・康宗后李氏傳》記載：「康宗后李氏，本惠宗宮人，名春燕。有色，康宗蒸焉。……康宗嗣位，立爲賢妃，行則同輿，坐則同席。及通文改元，復立爲皇后。」〔註66〕《十國春秋》卷九四《閩・賢妃尙氏傳》記載：「賢妃尙氏……永隆初立爲賢妃。」〔註67〕

〔註59〕《十國春秋》卷六一《南漢・盧瓊仙傳》，第879頁。
〔註60〕《南漢書》卷七《后妃列傳》，第35頁。
〔註61〕《南漢書》卷七《后妃列傳》，第34頁。
〔註62〕《南漢書》卷七《后妃列傳》，第34頁。
〔註63〕《十國春秋》卷九四《閩・太祖后任氏傳》，第1358頁。
〔註64〕《十國春秋》卷九四《閩・后陳氏傳》，第1359頁。
〔註65〕《十國春秋》卷九四《閩・康宗元妃李氏傳》，第1361頁。
〔註66〕《十國春秋》卷九四《閩・康宗后李氏傳》，第1361頁。
〔註67〕《十國春秋》卷九四《閩・賢妃尙氏傳》，第1362頁。

北漢。由於史料缺乏，無從考證，如果做一推斷，應該類似於後漢。

（二）稱藩政權的諸王配偶稱號

楚。楚沒有稱帝，一直稱臣作藩，因此不會有皇后。妻妾的封號多是以「夫人」稱號出現，如《十國春秋》卷七一有《夫人陳氏傳》、《夫人華氏傳》、《衡陽王夫人楊氏傳》、《文昭王順賢夫人彭氏傳》《廢王夫人謀氏傳》、《恭孝王夫人苑氏》。但是有一個特殊例子武穆王袁德妃，《十國春秋・楚・武穆王德妃袁氏傳》記載：「武穆王德妃袁氏，衡陽王其所生也。有殊色，見寵於武穆王，累封德妃。」〔註68〕這種情況很難解釋，懷疑是史書之誤。

吳越。吳越與楚相同，《十國春秋》卷八三有《趙國太夫人水丘氏傳》、《武肅王莊穆夫人吳氏傳》、《昭懿夫人陳氏傳》、《文穆王恭穆夫人馬氏傳》、《恭穆夫人吳氏傳》、《忠獻王夫人杜氏》。《十國春秋・吳越・忠懿王妃孫氏傳》記載：「漢制拜夫人，周敕封吳越國賢德夫人。宋開寶五年進封賢德順睦夫人。」〔註69〕但是吳越也有一特例就是仰元妃，《十國春秋・吳越・元妃仰氏傳》記載：「天福八年冬，忠獻王納爲元妃」〔註70〕。懷疑也是史書誤記。

南平（荊南）。史料缺乏，無從考證，但是推斷已經類似於楚與吳越。

由於材料所限，十國的內官制度只能將封號簡單羅列，如果進行深入研究、系統歸納，還期待於更多新史料。

〔註68〕《十國春秋》卷七一《楚・武穆王德妃袁氏傳》，第 983 頁。
〔註69〕《十國春秋》卷八三《吳越・忠懿王妃孫氏傳》，第 1191 頁。
〔註70〕《十國春秋》卷八三《吳越・元妃仰氏傳》，第 1190 頁。

第四章　唐五代時期的外命婦淵源流變探析——以「夫人」爲中心

一、前言

在第二章末尾已經揭示，在唐後期擁有外命婦封號的國夫人、郡夫人等已經成爲皇帝配偶，並爲皇帝生育子嗣。而五代時期延續唐後期以來的這種變化，內官系統和宮官系統之間出現交叉。

如果再與《唐六典》卷二「司封郎中」條中的材料記載對比，我們可以很清楚的發現這種變化。其記載爲：

> 外命婦之制：……一品及國公母、妻爲國夫人；三品巳上母、妻爲郡夫人；四品、若勳官二品有封，母、妻爲郡君；五品、若勳官三品有封，母、妻爲縣君。散官並同職事。勳官四品有封，母、妻爲鄉君。〔註1〕

因此，我們不難發現，國夫人、郡夫人等確實存在一條由外命婦向內夫人轉變的軌跡。就此問題而論，需要解決如下幾個問題：一、任何制度的改變，都並非空穴來風，必有一定規律可尋。因此，首先要捋清國夫人、郡夫人等外命婦的發展脈絡；二、這種轉變開始於何時，是唐後期，還是在前期就已有根苗可見；三、爲什麽會有這種轉變；四、國夫人等外命婦封號成爲皇帝配偶的封號後，其作爲外命婦性質的封號還是否還在繼續使用；五、唐五代時期內夫人具體情況是什麽，地位如何。這些問題中，第一個問題是總主幹，

〔註 1〕《唐六典》卷二「司封郎中員外郎」條，第38～39頁。

其他問題屬於旁支。因此，本章首先從第一個問題開始入手，而研究此問題筆者認爲當以「國夫人」爲中心，而「國夫人」是由國號和夫人號組成的詞組。因此在研究其發展脈絡時，首先要弄清楚「夫人」稱號的演變，然後再分析從什麼時候開始在夫人稱號之前冠以國名或郡名等。

二、先秦、兩漢、三國「夫人」稱號的演變

（一）先秦

在先秦時期，夫人的用法主要有兩種：第一，指諸侯之妻。《禮記·曲禮下》記載：「天子之妃曰后，諸侯曰夫人，大夫曰孺人，士曰婦人，庶人曰妻。」〔註2〕《論語·季氏》記載：「邦君之妻，君稱之曰夫人，夫人自稱曰小童。邦人稱之曰郡夫人，稱諸異邦曰寡小君。」〔註3〕第二，作爲天子、國君配偶的稱號。《禮記·曲禮下》記載：「天子有后，有夫人，有世婦，有嬪，有妻，有妾。」〔註4〕《禮記·昏義》記載：「古者天子后立六宮、三夫人、九嬪、二十七世婦、八十一御妻，以聽天下之內治，以明章婦順，故天下內和而家理。」〔註5〕《春秋會要》卷二「后夫人妃」條對魯、晉、齊、秦、楚、宋、衛、鄭、陳的夫人做過材料歸納的工作〔註6〕，可參看。

（二）西漢

西漢存在四種情況：

（1）皇帝配偶的位號。《漢書·外戚傳上》記載：「漢興，因秦之稱號，帝母稱皇太后，祖母稱太皇太后，適稱皇后，妾皆稱夫人。又有美人、良人、八子、七子、長使、少使之號焉。」〔註7〕這裡出現一個問題，這裡的「夫人」指什麼？是一種總稱，還是一種正式的位號。

〔註2〕《十三經注疏·禮記正義》，第 1267 頁。《通典·職官典》記載：「諸侯之夫人皆命於天子。『夫人不命於天子，自魯昭公始也。』」，第 946 頁。

〔註3〕《十三經注疏·論語注疏》，第 2522 頁。

〔註4〕《十三經注疏·禮記正義》，第 1261 頁。

〔註5〕《十三經注疏·禮記正義》，第 1681 頁。《通典·職官典》引鄭玄之言：「至舜，不告而娶，不立正妃，但三妃而已，謂之夫人。周人上法帝嚳，立正妃，又三二十七爲八十一人以增之，合百二十一人。其位后也，夫人也，嬪也，世婦也，女御也，五者相參，以定尊卑焉。」，第 945～946 頁。

〔註6〕（清）姚彥渠撰：《春秋會要》卷一「世系」條，北京：中華書局，1955 年，第 45～49 頁。

〔註7〕《漢書》卷九七上《外戚傳上》，第 3935 頁。

　　之所以要提出這位問題，是因爲同樣情況下，對「姬」的認識出現過錯誤。如在《漢書》卷四《文帝紀》顏師古對薄姬的注中就討論過這個問題，茲引如下：

> 　　如淳曰：「姬音怡，眾妾之總稱。《漢官儀》曰姬妾數百，《外戚傳》亦曰幸姬戚夫人。」臣瓚曰：「《漢秩祿令》及《茂陵書》姬並內官也，秩比二千石，位次婕妤下，在八子上。」師古曰：「姬者，本周之姓，貴於眾國之女，所以婦人美號皆稱姬焉。故《左氏傳》曰：『雖有姬、姜，無棄蕉萃。』姜亦大國女也。後因總謂眾妾爲姬。《史記》云：『高祖居山東時好美姬』是也。若姬是官號，不應云幸姬戚夫人，且《外戚傳》備列后妃諸官，無姬職也。如云眾妾總稱，則近之。不當音怡，宜依字讀耳。瓚說謬也。」〔註8〕

三國如淳認爲「姬」是眾妾的總稱，西晉臣瓚認爲「姬」是內官位號。顏師古考徵後認爲如淳說正確。此處「夫人」情況與「姬」類似，出現兩種表達方式。

　　《後漢書·皇后紀上》記載：「秦併天下，多自驕大，宮備七國，爵列八品。漢興，因循其號，而婦制莫釐。」〔註9〕皇后、夫人、美人、良人、八子、七子、長使、少使正好是八個等級。漢因秦制，夫人是作爲妃嬪位號之一種，如漢高祖有戚夫人〔註10〕、管夫人〔註11〕；漢文帝有愼夫人〔註12〕；漢景帝有王夫人〔註13〕（漢武帝母）；漢武帝有王夫人、李夫人〔註14〕。

　　在《史記·外戚世家列傳》記載：「武帝時，幸夫人尹婕妤。邢夫人號娙娥，眾人謂之『娙何』。娙何秩比中二千石，容華秩比二千石，婕妤秩比列侯。常從婕妤遷爲皇后。」〔註15〕這裡夫人與婕妤、娙娥並列，可見已經不屬於妃嬪位號。但出現這種變化的具體時間尚難考證。

〔註8〕　《漢書》卷四《文帝紀》，第105頁。

〔註9〕　（南朝宋）范曄撰：《後漢書》卷一〇上《皇后紀上》，北京：中華書局，1965年，第399頁。

〔註10〕　《漢書》卷九七上《外戚傳上》，第3927頁。

〔註11〕　《漢書》卷九七上《外戚傳上》，第3941頁。

〔註12〕　《漢書》卷九七上《外戚傳上》，第3945頁。

〔註13〕　《漢書》卷九七上《外戚傳上》，第3946頁。

〔註14〕　（漢）司馬遷撰：《史記》卷四九《外戚世家列傳》記載：「及衛后色衰，趙之王夫人幸，有子，爲齊王。王夫人蚤卒。而中山李夫人有寵，有男一人，爲昌邑王。」，第1980頁。《漢書》卷九七上《外戚傳上》記載爲「孝武李夫人」，第3951頁。可見漢武帝時還有「夫人」作爲妃嬪稱號的用法。

〔註15〕　《史記》卷四九《外戚世家列傳》，第1983～1984頁。

漢元帝時妃嬪設立十四等：昭儀、倢伃、娙娥、傛華、美人、八子、充依、七子、良人、長使、少使、五官、順常，無涓、共和、娛靈、保林、良使、夜者共爲最後一等。這時「夫人」已經不屬於妃嬪位號。〔註16〕

漢武帝的鈎弋夫人，《史記》中稱「鈎弋夫人」，《漢書》中稱「拳夫人」。《漢書・外戚傳》記載：「孝武鈎弋趙倢伃，昭帝母也，家在河間。武帝巡狩過河間，望氣者言此有奇女，天子亟使使召之。既至，女兩手皆拳，上自披之，手即時伸。由是得幸，號曰拳夫人。……拳夫人進爲倢伃，居鈎弋宮，大有寵。」〔註17〕「鈎弋夫人」與「拳夫人」都不是正式的稱法，應該稱趙倢伃才是。可見武帝之後「夫人」應用的方式當是一種習慣性稱謂。

還有一例特殊情況，如漢宣帝母王夫人，「史皇孫王夫人，宣帝母也，名翁須，泰始中得幸於史皇孫。皇孫妻妾無號位，皆稱家人子。征和二年，生宣帝。帝生數月，衛太子、皇孫敗，家人子皆坐誅，莫有收葬者，唯宣帝得全。即尊位後，追尊母王夫人諡曰悼后，祖母史良娣曰戾后」。〔註18〕《西漢會要・帝系六》專設有「皇孫妻稱夫人」〔註19〕一條，所據就是此材料。但是筆者認爲，王夫人之稱當是對宣帝之母的一種尊稱。

（2）列侯妻子的稱號或對他人妻母的一種尊稱。《漢書・文帝紀》記載：「七年冬十月，令列侯太夫人、夫人、諸侯王子及吏二千石無得擅徵捕。」顏師古在此引曹魏時人如淳語作注：「列侯之妻稱夫人。列侯死，子復爲列侯，乃得稱太夫人。」〔註20〕這裡「夫人」成爲一種等級稱號，不符合規定不能稱夫人。如《漢書・蕭何傳》記載：「孝惠二年，何薨，諡曰文終侯。子祿嗣，薨，無子。高后乃封何夫人同爲酇侯，小子延爲築陽侯。孝文元年，罷同，更封延爲酇侯。」〔註21〕此處稱蕭何之妻爲夫人就是此例。《漢書・游俠傳》記載：原涉本與新豐富人祁太伯爲友，「太伯同母弟王游公素嫉涉」，於是勾

〔註16〕 關於秦漢後宮制度的詳細研究，可參看郭佳：《漢代後宮制度研究》，吉林大學碩士學位論文，2004 年；姚曉菡：《秦漢後宮制度及后妃概況述論》，西北大學碩士學位論文，2006 年。

〔註17〕《漢書》卷九七上《外戚傳上》，第 3956 頁。

〔註18〕《漢書》卷九七上《外戚傳上》，第 3961 頁。

〔註19〕（宋）徐天麟撰：《西漢會要》卷六《帝系六》「內職」條，上海：上海古籍出版社，2006 年，第 61 頁。

〔註20〕《漢書》卷四《文帝紀》，第 122 頁。

〔註21〕《漢書》卷三九《蕭何傳》，第 2012 頁。

結尹公「墮壞涉冢舍，條奏其舊惡」。原涉「由此怨王游公，選賓客，遣長子初從車二十乘劫王游公家。游公母即祁太伯母也，諸客見之皆拜，傳曰：『無驚祁夫人』。遂殺游公父及子，斷兩頭去。」〔註22〕這裡「祁夫人」的稱呼當是一種尊稱。

（3）夫人之前冠以諡號。如《漢書・高帝紀下》記載：「漢王即皇帝位於汜水之陽。尊王后曰皇后，太子曰皇太子，追尊先媼曰昭靈夫人。」〔註23〕

《漢書・外戚傳上》記載：漢昭帝上官皇后，「皇后母前死，葬茂陵郭東，追尊曰敬夫人」。〔註24〕「敬」字當爲諡號。（漢宣帝）制詔御史賜外祖母號爲博平君，「以博平、蠡吾兩縣戶萬一千爲湯沐邑。……歲餘，博平君薨，諡曰思成夫人。」〔註25〕考《漢書・地理志》並無思成之地名，因此可以確定「思成」爲諡號無疑。

（4）夫人之前冠以郡縣之名。在夫人之前冠以地名，在先秦時已有之。如《史記・呂不韋列傳》記載：「秦昭王四十年，太子死。其年四十二，以其次子安國君爲太子。安國君有子二十餘人。安國君有所甚愛姬，立以爲正夫人，號曰華陽夫人。……秦昭王五十六年，薨，太子安國君立爲王，華陽夫人爲王后。」〔註26〕在《資治通鑑》中第一次出現華陽夫人時，胡三省注曰：「蓋食湯沐邑於華陽，因以爲號。」〔註27〕從史料學角度出發胡注只可聊備一說，這還需要看華陽是在什麼地方。《史記・韓世家》記載：「二十三年，趙、魏攻我華陽。……八日而至，敗趙、魏於華陽之下。」正義曰：「司馬彪云：『華陽，山名，在密縣。』鄭州管城縣南四十里。」〔註28〕看來，華陽本是魏國之地。《史記・白起王翦列傳》記載：「昭王三十四年，白起攻魏，拔華陽……」〔註29〕華陽納入秦國的版圖是在秦昭王三十四年，即公元前 273 年。而從《呂不韋列傳》中可以看出，秦昭王四十年安國君才被立爲太子，華陽夫人稱號得來或爲同時。而此時華陽已屬秦國，因此胡三省之說可以認爲是合理的。

漢代的情況，如「孝文竇皇后景帝母，竇皇后親蚤卒，葬觀津。於是薄

〔註22〕《漢書》卷九二《游俠傳》，第 3718 頁。
〔註23〕《漢書》卷一下《高帝紀》，第 52 頁。
〔註24〕《漢書》卷九七上《外戚傳上》，第 3959 頁。
〔註25〕《漢書》卷九七上《外戚傳上》，第 3963～3964 頁。
〔註26〕《史記》卷八五《呂不韋傳》，第 2505～2509 頁。
〔註27〕《資治通鑑》卷五，周報王五十八年條，第 183 頁。
〔註28〕《史記》卷四五《韓世家》，第 1877 頁。
〔註29〕《史記》卷七三《白起王翦列傳》，第 2331 頁。

太后乃詔有司追封竇后父爲安成侯，母曰安成夫人。」〔註30〕《漢書‧地理志上》記載，安成是汝南郡三十七縣之一。〔註31〕「安成夫人」之「安成」與「安成侯」之「安成」都是地名。亦由此可見，妻之封號以夫爵號爲標準。

（三）東漢

到東漢，夫人的用法有繼承於西漢者，但是也有一些改變。《後漢書‧皇后紀上》記載：「及光武中興，斲雕爲樸，六宮稱號，唯皇后、貴人。貴人金印紫綬，奉不過粟數十斛。又置美人、宮人、采女三等，並無爵秩，歲時賞賜充給而已。」〔註32〕東漢時，夫人已經不再是妃嬪位號之一，而頻繁出現「貴人」。

其次，夫人之前冠以郡縣之名這種用法得到沿襲。如《後漢書‧崔駰傳》：「（王）莽嫌諸不附己者，多以法中傷之。時（崔）篆（崔駰祖父）兄發以佞巧幸於莽，位至大司空。母師氏能通經學、百家之言，莽寵以殊禮，賜號義成夫人，金印紫綬，文軒丹轂，顯於新世。」〔註33〕《漢書‧地理志上》記載，義成在西漢時是沛郡三十七縣之一。〔註34〕東漢時，義成屬九江郡，十四城之一。〔註35〕

再次，東漢稱他人妻母爲夫人作爲尊稱的情況逐漸普遍。如「明德馬皇后諱某，伏波將軍援之小女也。少喪父母。兄客卿敏惠早夭，母藺夫人悲傷發疾慌惚」〔註36〕。「和熹鄧皇后諱綏，太傅禹之孫也。……后年五歲，太傅夫人愛之，自爲剪髮。夫人年高目冥，誤傷后額，忍痛不言。左右見者怪而問之，后曰：『非不痛也，太夫人哀憐爲斷髮，難傷老人意，故忍之耳。』」〔註37〕另外出土的東漢時期的《馬姜墓誌》載：「夫人馬姜，伏波將軍新息忠成侯之女，明德皇后之姊也。生四女，年廿三而賈君卒。夫人深守高節，劬榮歷載，育成幼媛，光□祖先。遂升二女爲顯「□」節園貴人。……夫人以母儀之德，爲宗族之覆。」〔註38〕

〔註30〕《漢書》卷九七上《外戚傳上》，第 3943 頁。
〔註31〕《漢書》卷二八上《地理志上》，第 1561 頁。
〔註32〕《後漢書》卷一〇上《皇后紀上》，第 400 頁。
〔註33〕《後漢書》卷五二《崔駰傳》，第 1703～1704 頁。
〔註34〕《漢書》卷二八上《地理志上》，第 1572 頁。
〔註35〕《後漢書》志第二二《郡國四》，第 3486 頁。
〔註36〕《後漢書》卷一〇上《皇后紀上》，第 407 頁。
〔註37〕《後漢書》卷一〇上《皇后紀上》，第 418 頁。
〔註38〕趙超：《漢魏南北朝墓誌彙編》，天津：天津古籍出版社，2008 年，第 1 頁。

但是也出現另外一種情況，「陳夫人者，家本魏郡，少以聲伎入孝王宮，得幸，生質帝。亦以梁氏故，榮寵不及焉。熹平四年，小黃門趙祐、議郎卑整上言：『《春秋》之義，母以子貴。隆漢盛典，尊崇母氏，凡在外戚，莫不加寵。今沖帝母虞大家，質帝母陳夫人，皆誕生聖皇，而未有稱號。夫臣子雖賤，尚有追贈之典，況二母見在，不蒙崇顯之次，無以述遵先世，垂示後世也。』帝感其言，乃拜虞大家爲憲陵貴人，陳夫人爲渤海孝王妃。」〔註39〕《孝質帝紀》記載：漢質帝的父親是「渤海孝王鴻」，「母陳夫人」。〔註40〕由於陳夫人是孝王的得幸之女〔註41〕，因此其「夫人」稱號必不是妃嬪位號，從「今沖帝母虞大家，質帝母陳夫人，皆誕生聖皇，而未有稱號」來看，稱夫人也可能是尊稱，不是正式稱號。

（四）三國

曹魏時「夫人」又成爲妃嬪位號之一。《三國志・魏書・后妃傳》記載：

> 漢制，帝祖母曰太皇太后，帝母曰皇太后，帝妃曰皇后，其餘內官十有四等。魏因漢法，母后之號，皆如舊制，自夫人以下，世有增損。太祖建國，始命王后，其下五等：有夫人，有昭儀，有婕妤，有容華，有美人。文帝增貴嬪、淑媛、修容、順成、良人。明帝增淑妃、昭華、修儀；除順成官。太和中始復命夫人，登其位於淑妃之上。自夫人以下爵凡十二等：貴嬪、夫人，位次皇后，爵無所視；淑妃位視相國，爵比諸侯王；淑媛位視御史大夫，爵比縣公；昭儀比縣侯；昭華比鄉侯；修容比亭侯；修儀比關內侯；婕妤視中二千石；容華視眞二千石；美人視比二千石；良人視千石。〔註42〕

太祖曹操一直未稱帝，而只稱王，因此其設立「夫人」這一等級稱號時，並不能說是妃嬪位號。從「太和中始復命夫人」來看，之前文帝時期可能廢去「夫人」這一稱號，因此到明帝時又重新恢復，這時「夫人」正式成爲妃嬪位號。

蜀漢的情況。先主劉備的甘皇后，是後主之母，「章武二年，追謚爲皇思夫人，遷葬於蜀，未至而先主殂隕。」諸葛亮上言曰：「……今皇思夫人宜有

〔註39〕 《後漢書》卷一〇上《皇后紀下》，第441頁。
〔註40〕 《後漢書》卷六《孝順孝沖孝質帝紀》，第275頁。
〔註41〕 陳夫人可能連渤海孝王的妾都稱不上。
〔註42〕 《三國志》卷五《魏書・后妃傳》，第155～156頁。

尊號，以慰寒泉之思，輒與恭等案諡法，宜曰昭烈皇后。」〔註43〕這裡夫人之前冠以諡號，是沿襲於漢代。

先主穆皇后，先嫁劉焉子劉瑁，瑁先死，因此寡居。劉備定益州之後，「孫夫人」已經還吳，遂納穆皇后為「夫人」，「建安二十四年，立為漢中王后」，章武元年冊為皇后，「建興元年五月，後主即位，尊后為皇太后」〔註44〕這裡孫夫人和穆夫人都是作為列侯正妻的一種稱謂。

後主張皇后，「建興十五年，入為貴人」，延熙元年由貴人升為皇后。〔註45〕後主太子璿，母為王貴人。〔註46〕由此可見蜀漢沿襲了東漢的內官制度。

孫吳的情況。據《三國志》的目錄可列如下：孫破虜吳夫人、吳主權謝夫人、權徐夫人、權步夫人、權王夫人、權王夫人、權潘夫人、孫亮全夫人、孫休朱夫人、孫皓滕夫人。〔註47〕這裡將孫吳的妃嬪多稱為「夫人」，很有可能是陳壽視孫吳諸帝為列侯，因此此處當是沿襲漢代「夫人」是列侯妻稱號的用法。再者，孫吳的夫人可能有左右之分，「建衡二年，孫皓左夫人王氏卒」〔註48〕。裴松之注引《江表傳》記載：「皓以張布女為美人，有寵，皓問曰：『汝父所在？』答曰：『賊以殺之。』皓大怒，棒殺之。後思其顏色，使巧工刻木作美人形象，恒置座側。問左右：『布復有女否？』答曰：『布大女適故衛尉馮朝子純。』即奪純妻入宮，大有寵，拜為左夫人……」〔註49〕上文已揭，東漢後期已經有美人之號，孫皓封張布小女為美人當是沿用東漢妃嬪制度。但是卻不見有東漢貴人之號，但是反而有左夫人之號，頗懷疑孫吳之「夫人」當類似東漢「貴人」的等級。

（五）小結

在此做一小總結。先秦時期，夫人稱號多用於諸侯的正妻。漢代出現兩種用法，宮內作為妃嬪位號之一，宮外則作為列侯妻子的稱號和對他人妻母的尊稱。後兩者都是對先秦用法的繼承。但是到西漢後期和東漢，「夫人」已經不是妃嬪位號。然而「夫人」這一稱號還是有兩條並行不悖的發展軌跡，

〔註43〕《三國志》卷三四《蜀書‧二主妃子傳》，第905頁。
〔註44〕《三國志》卷三四《蜀書‧二主妃子傳》，第906頁。
〔註45〕《三國志》卷三四《蜀書‧二主妃子傳》，第907頁。
〔註46〕《三國志》卷三四《蜀書‧二主妃子傳》，第908頁。
〔註47〕詳見《三國志》卷五〇《吳書‧妃嬪傳》。
〔註48〕《三國志》卷五九《吳書‧吳主五子傳》，第1375頁。
〔註49〕《三國志》卷五〇《吳書‧妃嬪傳》，第1202頁。

即宮內與宮外。如在曹魏「夫人」又成爲妃嬪位號。在宮外的夫人，之前又會冠以謚號或郡縣等地名，這種情況在漢代已經出現。由於本文主要論述的是「國夫人」的流變，因此從對夫人之前冠以國名、郡名等現象的出現，就要給予足夠的重視，而這種情況在魏晉南北朝時期出現很多。因此之後的論述中，主要分爲兩條線索，即宮內的夫人和宮外的夫人。但是對宮外的情況，尤其是夫人的前綴詞就要通過史料做重點的論述。這就會發生與前文論述體例上的差別，在此一併交代。

「夫人」到漢代後有作爲尊稱的用法，這種用法廣爲後世所用，直至今日，因此，下文將不再詳細論述夫人作爲尊稱的用法。但是這種用法往往會影響到對史料的分析，如《三國志》卷二九《魏書‧方技傳》記載華佗曾經爲彭城夫人治病〔註50〕，這裡的彭城夫人應當是說彭城此地的一位夫人，並不外命婦之號。

三、兩晉、南朝宮內的夫人和宮外的夫人

（一）西晉與東晉

（1）宮內的夫人。晉代的內官制度見於《宋書‧后妃傳》的記載：

> 晉武帝採漢、魏之制，置貴嬪、夫人、貴人，是爲三夫人，位視王公。淑妃、淑媛、淑儀、修華、修容、修儀、婕妤、容華、充華，是爲九嬪，位視九卿。其餘有美人、才人、中才人，爵視千石以下。〔註51〕

晉武帝沿襲漢、魏的內官制度，在兩者基礎上，又套用周禮三夫人和九嬪的模式加以變革。但是「夫人」依舊是妃嬪位號。如諸葛夫人，《晉書‧后妃傳上》記載：「諸葛夫人名婉，琅邪陽都人也。父沖，字茂長，廷尉卿。婉以泰始九年春入宮，帝臨軒，使使持節、洛陽令司馬肇拜爲夫人。」〔註52〕

（2）宮外的夫人。我們可以從兩條材料中發現在這個時期與前代相比較出現新的變化。晉武帝太康年間舉行蠶桑之禮時有「公主、三夫人、九嬪、世婦、諸太妃、太夫人及縣鄉君、郡公侯特進夫人、外世婦、命婦皆步搖，

〔註50〕《三國志》卷二九《魏書‧方技傳》，第800頁。

〔註51〕《宋書》卷四一《后妃傳》，第1269頁。

〔註52〕（唐）房玄齡等撰：《晉書》卷三一《后妃傳上》，北京：中華書局，1974年，第963頁。

衣青，各載筐鉤從釐。」〔註53〕此外，《晉書·輿服志》載：「諸王妃、公太夫人、夫人、縣鄉君、諸郡公侯特進夫人助釐，乘阜交路安車，駕三。……王妃、特進夫人、封郡君，安車，駕三，阜交路。」〔註54〕「諸郡公侯特進夫人」這如同唐代的「外命婦」。

不難發現這個時期「夫人」稱號的內容豐富很多。茲詳論於下。

1. 某某王夫人。簡文宣鄭太后「先適渤海田氏，生一男而寡，依於舅濮陽吳氏。元帝為丞相，敬后先崩，將納吳氏女為夫人。后及吳氏女並游後園，或見之，言於帝曰：『鄭氏女雖嫠，賢於吳氏遠矣。』建武元年，納為琅邪王夫人，甚有寵。」〔註55〕

《晉書·簡文三子傳》記載：「帝又以元顯有翼亮之功，加其所生母劉氏為會稽王夫人，金章紫綬。」〔註56〕

從後者「加……為會稽王夫人」這種書寫方式來看，「會稽王夫人」是一種固定稱號。但是第一條材料就比較模糊，只能說存在可能性。

2. 某某公夫人。廢帝孝庾皇后，「太和六年崩，葬於敬平陵。帝廢為海西公，追貶后曰海西公夫人。」〔註57〕《晉書·桓玄傳》記載：「贈（桓玄）其母馬氏豫昌公太夫人。」〔註58〕這裡的某某公夫人是一種正式稱號，不是尊稱。

3. 某某國夫人。《晉書·賈充傳》記載：「及（晉武帝）受禪，充以建明大命，轉車騎將軍、散騎常侍、尚書僕射，更封魯郡公，母柳氏為魯國太夫人。」〔註59〕

簡文宣鄭太后「……帝稱尊號，后雖為夫人，詔太子及東海、武陵王皆母事之。帝崩，后稱建平國夫人。」〔註60〕建平是郡名，屬荊州，《晉書·地理志下》記載：「建平郡。吳、晉各有建平郡，太康元年合。」〔註61〕

《晉書·劉聰載記》記載：「聰后呼延氏死，將納其太保劉殷女，……使

〔註53〕《晉書》卷一九上《禮志上》，第590頁。
〔註54〕《晉書》卷二五《輿服志》，第764頁。
〔註55〕《晉書》卷三二《后妃傳下》，第979頁。
〔註56〕《晉書》卷六四《簡文三子傳》，第1738頁。
〔註57〕《晉書》卷三二《后妃傳下》，第979頁。
〔註58〕《晉書》卷九九《桓玄傳》，第2592頁。
〔註59〕《晉書》卷四〇《賈充傳》，第1166頁。
〔註60〕《晉書》卷三二《后妃傳下》，第979頁。
〔註61〕《晉書》卷一五《地理志下》，第456頁。

其兼大鴻臚李弘拜殷二女爲左右貴嬪，位在昭儀上。又納殷女孫四人爲貴人，位次貴嬪。……於是六劉之寵傾於後宮，聰稀復出外，事皆中黃門納奏，左貴嬪決之。聰假懷帝儀同三司封會稽郡公，庾珉等以次加秩。聰引帝入讌，……至日夕乃出，以小劉貴人賜帝，謂帝曰：『此名公之孫，今特以相妻，卿宜善遇之。』拜劉爲會稽國夫人。」〔註62〕

　　《晉書·石勒載記上》記載：「劉聰授勒侍中、征東大將軍，餘如故，拜其母王氏爲上黨國太夫人，妻劉氏上黨國夫人，章綬首飾一同王妃。」〔註63〕劉聰當時的爵位是「上黨郡公」〔註64〕。

　　《宋書·袁湛傳》記載：「鄱陽縣侯孟懷玉上母檀氏拜國太夫人，有司奏許。（袁）豹以爲婦人從夫之爵，懷玉父大司農綽見居列卿，妻不宜從子，奏免尚書右僕射劉柳、左丞徐羨之、郎何邵之官，詔並贖論。」〔註65〕此事發生在東晉。

　　賈充之母柳氏是見於史書中最早被稱爲「國夫人」的外命婦，但是這裡的「國」其實是郡。國夫人之封，一般都看夫或子的爵位，往往是郡公爵。如賈充是魯郡公，母就是魯國夫人；晉懷帝後爲會稽郡公，妻就是會稽國夫人；劉聰被封爲上黨郡公，母爲上黨國太夫人，妻爲上黨國夫人。至於建平國夫人，與政治鬥爭有關，不符合此標準。但是可以看出晉代的「國夫人」有崇高的地位。

　　4. 某某侯夫人。虞潭母孫氏「其憂國之誠如此。拜武昌侯太夫人，加金章紫綬。」〔註66〕

　　5. 某某（國或公）夫人。《晉書·桓溫傳》記載：「（桓溫）振旅還江陵，進位征西大將軍、開府，封臨賀郡公。……母孔氏卒，上疏解職，欲送葬宛陵，詔不許。贈臨賀太夫人印綬，謚曰敬，遣侍中弔祭，謁者監護喪事，旬月之中，使者八至，軺軒相望於道。」〔註67〕值得注意的是在隋代之前，並沒有「某某郡夫人」的固定稱號，郡字往往省略。至於這裡不加「郡」字的原因，筆者懷疑與上文的「某某國夫人」有關，郡夫人或國夫人，之前都是

〔註62〕　《晉書》卷一○二《劉聰載記》，第2660～2661頁。
〔註63〕　《晉書》卷一○四《石勒載記上》，第2719頁。
〔註64〕　《晉書》卷一○四《石勒載記上》，第2718頁。
〔註65〕　《宋書》卷五二《袁湛傳》，第1500頁。
〔註66〕　《晉書》卷九六《列女傳》，第2514頁。
〔註67〕　《晉書》卷九八《桓溫傳》，第2569、2571頁。

冠以郡名，如果共用郡名就會顯得混亂，因此這裡省去郡字，或者可能是某某國夫人的省稱。

（二）劉宋

（1）宮內的夫人。《宋書·后妃傳》記載：

> 晉武帝採漢、魏之制，置貴嬪、夫人、貴人，是為三夫人，位視王公。淑妃、淑媛、淑儀、修華、修容、修儀、婕妤、容華、充華，是為九嬪，位視九卿。其餘有美人、才人、中才人，爵視千石以下。高祖受命，省二才人，其餘仍用晉制。……世祖孝建三年，省夫人、修華、修容，置貴妃，位比相國，進貴嬪，位比丞相，貴人位比三司，以為三夫人。又置昭儀、昭容、昭華，以代修華、修儀、修容。又置中才人、充衣，以為散位。……太宗泰始元年，省淑妃、昭華、中才人、充衣，復置修華、修儀、修容、才人、良人。三年，又省貴人，置貴姬，以備三夫人之數。又置昭華，增淑容、承徽、列榮。以淑媛、淑儀、淑容、昭華、昭儀、昭容、修華、修儀、修容為九嬪。婕妤、容華、充華、承徽、列榮凡五職，班亞九嬪。美人、中才人、才人三職為散役。〔註68〕

宋孝武帝孝建三年（456）省去「夫人」，貴妃、貴嬪、貴人成為三夫人。宋明帝泰始三年（467），貴姬替代貴人，貴妃、貴嬪、貴姬成為三夫人。「夫人」不再是妃嬪位號。

（2）宮外的夫人。《宋書》中所見宮外的夫人材料共兩條。《宋書·后妃傳》記載：孝懿蕭皇后，「義熙七年，拜豫昌公太夫人。高祖為宋王，又加太妃之號。」〔註69〕同傳中記載：武敬臧皇后，「義熙四年正月甲午，殂於東城，時年四十八，追贈豫昌公夫人。」〔註70〕劉裕在義熙二年，被封為豫昌郡公，〔註71〕固有此封。「義熙」是東晉安帝的年號，這其實證明的還是晉代的制度。

《南齊書·皇后列傳》記載：宣孝陳皇后，「昇明二年，追贈竟陵公國太夫人，蜜印，畫青綬，祠以太牢。」〔註72〕高昭劉皇后，「年十餘歲，歸太祖，

〔註68〕《宋書》卷四一《后妃傳》，第 1269～1270 頁。

〔註69〕《宋書》卷四一《后妃傳》，第 1280～1281 頁。

〔註70〕《宋書》卷四一《后妃傳》，第 1282 頁。

〔註71〕《宋書》卷一《武帝本紀》，第 13 頁。

〔註72〕《南齊書》卷二〇《皇后列傳》，第 390 頁。

嚴正有禮法,家庭肅然。宋泰豫元年殂,年五十。歸葬宣帝墓側,今泰安陵也。……昇明二年,贈竟陵公國夫人。」〔註73〕《南齊書‧高帝紀上》記載,昇明元年(477)蕭道成被封爲竟陵郡公。〔註74〕「昇明」是劉宋的年號,因此這個例子可以證明在宮外夫人的制度方面,劉宋繼承晉代。

　　結合晉代的情況而看,夫或子爲郡公,妻或母有封某某國夫人、某某公夫人、某某(國或公)夫人、某某公國夫人等不同的稱號,其中有何不同所在,筆者尚難判斷,或者是同一種稱號的詳略不同。

(三)南齊

(1)宮內的夫人。《南齊書‧皇后傳》記載:

> 建元元年,有司奏置貴嬪、夫人、貴人爲三夫人,脩華、脩儀、脩容、淑妃、淑媛、淑儀、婕妤、容華、充華爲九嬪,美人、中才人、才人爲散職。永明元年,有司奏貴妃、淑妃竝加金章紫綬,佩於寶玉。淑妃舊擬九棘,以淑爲溫恭之稱,妃爲亞后之名,進同貴妃,以比三司。夫人之號,不殊蕃國。降淑媛以比九卿。七年,復置昭容,位在九嬪。〔註75〕

南齊建國之初,內官制度是採用晉代的制度。「夫人」稱號再次作爲妃嬪稱號。齊武帝永明元年(483),再次對內官制度進行改革。這時「三夫人」的變化較爲複雜,淑妃成爲亞后,位比三司,列入三夫人行列,而淑媛本就是九嬪之一,但是卻強調,「降淑媛以比九卿」,那麼此前應該是比九嬪高一個等級,那只有是三夫人。由於九嬪少一個淑妃,不夠數九,因此又加一個昭容。因此九嬪就成爲:修華、修儀、修容、昭容、淑媛、淑儀、婕妤、容華、充華。還有一點,之前文中強調「夫人之號,不殊蕃國」,這句話頗爲費解,從字面來理解就是說皇帝夫人的稱號與蕃國公侯夫人的稱號沒有差別〔註76〕,其中不同筆者尚難確知。這裡說存在夫人的稱號,而九嬪之數已滿,夫人稱號在建元元年又位於三夫人之一。因此這裡三夫人出現兩次改變,貴嬪、夫人、

〔註73〕《南齊書》卷二〇《皇后列傳》,第390~391頁。

〔註74〕《南齊書》卷一《高帝紀上》,第11頁。

〔註75〕《南齊書》卷二〇《皇后傳》,第389頁。

〔註76〕(唐)令狐德棻撰:《周書》卷九《皇后列傳》記載:「明帝獨孤皇后,太保、衛國公信之長女。帝之在蕃也,納爲夫人。二年正月,立爲王后。四月,崩,葬昭陵。武成初,追崇皇后。」北京:中華書局,1971年,第143頁。在南北朝時在蕃國夫人方面,可能存在著共同點。

貴人變成貴妃、淑妃、淑媛，貴妃、淑妃、淑媛又變成貴妃、淑妃、夫人。

（2）宮外的夫人。《南齊書·褚淵傳》記載，建元元年，褚淵被封南康郡公。在其薨後，其妻又被贈爲南康郡公夫人。〔註77〕「某某郡公夫人」的用法不見與晉代。還見《南齊書·皇后傳》記載：海陵王王妃「永明八年，納爲臨汝公夫人。」〔註78〕同傳中記載，明敬劉皇后，「太祖爲高宗納之，建元三年，除西昌侯夫人。」〔註79〕這些用法都見於晉代。

《南齊書·王敬則傳》記載：「建元元年，（王敬則）出爲使持節、散騎常侍、都督南兗兗徐青冀五州軍事、平北將軍、南兗州刺史，封尋陽郡公，邑三千戶。加敬則妻懷氏爵爲尋陽國夫人。……三年，以改葬去職，詔贈敬則母潯陽公國太夫人。」〔註80〕此處「尋陽國夫人」與「潯陽公國太夫人」確係明顯不同，排除「太」字不論，加「公」字與否其中有何不同，尚難明確。

（四）梁與陳

（1）宮內的夫人。《南史·皇后傳上》：

> 梁武撥亂反正，深鑒奢逸，配德早終，長秋曠位。定令制貴妃、貴嬪、貴姬爲三夫人；淑媛、淑儀、淑容、昭華、昭儀、昭容、修華、修儀、修容爲九嬪；婕妤、容華、充華、承徽、列榮爲五職；美人、才人、良人爲三職。〔註81〕

這與宋明帝泰始三年改革後的制度完全相同。《陳書·皇后傳》記載：

> 高祖承微接亂，光膺天歷，以樸素自處，故後宮員位多闕。世祖天嘉初，詔立後宮員數，始置貴妃、貴嬪、貴姬三人，以擬古之三夫人。又置淑媛、淑儀、淑容、昭華、昭儀、昭容、脩華、脩儀、脩容九人，以擬古之九嬪。又置婕妤、容華、充華、承徽、烈榮五人，謂之五職，亞於九嬪、又置美人、才人、良人三職，其職無員數，號爲散位。〔註82〕

陳朝與蕭梁內官制度相同。「夫人」已經退出妃嬪行列。

〔註77〕 《南齊書》卷二三《褚淵傳》，第 428、431 頁。
〔註78〕 《南齊書》卷二〇《皇后傳》，第 393 頁。
〔註79〕 《南齊書》卷二〇《皇后傳》，第 392 頁。
〔註80〕 《南齊書》卷二六《王敬則傳》，第 481～482 頁。
〔註81〕 《南史》卷——《后妃傳上》，第 317 頁。
〔註82〕 《陳書》卷七《皇后傳》，第 125 頁。

　　（2）宮外的夫人。《梁書・王僧辯傳》記載：「頃之，丁母太夫人憂，世祖遣侍中謁者監護喪事，策諡曰貞敬太夫人。」〔註83〕夫人之前冠以諡號，漢代已有這種情況，是沿襲前制。

　　《梁書・高祖阮修容傳》記載：「世祖即位，有司奏追崇爲文宣太后。承聖二年，追贈太后父齊故奉朝請靈寶散騎常侍、左衛將軍，封武康縣侯，邑五百戶；母陳氏，武康侯夫人。」〔註84〕

　　《梁書・沈約傳》記載：「高祖受禪，爲尙書僕射，封建昌縣侯，邑千戶，常侍如故。又拜約母謝爲建昌國太夫人。」〔註85〕

　　《梁書・蕭景傳》記載：「高祖踐阼，封吳平縣侯，食邑一千戶，仍爲使持節、都督北兗徐青冀四州諸軍事、冠軍將軍、南兗州刺史。詔景母毛氏爲國太夫人，禮如王國太妃，假金章紫綬。」〔註86〕

　　以上三種情況都是夫或子的爵位爲縣侯，但母妻的封號卻不相同。「某某侯夫人」的情況在晉代已有，只是封授標準不易考證。

　　在上文中曾經說過，被封「某某國夫人」的標準常是其夫或子的爵位爲郡公，而此處卻出現例外。但這不是梁朝的新情況，在東晉時候就出現類似情況。在前文中說過《宋書・袁湛傳》記載：「鄱陽縣侯孟懷玉上母檀氏拜國太夫人，有司奏許。（袁）豹以爲婦人從夫之爵，懷玉父大司農緄見居列卿，妻不宜從子，奏免尙書右僕射劉柳、左丞徐羨之、郎何邵之官，詔並贖論。」〔註87〕此事發生在東晉。有司准許鄱陽縣侯孟懷玉母爲國太夫人的封號，袁豹認爲不可，而應該婦從夫爵。但是要注意到一點，袁豹並沒有以縣侯的母親不能封國太夫人爲理由，之前有司又已經准許。

　　於是可以做出推斷，夫或子爲縣侯，母或妻也可以被封爲「某某國夫人」，如在陳朝便出現這種例子。《陳書・駱牙傳》記載：駱牙爲常安縣侯，「初，牙母之卒也，于時飢饉兵荒，至是始葬，詔贈牙母常安國太夫人，諡曰恭。」〔註88〕《陳書・毛喜傳》記載：毛喜「以定策功，封東昌縣侯，……太建三

〔註83〕　《梁書》卷四五《王僧辯傳》，第631頁。
〔註84〕　《梁書》卷七《高祖阮修容傳》，第163頁。
〔註85〕　《梁書》卷一三《沈約傳》，第235頁。
〔註86〕　《梁書》卷二四《蕭景傳》，第368頁。
〔註87〕　《宋書》卷五二《袁湛傳》，第1500頁。
〔註88〕　《陳書》卷二二《駱牙傳》，第296頁。

年，丁母憂去職，詔追贈喜母庾氏東昌國太夫人。」〔註89〕但這不是絕對，也應該有一定的限制條件，如孟懷玉之母。

《陳書・高祖本紀上》記載：太平元年九月，進封陳霸先爲義興郡公。追贈陳霸先父亦爲義興郡公，諡曰恭。「二年正月壬寅，天子朝萬國於太極東堂，加高祖班劍十人，並前三十人，餘如故。……甲寅，遣兼侍中謁者僕射陸繕策拜長城縣夫人章氏爲義興國夫人。丁卯，詔贈高祖祖侍中、太常卿，諡曰孝。追封高祖祖母許氏吳郡嘉興縣君，諡曰敬；妣張氏義興國太夫人，諡曰宣。」〔註90〕

《陳書・高祖章皇后傳》記載：「（侯）景平，而高祖爲長城縣公，后拜夫人。」〔註91〕此處某某縣公之妻也可以被封爲夫人，其全稱可能是某某縣公夫人。這是首次出現，而且在史書中也不多見，只能假設縣公之妻可以被封爲縣公夫人。而章氏義興國夫人之封，張氏義興國太夫人之封，都是符合夫或子爲郡公，母或妻可封「某某國夫人」的標準。

《陳書・侯安都傳》記載：侯安都「以功進爵清遠郡公，……安都父文捍，爲始興內史，卒於官。世祖徵安都還京師，爲發喪。尋起復本官，贈其父散騎常侍、金紫光祿大夫，拜其母爲清遠國太夫人。」〔註92〕這也符合前面揭示的標準。

（五）小結

在此對兩晉、南朝「國夫人」的問題做一總結。第一次出現「國夫人」這一封號是在西晉時期，賈充母柳氏被封爲「魯國太夫人」。這裡有一個封授標準的問題，封授爲「國夫人」的依據是什麼。而對於東晉的孟懷玉事件，從袁豹的反對理由來看「婦人從夫之爵」，因此封授「國夫人」應該依據夫的爵位，但是也有依據子爵位的時候。因此標準就是夫或子的爵位，往往是郡公爵。並且通過進一步證明，整個南朝時期，封「國夫人」的標準多是依據夫或子的爵位，不僅郡公可以，縣侯也可以。補充一點，某某國夫人、某某公夫人、某某（國或公）夫人、某某公國夫人等稱號，其中有何不同，還是本是同一種稱號，此問題筆者目前尚難回答。

〔註89〕《陳書》卷二九《毛喜傳》，第389～390頁。
〔註90〕《陳書》卷一《高祖本紀上》，第12頁。
〔註91〕《陳書》卷七《高祖章皇后傳》，第126頁。
〔註92〕《陳書》卷八《侯安都傳》，第146頁。

但是這裡的「國夫人」之「國」，稱號實則爲「郡」，還沒有出現唐代的韓國夫人、魏國夫人、趙國夫人等，以國爲稱號的國夫人。可以總結這段時期「國夫人」是以外命婦的姿態出現在歷史的舞臺。

此外，我們發現，宮內也有「夫人」之號，在秦、漢初、曹魏、兩晉、南齊等時期「夫人」作爲一種妃嬪的正式位號出現，這種情況是否是在唐代會產生「外命婦宮內化」的原因，還有待進一步研究。

四、北朝與隋代宮內的夫人和宮外的夫人

（一）北魏

（1）宮內的夫人。由於史書中記載關於北魏內官制度的材料只有《魏書·皇后列傳》〔註93〕和《北史·后妃傳》，並且兩者記載內容相同，因此在論述時有必要借鑒對於北魏內官制度的相關研究而進行總結。

關於北魏內官制度主要的研究成果主要有以下幾篇：孟志偉《北魏內官制度雜考》〔註94〕、蔡幸娟《北魏內官制度研究》〔註95〕、俞鹿年《北魏職官制度考》〔註96〕、苗霖霖《北魏後宮制度研究》〔註97〕。將四篇文章進行總結歸納，北魏內官位號大致如下：

北魏內官位號有：夫人、第一品嬪、第一貴嬪夫人、貴華夫人、貴嬪、左右昭儀、貴人、椒房、中式。另外據孟姍姍研究，按照晉宋舊制，「貴人」是「三夫人」之一，因而貴人也很有可能是三夫人之一。〔註98〕通過筆者上文之論述，孟姍姍之推測可能成立。北魏孝文帝改革內官之後，封號有：左右昭儀、三夫人、三嬪、六嬪、世婦、御女。這是內官制度周禮化的結果。《魏

〔註93〕　《魏書》卷一二《皇后列傳》記載：「魏氏王業之兆雖始於神元，至於昭成之前，世崇儉質，妃嬙嬪御，率多闕焉，惟以次第爲稱。而章、平、思、昭、穆、惠、煬、烈八帝，妃后無聞。太祖追尊祖妣，皆從帝諡爲皇后，始立中宮，餘妾或稱夫人，多少無限，然皆有品次。世祖稍增左右昭儀及貴人、椒房、中式數等，後庭漸已多矣。……高祖改定內官，左右昭儀位視大司馬，三夫人視三公，三嬪視三卿，六嬪視六卿，世婦視中大夫，御女視元士。」，第321頁。《北史》卷一三《后妃傳上》記載與此相同。
〔註94〕　孟志偉：《北魏內官制度雜考》，《北方論叢》，1997年第2期。
〔註95〕　蔡幸娟：《北魏內官制度研究》，《成功大學歷史學報》，1997年第23號。
〔註96〕　俞鹿年：《北魏職官制度考》，北京：科學文獻出版社，2008年。
〔註97〕　苗霖霖：《北魏後宮制度研究》，臺北：花木蘭文化出版社，2013年。
〔註98〕　盛姍姍：《北魏「改定內官」以後嬪妃階位名號考略》，《史林》，2011年第2期。

故貴華恭夫人墓誌銘》記載北魏宣武帝夫人王普賢延昌二年（513）薨，她的封號是「貴華」。〔註99〕但「貴華」不是單獨的封號，而是夫人之號冠以「貴華」稱號。蔡幸娟認爲北魏效法漢晉「三夫人」舊制，三夫人是夫人、貴人和貴嬪。〔註100〕

北魏前期「夫人」是作爲一個等級，沒有稱號上的差別，員額也不確定。這點與西漢初年頗爲類似，當爲制度草創之初時的一種現象。北魏孝文帝改革之後，夫人數量確定爲三人。

（2）宮外的夫人。《魏書》中只見有一例。《魏書·寇讚傳》記載：「寇讚，字奉國，上谷人，因難徙馮翊萬年。父脩之，字延期，苻堅東萊太守。讚弟謙之有道術，世祖敬重之，故追贈脩之安西將軍、秦州刺史、馮翊公，賜命服，謚曰哀公，詔秦雍二州爲立碑於墓。又贈脩之母爲馮翊夫人。」〔註101〕事情發生在北魏太武帝拓跋燾時期。這種情況類似於晉代「某某（國或公）夫人」的情況，如上文所引桓溫母臨賀太夫人。僅憑一例很難確定北魏宮外夫人的用法沿襲西晉，只能存疑。

（二）北齊

關於北齊、北周和隋代的內官制度，蔡幸娟的《北齊北周與隋代內官制度研究》〔註102〕曾有詳盡的論述。此處不擬過多討論，僅論與本文相關聯者。

（1）宮內的夫人。《北史·后妃傳上》記載：

> 及齊神武、文襄，俱未踐尊極。神武嫡妻稱妃，其所娉蠕蠕女稱爲蠕蠕公主。文襄既尚魏朝公主，故無別號。兩宮自餘姬侍，並稱娘而已。文宣後庭雖有夫人、嬪、御之稱，然未具員數。孝昭內職甚少，唯楊嬪才貌兼美，復是貴家，襄城王母桑氏有德行，並蒙恩禮，其餘無聞焉。

> 河清新令：內命婦依古制有三夫人、九嬪、二十七世婦、八十一御女。又準漢制置昭儀，有左右二人，比丞相；其弘德、正德、

〔註99〕《魏晉南北朝墓誌彙編》，第70頁。

〔註100〕蔡幸娟：《北魏內官制度研究》，第290～291頁。

〔註101〕《魏書》卷四二《寇讚傳》，第946頁。

〔註102〕蔡幸娟：《北齊北周與隋代內官制度研究》，《成功大學歷史學報》，1998年第24號。

崇德爲三夫人，比三公；光猷、昭訓、隆徽爲上嬪，比三卿；宣徽、
凝暉、宣明、順華、凝華、光訓爲下嬪，比六卿；正華、令則、修
訓、曜儀、明淑、芳華、敬婉、昭華、光正、昭寧、貞範、弘徽、
和德、弘猷、茂光、明信、靜訓、曜德、廣訓、暉範、敬訓、芳猷、
婉華、明範、艷儀、暉則、敬信爲二十七世婦，比從三品；穆光、
茂德、貞懿、曜光、貞凝、光範、令儀、內範、穆閨、婉德、明婉、
艷婉、妙範、暉章、敬茂、靜肅、瓊章、穆華、慎儀、妙儀、明懿、
崇明、麗則、婉儀、彭媛、脩閑、修靜、弘愼、艷光、游容、徽淑、
秀儀、芳婉、貞愼、明艷、貞穆、脩範、肅容、茂儀、英淑、弘艷、
正信、凝婉、英範、懷順、脩媛、良則、瑤章、訓成、潤儀、寧訓、
淑懿、柔則、穆儀、脩禮、昭愼、貞媛、肅閨、敬順、柔華、昭順、
敬寧、明訓、弘儀、崇敬、脩敬、承閑、昭容、麗儀、閑華、思柔、
媛光、懷德、良媛、淑猗、茂範、良信、艷華、徽蛾、肅儀、妙則
爲八十一御女，比正四品。武成好內，並具其員，自外又置才人、
采女，以爲散號。〔註103〕

從上文看出，北齊初年內官制度比較簡略。文宣帝高洋，雖有夫人、嬪、御
的稱號，但是員額不滿。武成帝高湛附會周禮，將妃嬪員額配滿。

《北齊書‧後主本紀》記載：「（武平三年）冬十月，降死罪已下囚。甲
午，拜弘德夫人穆氏爲左皇后，大赦。」〔註104〕《北齊書‧穆后傳》記載：「後
主皇后穆氏，名邪利，本斛律后從婢也。……欽道伏誅，黃花因此入宮，有
幸於後主，宮內稱爲舍利太監。女侍中陸太姬知其寵，養以爲女，薦爲弘德
夫人。」〔註105〕

《北齊書‧胡后傳》記載：「後主皇后胡氏，隴東王長仁女也。胡太后失
母儀之道，深以爲愧。欲求悅後主，故飾后於宮中，令帝見之。帝果悅，立
爲弘德夫人，進左昭儀，大被寵愛。斛律后廢，陸媪欲以穆夫人代之，太后
不許。祖孝徵請立胡昭儀，遂登爲皇后。」〔註106〕

《北史‧后妃傳下》記載：「弘德夫人李氏，趙郡李叔讓女也。初爲魏靜

〔註103〕《北史》卷一三《后妃傳上》，第487～488頁。
〔註104〕（唐）李百藥撰：《北齊書》卷八《後主本紀》，北京：中華書局，1975年，
　　　　　第106頁。
〔註105〕《北齊書》卷九《穆后傳》，第128頁。
〔註106〕《北齊書》卷九《胡后傳》，第127頁。

帝嬪，武成（高湛）納焉。生南陽王仁盛，爲太妃。姊爲南安王思好妃，坐夫反，以燒死。太妃聞之，發狂而薨。」〔註107〕

雖然沒有關於正德夫人、崇德夫人的直接史料，但是從上材料可以看出三夫人之稱，應該分別爲：弘德夫人、正德夫人、崇德夫人。

再者需要補充一點，「弘德夫人」並非發明於河清時期。《大齊文宣皇帝弘德夫人（顏玉光）墓誌銘》記載：「夫人顏氏，字玉光，齊州人。……天保元年徵爲西朝嬪。時爲帝上親寵，六宮敬侍。天保四年，託育隴西殿下，轉爲弘德夫人。但生之運難置，百年之期易先。武平七年歲在庚申，時年冊七，八月廿六日薨於鄴城。」〔註108〕可見在文宣帝高洋的時候就有「弘德夫人」。令文是對現行制度的綜合，所以有相對滯後性，並不能作爲某種制度出現的時間點。

（2）宮外的夫人。《北齊書·李后傳》記載：「文宣皇后李氏，諱祖娥，趙郡李希宗女也。容德甚美。初爲太原公夫人。」〔註109〕文宣帝在東魏天平二年封太原郡開國公。武定八年三月進封齊王。〔註110〕前文有述，在晉代存在「某某公夫人」的稱號，這裡的太原公夫人或爲此種用法。如果是這樣，那麼可以認爲是北魏制度的沿襲。但是《北齊書》中所見宮外夫人僅此一例，也未有墓誌證明。姑且做一假設，北齊沿襲於北魏，而北魏有可能借鑒西晉南朝的制度。另外，《隋書·五行上》「犬禍條」記載：「（北齊）後主時，犬爲開府儀同，雌者有夫人郡君之號，給兵以奉養，食以粱肉，藉以茵蓐。天奪其心，爵加於犬，近犬禍也。天意若曰，卿士皆類犬。後主不悟，遂以取滅。」〔註111〕此事雖然荒唐可笑，但是明確有夫人和郡君之號，至於具體是何種稱號的夫人尚難考證。

（三）北周

（1）宮內的夫人。《周書·皇后列傳》記載：

> 周氏率由姬制，內職有序。太祖創基，修衽席以儉約；高祖嗣曆，節情慾於矯杜。宮闈有貫魚之美，戚里無私溺之尤，可謂得人

〔註107〕《北史》卷一四《后妃傳下》，第523頁。
〔註108〕《漢魏南北朝墓誌彙編》，第475頁。
〔註109〕《北齊書》卷九《李后傳》，第125頁。
〔註110〕《北齊書》卷四《文宣帝紀》，第44頁。
〔註111〕《隋書》卷二二《五行志上》，第641頁。

君體也。宣皇外行其志，内逞其欲，溪壑難滿，採擇無厭。恩之所
加，莫限厮皂；榮之所及，無隔險詖。於是升蘭殿而正位，踐椒庭
而齊體者，非一人焉；階房帷而拖青紫，承恩倖而擁玉帛者，非一
族焉。〔註112〕

這段材料語焉不詳。《隋書・禮儀志》中通過對后妃車輿服飾等級的規定，透
漏出北周的內官制度。材料如下：

> 後周制，皇后乘翠輅，率三妃、三㚤、御媛、御婉、三公夫人、
> 三孤内子至蠶所，以一太牢親祭，進奠先蠶西陵氏神。禮畢，降壇，
> 昭化嬪亞獻，淑嬪終獻，因以公桑焉。〔註113〕

> 周氏設六官，置司輅之職，以掌公車之政，辨其名品，與其物
> 色。……三妃、三公夫人之輅九：篆輅、朱輅、黃輅、白輅、玄輅，
> 皆勒面，繢總。夏篆、夏縵、墨車、輚車，皆雕面，驚總。三㚤、
> 三孤内子，自朱輅已下八。六嬪、六卿内子，自黃輅而下七。上媛
> 婦、中大夫孺人，自玄輅而下五。下媛婦、大夫孺人，自夏篆而下
> 四。御婉士婦人，自夏縵而下三。其鞶纓就，各以其等。〔註114〕

> 三妃，三公夫人之服九：一曰鵫衣，二曰鶉衣，三曰翬衣，四
> 曰青衣，五曰朱衣，六曰黃衣，七曰素衣，八曰玄衣，九曰臀衣。（似
> 髮。）華皆九樹。其雉衣亦皆九等，以鵫雉爲領褾，各九。

> 三㚤，三孤之内子，自鶉衣而下八。雉衣皆八等，以鶉雉爲領
> 褾，各八。

> 六嬪，六卿之内子，自翬衣而下七。雉衣皆七等，以翬雉爲領
> 褾，各七。

> 上媛，上大夫之孺人，自青衣而下六。

> 中媛，中大夫之孺人，自朱衣而下五。

> 下媛，下大夫之孺人，自黃衣而下四。

> 御婉士之婦人，自素衣而下三。

〔註112〕《周書》卷九《皇后列傳》，第 142 頁。
〔註113〕《隋書》卷七《禮儀志二》，第 145 頁。
〔註114〕《隋書》卷一〇《禮儀志五》，第 196～198 頁。

中宮六尚，緅衣。（其色赤而微玄。）

諸命秩之服，曰公服，其餘常服，曰私衣。皇后華皆有十二樹。諸侯之夫人，亦皆以命數爲之節。三妃，三公夫人已下，又各依其命。一命再命者，又俱以三爲節。

皇后及諸侯夫人之服，皆舄履。三妃，三公夫人已下，翟衣則舄，其餘皆履。舄、履各如其裳之色。

皇后之凶服，斬衰、齊衰，降旁蕃已下弔服。爲妃、嬪、三公之夫人、孤卿内子之喪，錫衰。爲諸侯夫人之喪，緦衰。爲媛、御婉及大夫孺人、士之婦人之喪，疑衰。皆吉笄，無首。太陰虧則素服。諸侯之夫人及三妃與三公之夫人已下凶事，則五衰：其弔，諸侯夫人於卿之内子、大夫孺人，錫衰。於己之同姓之臣，緦衰。於士之婦人，疑衰。皆吉笄，無首。其三妃已下及媛，三公夫人已下及孺人，其弔服錫衰。御婉及士之婦人，弔服疑衰。疑衰同笄。〔註115〕

蔡幸娟先生已經對北周内官有詳細考證，茲不贅述。〔註116〕王仲犖先生在《北周六典》卷九《内命婦》中勾勒出北周妃嬪的等級結構，分別爲：三妃、三妖、六嬪、御媛、御婉。周武帝建德二年，「八月丙午，改三夫人爲三妃。」〔註117〕建德六年十一月下詔曰：「正位於中，有聖通典。質文相革，損益不同。五帝則四星之象，三王制六宮之數。劉、曹已降，等列彌繁，選擇遍於生民，命秩方於庶職。椒房丹地，有眾如雲。本由嗜欲之情，非關風化之義。朕運當澆季，思復古始，無容廣集子女，屯聚宮掖。弘贊後庭，事從約簡。可置妃二人，世婦三人，御妻三人，自茲以外，悉宜減省。」〔註118〕因此北周宮内夫人的變化的軌跡是三夫人——三妃——二妃。

《周書・皇后列傳》記載：「宣帝陳皇后名月儀，自云穎川人，大將軍山提第八女也。大象元年六月，以選入宮，拜爲德妃。月餘，立爲天左皇后。二年二月改天左大皇后。」〔註119〕

《周書・皇后列傳》記載：「宣帝元皇后名樂尚，河南洛陽人也。開府晟

〔註115〕《隋書》卷一一《禮儀志六》，第248～249頁。
〔註116〕蔡幸娟：《北齊北周與隋代内官制度研究》，第153～164頁。
〔註117〕《周書》卷五《武帝紀上》，第82頁。
〔註118〕《周書》卷六《武帝紀下》，第104～105頁。
〔註119〕《周書》卷九《皇后列傳》，第147頁。

之第二女。年十五，被選入宮，拜爲貴妃。大象元年七月，立爲天右皇后。二年二月，改爲天右大皇后。」〔註120〕

《周書・皇后列傳》記載：「宣帝尉遲皇后名熾繁，蜀國公迥之孫女。有美色。初適杞國公亮子西陽公溫，以宗婦例入朝，帝逼而幸之。及亮謀逆，帝誅溫，進后入宮，拜爲長貴妃。大象二年三月，立爲天左大皇后。」〔註121〕

綜上可見，北周的三妃是德妃、貴妃、長貴妃。長貴妃當如「天左皇后」稱「天左大皇后」，「天右皇后」稱「天右大皇后」一樣，基礎還是貴妃，只不過加一個「長」字顯示突出而已。因此二妃或是德妃和貴妃。「長」字與「左」、「右」名號可能都是北方游牧社會風俗傳統的殘留體現。蔡幸娟先生認爲以上三妃的名號，很有可能是宣帝始創。〔註122〕

（2）宮外的夫人。王仲犖先生在《北周六典》卷九《外命婦》「夫人」條中曾有關於宮外夫人的論述，茲總結爲以下四點：1.公侯伯子男五等爵之妻皆得稱夫人；2.三公之妻，亦稱夫人，三孤、六卿稱內子，大夫之妻稱孺人，士之妻稱夫人，凡此皆依其夫階位，得泛稱之；3.其別加誥授策命者，則又加國夫人、郡君、縣君之號；4.北周皇帝親子弟，初封國公，不封王爵，故其妻不封妃，封國夫人。〔註123〕

下面列出一些史料再詳細看北周時期的「國夫人」。在北周時期，母妻受封的標準出現改變。前文已述，母、妻封授當與夫、子的爵位相匹配。但是在北周保定二年（562）是下一道詔書，「閏（正）月己丑，詔柱國以下，帥都督以上，母妻授太夫人、夫人、郡君、縣君各有差。」〔註124〕可見北周保定二年之後是以戎秩〔註125〕等級高低爲封母妻的標準。保定二年就成爲一道分水嶺。

北周的勳官有〔註126〕：上柱國；柱國大將軍；上大將軍；大將軍；上

〔註120〕《周書》卷九《皇后列傳》，第 147 頁。

〔註121〕《周書》卷九《皇后列傳》，第 148 頁。

〔註122〕蔡幸娟：《北齊北周與隋代內官制度研究》，第 160 頁。

〔註123〕王仲犖：《北周六典》卷九《外命婦》，北京：中華書局，1979 年，第 618～619 頁。

〔註124〕《周書》卷五《武帝本紀上》，第 66 頁。

〔註125〕戎秩，即勳官，在北周稱「戎秩」，隋代稱「散實官」，唐初改爲「勳官」。詳見陳蘇鎮：《北周隋唐的散官和勳官》，《北京大學學報（社科版）》，1991 年第 2 期。

〔註126〕可參看《北周六典》卷九《勳官》。

開府儀同大將軍；開府儀同大將軍；上儀同大將軍；儀同大將軍；大都督；
帥都督；都督。當然這期間是有變化的。羅新、葉煒列出：保定年間，北
周的散秩由正九命柱國大將軍，九命開府儀同三司、儀同三司，八命大都
督，正七命帥都督和七命都督共同構成。〔註127〕但是卻未列出大將軍，在
《北周六典》中記載：「大將軍，正九命。……按北周始以大將軍為勛官。」
〔註128〕

明確北周時期這種前後期標準不一的情況後，那麼就可以對照史料來逐
條分析。

《賀蘭祥墓誌》載：

□□□持節太師柱國大將軍大都督大司馬十二州諸軍事同州刺史

涼國景公賀蘭祥墓誌／

祖諱　烏多侯，／

夫人　庫狄氏。／

考諱　初眞，使持節太傅柱國大將軍常山郡開國公。／

涼國太夫人　宇文氏，建安郡大長公主。／

公諱祥，字盛樂，河南洛陽人。……公即　太祖之甥，／幼遭
世亂，長於舅氏。……〔註129〕

這裡出現一個問題，那就是賀蘭祥之母既是建安郡大長公主，又是涼國太夫
人，身兼兩種外命婦之職。同墓誌還見於《咸陽碑石》，錄文如下：

□□□持節太師柱國大將軍大都督大司馬十二州諸軍事同州刺
史涼國景公賀蘭祥墓誌

□□諱烏多侯，「夫人庫狄氏。」考諱初眞，使持節太傅柱國大
將軍常山郡開國公。「涼國太夫人宇文氏，建安郡大長公主。」公諱
祥，字盛樂，河南洛陽人。……公即太祖之甥』，幼遭世亂，長於舅
氏……〔註130〕

相對比而看，宇文氏確實身兼兩種外命婦之職。宇文氏為太祖宇文泰的姐姐，

〔註127〕羅新、葉煒：《新出魏晉南北朝墓誌疏證》，北京：中華書局，2005年，第333
頁。
〔註128〕《北周六典》卷九《勛官》，第575頁。
〔註129〕《新出魏晉南北朝墓誌疏證》，第245頁。之間的空格保存原墓誌的文字結構。
〔註130〕張鴻傑主編：《咸陽碑石》，西安：三秦出版社，1990年，第5頁。

封爲「建安長公主」〔註131〕，羅新、葉煒在疏證中認爲：誌文所謂「建安郡大長公主」，當是孝閔皇帝、明帝或武帝即位後的加封或追封。〔註132〕至於「涼國太夫人」之封，賀蘭祥武成元年被進封爲涼國公，保定二年薨。〔註133〕涼國太夫人之封應該也是在武成初，因此標準還是前一條，以賀蘭祥涼國公的爵位爲標準。

《賀蘭祥妻劉氏墓誌》記載：「大統六年，策爲陽平郡君。周元年，拜博陵國夫人。……保定二年，詔徙涼國夫人。天不愁遺，景公無祿，嗣君即位，拜太夫人。」〔註134〕如果劉氏封號與賀蘭祥爵位相比較，可以發現一些問題。

時　　間	賀蘭祥爵位	時間	劉氏封號
（北魏武帝） 永熙三年（534）	撫夷縣開國伯 〔註135〕		
（西魏文帝） 大統元年或二年 （535或536）	進爵爲侯 進爵爲公〔註136〕	大統六年（540）	陽平郡君
大統十四年 （548）	博陵郡開國公 〔註137〕	周元年（557）	博陵國夫人
（北周明帝） 武成元年（559）	涼國公	（北周武帝） 保定二年（562）	涼國夫人

從上表中可以看出對劉氏封號與賀蘭祥爵位之間存在時間差異。羅新、葉煒認爲：北周保定二年（562）「閏月己丑，詔柱國以下，帥都督以上，母

〔註131〕《周書》卷二〇《賀蘭祥傳》，第336頁。
〔註132〕《新出魏晉南北朝墓誌疏證》，第248頁。
〔註133〕《周書》卷二〇《賀蘭祥傳》，第338頁。《周書·武帝紀上》記載頒發改革詔書的時間是在閏正月己丑，賀蘭祥薨在其後閏正月己亥日。《周書》卷五《武帝紀上》，第66頁。
〔註134〕《新出魏晉南北朝墓誌疏證》，第331頁。
〔註135〕《賀蘭祥墓誌》記載：「魏孝武入關，以迎駕功，封撫夷縣開國伯，即侍孝武。」，第245頁。《周書》卷二〇《賀蘭祥傳》記載爲「撫夷縣伯」，第336頁。
〔註136〕《賀蘭祥墓誌》記載：「魏文帝登位，進爵爲侯，除征虜將軍，主衣都統，尋遷領左右，進爵爲公。大統三年……」，第245頁。
〔註137〕《賀蘭祥墓誌》，246頁。《周書》卷二〇《賀蘭祥傳》記載爲「撫博陵郡公」，第336頁。

妻授太夫人、夫人、郡君、縣君各有差」。〔註138〕可見北周保定二年後是以散秩（戎秩）的序列封母妻的。這份詔書的頒布的時間是在賀蘭祥去世之前，從本墓誌行文看，「詔徙涼國夫人」也是在賀蘭祥去世之前不久，因此「詔徙涼國夫人」當以此詔書爲依據。這時賀蘭祥的官銜爲「使持節柱國大將軍大都督大司馬涼國公」，就是依其散秩「柱國大將軍」。〔註139〕

但是對於保定二年之前，博陵郡公和博陵國夫人的時間差別卻沒有解釋。就此筆者認爲賀蘭祥博陵郡公的爵號可能一直保持到北周，賀蘭祥妻在西魏時可能沒有封外命婦封號，因此北周元年建國伊始就按照賀蘭祥的爵號封其妻爲夫人，以郡名代國這是晉代已有的封號方式。

《王士良妻董榮暉墓誌》記載：「但夫尊妻貴，乃除昌樂郡君。……不幸遘疾，以周保定五年六月廿九日，薨於長安。春秋卌有一。有詔贈本國夫人，賵贈悉加常禮。」〔註140〕《周書·王士良傳》記載：保定四年（564）王士良由北齊投降北周，「授大將軍、小司徒，賜爵廣昌郡公。……隋開皇元年卒，時年八十二」。〔註141〕董氏初封昌樂郡君應該是在王士良初降北周之時，即保定四年初與保定四年六月之間，當時王士良官職是「大將軍、小司徒，賜爵廣昌郡公」。事在保定二年之後，封授標準是大將軍。大將軍：《北周六典》列爲勛官之一，正九命。按理應該是封國夫人，但是可能是初降北周的原因，沒有封到最高的國夫人。但是在其死後，還是追贈其爲國夫人，「本國夫人」即「廣昌國夫人」。

《大周使持節少傅大將軍大都督恒靈夏銀長五州諸軍事恒州刺史普安壯公（匹婁歡）墓誌銘》記載：「夫人文城縣君尉遲氏，……以魏前二年八月廿五日薨於華州鄭縣界，時年廿六。詔贈普安國夫人。」〔註142〕匹婁歡在北周初年封爲普安縣開國公。「天和五年授大將軍」，後與北齊作戰負傷，天和七年薨。這裡也是依「大將軍」勛職贈尉遲氏普安國夫人。

《周趙國夫人紇豆陵氏墓誌銘》記載：「武成二年，冊拜趙國公夫人。……（天和五年）詔贈趙國夫人，禮也。」〔註143〕其夫是宇文泰之子宇文招，「武

〔註138〕《周書》卷五《武帝本紀上》，第 66 頁。
〔註139〕《新出魏晉南北朝墓誌疏證》，第 332 頁。
〔註140〕《新出魏晉南北朝墓誌疏證》，第 255～256 頁。
〔註141〕《周書》卷三六《王士良傳》，第 638 頁。
〔註142〕《漢魏南北朝墓誌彙編》，第 486 頁。
〔註143〕（北周）庾信撰；（清）倪璠注；孫逸民校點：《庾子山集注》卷一六《誌銘》，北京：中華書局，1980 年，第 1036～1038 頁。

成初，進封趙國公，邑萬戶。保定中，拜爲柱國，出爲益州總管。建德元年，授大司空，轉大司馬。三年，進爵爲王，除雍州牧。」〔註144〕紇豆陵氏封趙國公夫人，當與其封趙國公有關，此爲明朗之事。天和年號在保定之後，建德之前。而與宇文招進爵爲趙王沒有關係。而與宇文招在「保定中，拜柱國」有關。柱國爲柱國大將軍的省稱，命九品，最高等級。

《譙國夫人步陸孤氏墓誌銘》記載：「天和元年，冊拜譙國夫人。……建德元年七月九日，薨於成都私第，春秋二十有一。即以其年十一月二十二日，歸葬長安之北原。詔贈譙國夫人，禮也。」〔註145〕其夫爲宇文泰之子宇文儉，「武成初，封譙國公，邑萬戶。天和中，拜大將軍，尋遷柱國，出爲益州總管。建德三年，進爵爲王。」〔註146〕

此墓誌與《周趙國夫人紇豆陵氏墓誌銘》相比有疑問之處。既然步陸孤氏在天和元年（566）已經封授爲譙國夫人，爲什麼在建德元年（572）薨後還詔贈譙國夫人，並且說是「禮也」。從其夫宇文儉官運亨通來看，也沒有撤封的可能。此墓誌已經出土，北京圖書館藏拓片，收入《漢魏南北朝墓誌彙編》，內容略有出入。《大周柱國譙國公夫人故步六孤氏（須蜜多）氏墓誌銘》記載：「天和元年冊拜譙國夫人。……建德元年歲次壬辰七月辛丑朔九日己酉薨於成都，春秋廿有一。即以其年十一月十一日歸葬長安之北原。詔贈譙國夫人，禮也。」〔註147〕問題一樣，前後都是譙國夫人。之間時隔六年，也不會存在遲遲不下正式詔書的可能。如果與《周趙國夫人紇豆陵氏墓誌銘》相比較，紇豆陵氏武成二年（560）封授爲趙國公夫人，天和五年贈趙國夫人。前文已經論述存在「某某公夫人」的正式稱號。因此懷疑此處前者「譙國夫人」當爲「譙國公夫人」。至於贈譙國夫人的原因和趙國夫人一樣，都是其夫爲柱國大將軍。

《周太傅鄭國公夫人鄭氏墓誌銘》記載：「某年月日，封鄭國夫人。……天和三年三月二十日薨。」〔註148〕鄭氏之夫是達奚武，《周書·達奚武傳》記載：「孝閔帝踐阼，拜柱國、大司寇。……武成初，轉大宗伯，進封鄭國公，

〔註144〕《周書》卷一三《文閔明武宣諸子傳》，第 203 頁。
〔註145〕《庾子山集注》卷一六《誌銘》，第 1028～1029 頁。
〔註146〕《周書》卷一三《文閔明武宣諸子傳》，第 203～204 頁。
〔註147〕《漢魏南北朝墓誌彙編》，第 484 頁。
〔註148〕《庾子山集注》卷一六《誌銘》，第 1056～1057 頁。

邑萬戶。」〔註149〕因此鄭氏之封當在武成之後，天和三年之前。而這個階段達奚武一直都是柱國大將軍，故而依此封其妻爲鄭國夫人。

《周柱國大將軍大都督同州刺史爾綿永神道碑》記載：「夫人赫連氏，……冊拜魯城縣君，遷濟陰郡君，又遷廣城國夫人。」〔註150〕段永西魏時賜姓爾綿氏。「累遷大都督、車騎大將軍、儀同三司、散騎常侍、驃騎大將軍、開府儀同三司，賜姓爾綿氏。……孝閔帝踐阼，進爵廣城郡公，轉文州刺史。……保定四年，拜大將軍。」〔註151〕大將軍，正九命，最高等級。因此懷疑赫連氏遷廣城國夫人，是在保定四年之後。

《周安昌公夫人鄭氏墓誌銘》記載：「天和十八年五月二十日，薨於成都，春秋三十有六。詔贈安昌國夫人，禮也。」〔註152〕《周書·元偉傳》之後列有元氏戚屬所任官職的情況，其中有「大將軍、納言、小司空、荊州總管、安昌郡公元則。」〔註153〕此處鄭氏當爲元則之妻。此處蓋也是以大將軍爲標準受封。

《魯鍾馗誌》記載：「周右正宮治尙宮平昌長樂郡國夫人魯氏墓誌銘：夫人生仁義之門，秉端莊之操。爰及禮年，作配君子，芝蘭之性逾芳，琴瑟之和彌篤。……周天和元年，入宮即治正宮事。夫人行履端直，肅愼有儀。奉節宮闈，勤誠克著。建德四年，治上宮事。宣政元年，治正宮事。大象二年，又封長樂郡國夫人。（下空七字）大隋開皇元年，夫人出事周皇太后。俯仰有儀，風姿可範。〔註154〕長樂郡也是郡名，但是同時加國夫人，前代也未有。懷疑爲由國夫人向郡夫人轉變的產物。

《周大將軍隴東郡公侯莫陳君夫人竇氏墓誌銘》記載：「大統十六年，冊授永安郡君。……保定二年，改授隴國夫人。」〔註155〕

由於史料不全還存在疑問，不能詳論者，列於下。

《後魏驃騎將軍荊州刺史賀拔夫人元氏墓誌銘》記載：「周天和元年，乃

〔註149〕《周書》卷一九《達奚武傳》，第 305 頁。
〔註150〕《庾子山集注》卷一四《碑》，第 860 頁。
〔註151〕《周書》卷三六《段永傳》，第 637 頁。
〔註152〕《庾子山集注》卷一六《誌銘》，第 1044 頁。
〔註153〕《周書》卷三八《元偉傳》，第 689 頁。
〔註154〕王其禕、周曉薇主編：《隋代墓誌彙考》第三冊，北京：線裝書局，2007 年，第 19 頁。
〔註155〕《庾子山集注》卷二六《誌銘》，第 1048 頁。

封章武郡君。……以周天和四年二月二十六日，薨於長安萬年里。詔贈頓丘國夫人，禮也。」〔註156〕

《大隋故太僕卿夫人姬氏之志》記載：「天和四年六月，策拜建寧國夫人。」〔註157〕

《周冠軍公夫人烏石蘭氏墓誌銘》記載：「某年，除金鄉郡君。某年，改授冠軍國夫人。……」〔註158〕王仲犖先生在認爲：「按叱羅協西魏初封冠軍縣男，大統中，進爵爲伯，北周明武世，進爵爲公。烏石蘭氏，其妻也。」〔註159〕筆者認爲王仲犖先生有誤。因爲墓誌名稱爲冠軍公夫人，因此說明直到保定五年烏石蘭氏去世之時其夫仍爲冠軍公。但是在《周書·叱羅協傳中》記載：保定二年（562）已經賜爵爲洛邑縣公，直到建德三年（574）叱羅協賜爵爲南陽郡公。〔註160〕因此烏石蘭氏之夫並非叱羅協。

（四）隋代

（1）宮內的夫人。《隋書·后妃傳》記載：

> 高祖思革前弊，大矯其違，唯皇后正位，傍無私寵，婦官稱號，未詳備焉。開皇二年，著內宮之式，略依《周禮》，省減其數。嬪三員，掌教四德，視正三品。世婦九員，掌賓客祭祀，視正五品。女御三十八員，掌女工絲枲，視正七品。又採漢、晉舊儀，置六尚、六司、六典，遞相統攝，以掌宮掖之政。……初，文獻皇后功參歷試，外預朝政，內擅宮闈，懷嫉妒之心，虛嬪妾之位，不設三妃，防其上逼。自嬪以下，置六十員。加又抑損服章，降其品秩。至文獻崩後，始置貴人三員，增嬪至九員，世婦二十七員，御女八十一員。貴人等關掌宮闈之務，六尚已下，皆分隸焉。

> 煬帝時，后妃嬪御，無釐婦職，唯端容麗飾，陪從醼遊而已。帝又參詳典故，自製嘉名，著之於令。貴妃、淑妃、德妃，是爲三夫人，品正第一。順儀、順容、順華、修儀、修容、修華、充儀、充容、充華，是爲九嬪，品正第二。婕妤一十二員，品正第三，美

〔註156〕《庾子山集注》卷一六《誌銘》，第 1060 頁。
〔註157〕《隋代墓誌彙考》第五冊，第 222 頁。
〔註158〕《庾子山集注》卷一六《誌銘》，第 1051 頁。
〔註159〕《北周六典》卷九《外命婦》，第 620 頁。
〔註160〕《周書》卷一一《叱羅協傳》，第 180 頁。

人、才人一十五員，品正第四，是爲世婦。寶林二十四員，品正第
五。御女二十四員，品正第六。采女三十七員，品正第七，是爲女
御。總一百二十，以敘於宴寢。又有承衣刀人，皆趨侍左右，並無
員數，視六品已下。時又增置女官，準尚書省，以六局管二十四司。
〔註161〕

開皇初期，由於獨孤皇后的強勢和隋文帝的懼內性格使得後宮制度並不完
備。尤其是不設三妃，就等同於沒有「三夫人」。獨孤皇后崩後，設貴人三員，
這應該相當於三夫人。隋煬帝依周禮三夫人之制，參照前代稱號，設貴妃、
淑妃、德妃。

但是在隋代還出現一種特殊的稱號，那就是宣華夫人和容華夫人。《隋
書‧后妃傳》記載：「宣華夫人陳氏，陳宣帝之女也。性聰慧，姿貌無雙。及
陳滅，配掖庭，後選入宮爲嬪。時獨孤皇后性妒，後宮罕得進御，唯陳氏有
寵。……及文獻皇后崩，進位爲貴人，專房擅寵，主斷內事，六宮莫與爲比。
及上大漸，遺詔拜爲宣華夫人。」〔註162〕

「容華夫人蔡氏，丹陽人也。陳滅之後，以選入宮，爲世婦。容儀婉嬺，
上甚悅之。以文獻皇后故，希得進幸。及后崩，漸見寵遇，拜爲貴人，參斷
宮掖之務，與陳氏相亞。上寢疾，加號容華夫人。」〔註163〕

「宣華」之號，隋之前並不使用，反而「容華」一號卻屢見史冊。《史記‧
外戚世家列傳》記載：「娵何秩比中二千石，容華秩比二千石，婕妤秩比列侯。」
〔註164〕《漢書‧外戚傳》記載：「至武帝制婕妤、娙娥、傛華、充依，各有爵
位，而元帝加昭儀之號，凡十四等云。……傛華視眞二千石，比大上造。」〔註
165〕《三國志‧魏書‧后妃傳》記載：「太祖建國，始命王后，其下五等：有
夫人，有昭儀，有婕妤，有容華，有美人。……容華視眞二千石……」〔註166〕
《宋書‧后妃傳》記載：「晉武帝採漢、魏之制，置貴嬪、夫人、貴人，是爲
三夫人，位視王公。淑妃、淑媛、淑儀、修華、修容、修儀、婕妤、容華、
充華，是爲九嬪，位視九卿。……高祖受命，省二才人，其餘仍用晉制。……

〔註161〕《隋書》卷三六《后妃傳》，第 1106～1107 頁。
〔註162〕《隋書》卷三六《后妃傳》，第 1110 頁。
〔註163〕《隋書》卷三六《后妃傳》，第 1111 頁。
〔註164〕《史記》卷四九《外戚世家列傳》，第 1983～1984 頁。
〔註165〕《漢書》卷九七上《外戚傳》，第 3935 頁。
〔註166〕《三國志》卷五《魏書‧后妃傳》，第 155 頁。

（太宗泰始三年）婕妤、容華、充華、承徽、列榮凡五職，班亞九嬪。」〔註167〕《南齊書‧皇后傳》記載：「建元元年，有司奏置貴嬪、夫人、貴人爲三夫人，修華、修儀、修容、淑妃、淑媛、淑儀、婕妤、容華、充華爲九嬪……」〔註168〕《南史‧皇后傳上》記載：「梁武撥亂反正，……婕妤、容華、充華、承徽、列榮爲五職。」〔註169〕《陳書‧皇后傳》記載：「世祖天嘉初，……又置婕妤、容華、充華、承徽、烈榮五人，謂之五職……」〔註170〕至於北魏、北齊、北周都未見容華稱號。

　　總結一下不難發現，容華的等級不是很高。漢元帝之後，在十四等級中位列第四等；曹魏明帝時，在十二等級中位列第十；南朝宋明帝泰始三年之後，容華在五職亞九嬪中位列第二；南齊時位列九嬪之一；蕭梁和南陳時容華都屬於五職之一，等級仍不高。但是又發現容華夫人的地位卻不低。「及后崩，漸見寵遇，拜爲貴人，參斷宮掖之務，與陳氏相亞。上寢疾，加號容華夫人。」因此這裡「容華夫人」之號與「容華」之號沒有關係。

　　容華夫人在得此封號之前，她是貴人，而貴人是在獨孤皇后崩後，隋文帝增置的。「至文獻崩後，始置貴人三員，增嬪至九員，世婦二十七員，御女八十一員。貴人等關掌宮闈之務，六尚已下，皆分隸焉。」貴人在西晉時就是三夫人之一，這裡的等級也同於三夫人，三夫人等級之上就是皇后。這裡如果加入宣華夫人和容華夫人之號，我們可以確定其等級是位於皇后與貴人之間。宣華夫人亦同此。

　　再者我們看看兩位夫人獲得封號的時間，「及上大漸，遺詔拜爲宣華夫人」，「上寢疾，加號容華夫人。」可見兩位夫人應該是同時獲得封號，時間是在隋文帝生命的最後時刻〔註171〕。如果從「遺詔」一詞來看，封號應該是在隋文帝崩後在新皇帝時期使用，屬於具有高等級地位的尊號。唐承隋制，在《唐會要》卷二一「陪葬名位」條中記載，「獻陵（唐高祖）陪葬名氏：楚國太妃萬氏、館陶公主……昭陵（唐太宗）陪葬名氏：越國太妃燕氏、趙

〔註167〕《宋書》卷四一《后妃傳》，第 1269～1270 頁。
〔註168〕《南齊書》卷二○《皇后傳》，第 389 頁。
〔註169〕《北齊書》卷一一《皇后傳上》，第 317 頁。
〔註170〕《陳書》卷七《皇后傳》，第 125 頁。
〔註171〕還有另外一種可能性是隋煬帝假傳隋文帝聖旨所加的封號，那麼隋煬帝封宣華夫人和容華夫人有什麼目的和作用？筆者認爲作用不大，目的也不知爲何，這是不符合邏輯的，這種可能性可以排除。

國太妃楊氏、紀國太妃韋氏、賢妃鄭氏、才人徐氏、鄭國夫人、彭城郡夫人……」
〔註172〕唐代對先皇的妃嬪多稱「某某國太妃」，並且是後任皇帝封賜的，隋文帝時期沒有「妃」等級，因此不會出現這種情況。

此外，《大隋故宮人常泰夫人墓誌銘並序》載：「大隋大業十二年十月十二日宮人常泰夫人房氏卒，粵以十一月三日葬與河南縣北邙山。」〔註173〕房氏身份不明，從誌文「所以身陪甲館，位參上列」一句來判斷，房氏可能地位較高的女官。而且「常泰」並非妃嬪稱號，當爲一種加贈的美稱。再與宣華夫人和容華夫人做整體分析，「宣華」和「容華」之號也都是美稱，冠於夫人之前。如前引文「上寢疾，加號容華夫人」之「加號」即可證明此點。北魏時期有貴華夫人和貴嬪夫人，北齊有弘德夫人，貴華、貴嬪、弘德都是三夫人之一，但根據上文分析「貴華」可能也是一種美稱，「弘德」也有此可能。

因此，隋代「宣華夫人」和「容華夫人」的封號並不是固定的妃嬪稱號，更可能是一種美稱。這種美稱可能代表一定的身份地位，與宋代的國夫人之前加十字、六字、兩字等的美稱屬於同道理。但隋代的宮人（妃嬪群體）並不能加「國夫人」、「郡夫人」等外命婦封號從三位夫人的贈號上來判斷應該是肯定的。所以這種用法更多是沿襲於前代，而到唐代這種用法逐漸被捨棄，其中的原因尚難解釋清楚。

《隋書·列女傳》記載：「（譙國夫人洗氏）仁壽初，卒，賻物一千段，諡爲誠敬夫人。」〔註174〕這裡夫人之前冠以諡號，從漢代開始就有這種情況。宣華和容華是否與此類似是隋文帝提前加的諡號呢？如果是這樣，那麼是否有殉葬的可能。黃展岳在《古代人牲人殉通論》中提到，鮮卑族慕容部、拓跋部，人殉制極爲流行，鮮卑族的人殉習俗對北朝統治區有很大影響。〔註175〕隋代有人殉存在的可能性，然而不能就此斷定宣華夫人和容華夫人要爲隋文帝殉葬。一者史書中沒有相關記載，二者諡號的加封也是在逝去之後，不可能人還在世就有諡號，完全不符合邏輯。

因此可以做一個推斷，宣華夫人和容華夫人的稱號當是用於隋文帝去世之後，下一任皇帝之時。宣華夫人和容華夫人當爲一時之制。筆者十分懷疑

〔註172〕《唐會要》卷二一「陪葬名位」條，第480頁。
〔註173〕韓理洲輯校：《〈全隋唐〉補遺》，西安：三秦出版社，2004年，第362頁。
〔註174〕《隋書》卷八○《列女傳》，第1803頁。
〔註175〕黃展岳：《古代人牲人殉通論》，北京：文物出版社，2004年，第264～265頁。

這兩種稱號與北齊弘德夫人、正德夫人、崇德夫人等稱號有著借鑒和延續的關係。由於在隋文帝時期沒有「妃」的稱號，因此不能拿後代與之比較。前代亦無前例可尋。

（2）宮外的夫人。

1.「郡夫人」的出現。在前文的論述中，曾經提到某某郡夫人，而某某國夫人的前綴不是國名而是郡名。在北周已經有某某郡夫人的正式用法但是僅有一例，《周驃騎大將軍開府侯莫陳道生墓誌銘》記載：「夫人拓跋氏，安邑郡夫人。……天和五年六月薨。」〔註176〕

但是在隋代卻出現數例，我們有理由相信，隋繼承於北周而影響到唐。《禽昌伯妻宇文氏誌》記載：「大隋仁壽元年歲次辛酉七月廿八日，儀同禽昌伯妻、□□□周武帝女義陽郡長公主，開皇元年改授爲夫人，封名依舊，宇文氏權殯之所。」〔註177〕「封名依舊」，也就是「義陽郡」，因此可以稱爲「義陽郡夫人」。事情發生在開皇元年。《那盧君妻元買得志》記載：「大鄭上柱國鄧國公故太夫人義安郡夫人元氏墓誌：尋以夫爵，封興世郡君。……太夫人提挈二孫，淪沒賊也。而賊李密乃特爲贍賜，欲令誘至其子。……及李密之拜，得盡歡膝下。母子忠孝，天下榮之。是用式加寵命，封義安郡太夫人。〔註178〕」《隋書‧列女傳》記載：「譙國夫人者，高涼洗氏之女也。世爲南越首領……」，隋滅陳之後，安撫嶺外，「冊夫人爲宋康郡夫人」，之後又封授爲「譙國夫人」。〔註179〕

2. 某國夫人的出現。這裡不再冠以郡名，而是國名。這種情況在北周亦有，如上文提到的涼國太夫人、趙國夫人、譙國夫人、鄭國夫人等，但是也存在以郡名代國名的情況。可是到隋代「某國夫人」成爲正式的稱號，不再出現冠以郡名的情況。冠以郡名者往往都是郡夫人。因此從隋代開始冠以國名者稱國夫人，冠以郡名者稱郡夫人成爲固定制度，以至於影響到唐代。

《尉遲運妻賀拔毗沙誌》記載：「隋故上柱國盧國公夫人賀拔氏墓誌：保定三年，授宜州宜君郡君。建德三年，授廣業國夫人，宣政元年，授盧國夫人。……□大隋受命，授盧國太夫人。〔註180〕

〔註176〕《庾子山集注》卷一五《誌銘》，第 950 頁。
〔註177〕《隋代墓誌彙考》第二冊，第 396 頁。
〔註178〕《隋代墓誌彙考》第六冊，第 18 頁。
〔註179〕《隋書》卷八○《列女傳》，第 1800～1803 頁。
〔註180〕《隋代墓誌彙考》第三冊，第 6 頁。

　　《周書‧尉遲運傳》記載：尉遲運以立世宗有功，進爵周城縣公，「保定
元年，進驃騎大將軍、開府儀同三司。……齊將斛律明月寇汾北，運從齊公
憲禦之，攻拔其伏龍城。進爵廣業郡公……」建德三年（574），平衛刺王宇
文直亂，授大將軍。建德五年（576）「拜柱國，進爵盧國公」。〔註181〕保定年
間開府儀同三司爲九命，第二等級，於是尉遲運妻封郡君。尉遲運在建德元
年之前就被封爲廣業郡公，但其妻封廣業國夫人是在建德三年，這年尉遲運
有功授「大將軍」，大將軍正九命，位居第一等級，因此封其妻「廣業國夫人」。
尉遲運建德五年（576）「拜柱國，進爵盧國公」，宣政元年（578）其妻授盧
國夫人。如果與上揭賀蘭祥妻劉氏對比，賀蘭祥封博陵郡開國公，其妻是博
陵國夫人；賀蘭祥是涼國公，其妻是涼國夫人。對比可見，郡名的國夫人等
級可能要低於國名的國夫人。

　　《楊素妻鄭祁耶誌》的誌文標題爲《大隋越國夫人鄭氏墓誌》〔註182〕，
隋代只有楊素爲越國公，因此鄭氏爲楊素之妻〔註183〕。

　　《金石錄》記載：「隋齊國太夫人楊氏墓誌云：夫人字季姜，僕射高熲母
也。」〔註184〕此墓誌現僅存目。

　　《隋代墓誌彙考》存目 017《韋氏妻史氏誌》，誌文標題是《大隋使持節
上開府毛州諸軍事毛州刺史滑國公韋壽妻滑國夫人史氏之墓誌》。〔註185〕

　　另外還有上文中提到的譙國夫人洗氏。

　　3. 冠以諡號的情況。《隋書‧列女傳》記載：「（譙國夫人洗氏）仁壽初，
卒，賻物一千段，諡爲誠敬夫人。」〔註186〕這種情況西漢已有。

　　4. 某某（縣）夫人。《王玩暨妻蕭氏誌》記載：「君之夫人，即梁孝明皇
帝之元女也。……梁祚告終，例從貶降，及內宮正位，咸加禮秩。以伯姊之
尊，冊授任城夫人，禮也。」〔註187〕《漢魏南北朝墓誌集釋》注釋此墓誌時

〔註181〕　《周書》卷四○《尉遲運傳》，第 709～710 頁。
〔註182〕　《隋代墓誌彙考》第三冊，第 13 頁。
〔註183〕　詳見王京陽：《隋楊素妻越國夫人鄭氏墓誌銘考釋》，《碑林集刊》第十輯，2004
　　　　　年。
〔註184〕　（宋）趙明誠：《金石錄校注》卷二二，上海：上海書畫出版社，1985 年，
　　　　　第 411 頁。
〔註185〕　《隋代墓誌彙考》第六冊，第 198 頁。原文附考：「曉薇案：史籍未見『滑國
　　　　　夫人』史氏，而煬帝長子元德太子昭娶韋壽女爲妃，此韋妃即恭皇帝生母，
　　　　　而韋氏生母蓋此『滑國夫人』史氏。」，第 198 頁。
〔註186〕　《隋書》卷八○《列女傳》，第 1803 頁。
〔註187〕　《隋代墓誌彙考》第五冊，第 140～142 頁。

說:「公主蓋隋煬帝蕭后之姊,……內宮謂蕭后。公主於易代之後,仍授封號,蓋以蕭后故耳。」〔註188〕任城,隋時魯郡下轄十縣之一〔註189〕。故蕭氏實爲縣夫人。這種情況還有《張娥英誌》,記載:「隋故貴鄉夫人張氏墓誌銘:夫人即簡憲公第五女,梁武皇帝外孫,母富陽悼公主,□今上皇后之姨。……可贈貴鄉正三品夫人。(薨於大業八年)」〔註190〕張氏是隋煬帝蕭皇后的姨母。貴鄉,武陽郡下轄十四縣之一〔註191〕。

5. 特殊情況。《周書·獨孤信傳》記載:隋文帝即位之後「追贈信父庫者使持節、太尉、上柱國、定恒滄瀛平燕六州諸軍事、定州刺史,封趙國公,邑一萬戶。諡曰恭。信母費連氏,贈太尉恭公夫人。」〔註192〕這裡直接是:夫的官職＋夫的諡號＋夫人。前代未見這種事例,蓋類似於「某某公夫人」。

（五）小結

北魏前期,「夫人」是作爲一個等級的總稱,沒有稱號上的差別,員額也不確定。北魏孝文帝改革之後,夫人數量確定爲三人。北齊《河清新令》定弘德、正德、崇德三夫人之位號。而在文宣帝高洋時期已經有「弘德夫人」。北周宮內夫人的變化軌跡是:三夫人——三妃——二妃。

隋文帝開皇初期,由於獨孤皇后的強勢和自己的懼內使得後宮稱號並不詳備,尤其是不設三妃,就等同於沒有「三夫人」。獨孤皇后崩後,設貴人三員,這應該相當於三夫人。隋煬帝依周禮三夫人之制,參照前代稱號,設貴妃、淑妃、德妃。

至於宮外的國夫人,北魏、北齊沒有「國夫人」的例子,北周開始普遍出現,但是此時封授國夫人的標準已經出現改變。如《北周六典》所載:公侯伯子男五等爵之妻皆得稱夫人;三公之妻,亦稱夫人,三孤、六卿稱內子,大夫之妻稱孺人,士之妻稱夫人,凡此皆依其夫階位,得泛稱之;其別加誥授策命者,則又加國夫人、郡君、縣君之號;北周皇帝親子弟,初封國公,不封王爵,故其妻不封妃,封國夫人。〔註193〕後兩點需要尤其的注意。

〔註188〕趙萬里:《漢魏南北朝墓誌集釋》卷九,北京:科學出版社,1956年,第103頁上。

〔註189〕見《隋書》卷三一《地理志下》,第871頁。

〔註190〕《隋代墓誌彙考》第四冊,第266～267頁。

〔註191〕見《隋書》卷三○《地理志中》,第844頁。

〔註192〕《周書》卷一六《獨孤信傳》,第268頁。

〔註193〕《北周六典》,第618～619頁。

　　加封「國夫人」的標準在北周出現變化。北周保定二年（562）下詔，「閏（正）月己丑，詔柱國以下，帥都督以上，母妻授太夫人、夫人、郡君、縣君各有差。」〔註194〕可見北周保定二年之後是以戎秩等級高低爲封母妻的標準。這裡雖然沒有明確說是「國夫人」，但是從後面郡君、縣君來看，這裡的「夫人」應該就是指屬於外命婦「國夫人」。

　　這裡補充一點，雖然保定二年之後，對國夫人的封授標準出現改變，但是與夫或子的爵位還是有一定關係的。列表於下：

姓　名	爵　位	妻的封號
王士良	廣昌郡公	廣昌國夫人
匹婁安	普安縣開國公	普安國夫人
宇文招	趙國公	趙國夫人
宇文儉	譙國公	譙國夫人
達奚武	鄭國公	鄭國夫人
段永	廣城郡公	廣城國夫人
元則	安昌郡公	安昌國夫人
侯莫陳君	隴東郡公	隴東國夫人

　　其中內在聯繫筆者目前尚難判斷。

　　「某某郡夫人」首次出現是在北周。如侯莫陳道生夫人拓跋氏被封爲安邑郡夫人。眞正冠以國名的「國夫人」也出現在北周。如涼國太夫人、趙國夫人、譙國夫人、鄭國夫人等。然而還存在以郡名稱國的情況，但是國名的國夫人等級高於郡名的國夫人，並且「郡夫人」的稱號漸漸多起來。不過郡夫人也好，國夫人也好，都是外命婦，未見宮內有此稱號。

〔註194〕《周書》卷五《武帝本紀上》，第 66 頁。

第五章　唐代的內官制度再探
——以「國夫人」爲中心

　　在梳理完唐以前「夫人」的發展軌跡之後，開始論述唐代國夫人的情況。唐代的國夫人在史料中往往是以外命婦的身份出現，因此首先要講明唐代宮外國夫人的情況，然後再研究唐代宮內的國夫人。

一、宮外的「國夫人」

　　首先講一下唐代封授「外命婦」的標準。《唐六典》卷二「司封郎中員外郎」條載：

> 外命婦之制：……王母、妻爲妃。一品及國公母、妻爲國夫人；三品已上母、妻爲郡夫人；四品、若勳官二品有封，母、妻爲郡君；五品、若勳官三品有封，母、妻爲縣君。散官並同職事。勳官四品有封，母、妻爲鄉君。其母邑號皆加「太」字。各視其夫及子之品，若兩有官爵者，皆從高。若內命婦一品之母爲正四品郡君，二品母爲從四品郡君，三品、四品母並爲正五品郡君。凡婦人不因夫及子而別加邑號，夫人云「某品夫人」，郡君爲「某品郡君」，縣君、鄉君亦然。〔註1〕

品級所指爲何，從「散官並同職事」一句來看應該是同時包括散官和職事官，而爵和勳官卻要區別對待。具體來看「國夫人」的封授標準是「一品及國公

〔註1〕　《唐六典》卷二「司封郎中員外郎」條，第38～39頁。

母、妻爲國夫人」，一品指正一品和從一品的散官、職事官，還特別強調國公母、妻可以爲國夫人。

《通典》卷四〇《職官二二》記載唐代官員的品秩，正一品有「太師、太傅、太保、太尉、司徒、司空、王（本注曰：爵）」；從一品有「開府儀同三司（本注曰：文散）、太子太師、太子太傅、太子太保、驃騎大將軍（本注曰：武散）、嗣王、郡王（本注曰：爵）、國公（本注曰：爵）。」〔註2〕王、嗣王、郡王之外，其餘官職的母、妻都有被封授爲國夫人的資格。

唐代具體封授國夫人的情況詳見於下。

（一）因崇重妻族而封授

《舊唐書·后妃傳上》記載：「（高宗廢后王氏）永徽中，立爲皇后，以仁祐爲特進、魏國公，母柳氏爲魏國夫人。」〔註3〕這條符合國公之妻爲國夫人的制度。

《舊唐書·武承嗣傳》記載：「及則天立爲皇后，追贈士彠爲司徒、周忠孝王，封楊氏代國夫人。賀蘭越石早卒，封其妻爲韓國夫人。尋又加贈士彠爲太尉，楊氏改封爲榮國夫人。」〔註4〕「韓國夫人及其女以後故出入禁中，皆得幸於上。韓國尋卒，其女賜號魏國夫人。」〔註5〕唐代三師三公都是正一品，於是武士彠之妻楊氏被封爲國夫人符合制度。但是武后之姐及其女被封爲韓國夫人和魏國夫人就與《唐六典》規定相違背。

《新唐書·諸帝公主傳》記載：「長寧公主，韋庶人所生……內倚母愛，寵傾一朝，與安樂宜城二主、后婕郕國崇國夫人爭任事，賕謁紛紜。」〔註6〕皇后的兩位妹妹也被封爲郕國夫人和崇國夫人，違制。

《舊唐書·后妃傳上》記載：「（上官婉兒）尋拜爲昭容，封其母鄭氏爲沛國夫人。」〔註7〕《舊唐書·上官儀傳》記載：「子庭芝，歷位周王府屬。與儀俱被殺。庭芝有女，中宗時爲昭容，每侍帝草制誥，以故追贈儀爲中書令、秦州都督、楚國公；庭芝黃門侍郎、岐州刺史、天水郡公，仍令以禮改

〔註2〕 《通典》卷四〇《職官二二》，第 1093 頁。
〔註3〕 《舊唐書》卷五一《后妃傳上》，第 2169 頁。
〔註4〕 《舊唐書》卷一八三《武承嗣傳》，第 4727 頁。
〔註5〕 《資治通鑑》卷二〇一，唐高宗乾封元年八月條，第 6350 頁。
〔註6〕 《新唐書》卷八三《諸帝公主傳》，第 3653 頁。
〔註7〕 《舊唐書》卷五一《后妃傳上》，第 2175 頁。

葬。」〔註 8〕上官庭芝的追贈官不是一品和國公，因此鄭氏之封違制。

《舊唐書·后妃傳上》記載：「（玄宗貞順皇后武氏）及王庶人廢後，特賜號為惠妃，宮中禮秩，一同皇后。所生母楊氏，封為鄭國夫人。」〔註 9〕楊氏被封為鄭國夫人，也是由於女兒成為皇后之故，因此又違制。

《舊唐書·后妃傳上》記載：「（楊貴妃）有姊三人，皆有才貌，玄宗並封國夫人之號：長曰大姨，封韓國；三姨，封虢國；八姨，封秦國。並承恩澤，出入宮掖，勢傾天下。天寶初，進冊貴妃。妃父玄琰，累贈太尉、齊國公；母封涼國夫人……」〔註 10〕楊貴妃三位姐姐也是由於楊貴妃的原因而受封，違制，而涼國夫人之封不違制。

《舊唐書·后妃傳下》記載：「（肅宗張皇后）祖母竇氏，玄宗母昭成皇太后之妹也。昭成為天后所殺，玄宗幼失所恃，為竇姨鞠養。景雲中，封鄧國夫人，恩渥甚隆。……肅宗即位，冊為淑妃。贈父太僕卿去逸左僕射，母竇氏封義章縣主，姊李曇妻封清河郡夫人，妹師師封郕國夫人」。〔註 11〕竇姨、張皇后姐妹之封都違制。

《舊唐書·后妃傳下》記載：「（肅宗章敬皇后吳氏）后父令珪，寶應初贈太尉；母李氏，贈秦國夫人。」〔註 12〕李氏之封不違制。

《舊唐書·后妃傳下》記載：「（德宗昭德皇后王氏）五月，葬於靖陵。后母郕國夫人鄭氏請設祭，詔曰：『祭筵不可用假花果，欲祭者從之。』」〔註 13〕昭德皇后母鄭氏，也是由於女兒是皇后的原因被封為國夫人，違制。

《舊唐書·后妃傳下》記載：「（穆宗恭僖皇后王氏）昭愍崇重母族，贈紹卿司空，后母張氏贈趙國夫人。」〔註 14〕恭僖皇后母之封不違制。

《舊唐書·后妃傳下》記載：「（穆宗貞獻皇后蕭氏）后因亂去鄉里，自入王邸，不通家問，別時父母已喪，有母弟一人。文宗以母族鮮親，惟舅獨存，詔閩、越連率於故里求訪。有戶部茶綱役人蕭洪，自言有姊流落。估人趙縝引洪見后姊徐國夫人女婿呂璋，夫人亦不能省認，俱見太后，嗚咽不自

〔註 8〕　《舊唐書》卷八〇《上官儀傳》，第 2744 頁。《新唐書》卷一〇五《上官儀傳》與此相同。
〔註 9〕　《舊唐書》卷五一《后妃傳上》，第 2177 頁。
〔註 10〕　《舊唐書》卷五一《后妃傳上》，第 2178 頁。
〔註 11〕　《舊唐書》卷五二《后妃傳下》，第 2185 頁。
〔註 12〕　《舊唐書》卷五二《后妃傳下》，第 2188 頁。
〔註 13〕　《舊唐書》卷五二《后妃傳下》，第 2194 頁。
〔註 14〕　《舊唐書》卷五二《后妃傳下》，第 2199 頁。

勝。」〔註15〕徐國夫人因爲是貞獻皇后的姐姐而被封爲國夫人，違制。

統計上文，被封爲「國夫人」者共有十八例，「違制」者就達到十三例，這裡的「違制」是指違背唐令的規定。但是從這麼多「違制」情況看，就不能說「違制」，只能說這是唐代不成文的一種情況。

（二）因夫或子而封授

現存有《屈突通妻蔣國夫人墓誌》〔註16〕，屈突通妻被封爲蔣國夫人。武德初年，屈突通被封爲蔣國公〔註17〕。不違制。

《大唐故泰州諸軍事泰州刺史侯使君夫人潞國太夫人竇氏墓誌》記載：「第五子君集，兵部尙書潞國公。」〔註18〕《舊唐書·侯君集傳》記載：「太宗即位，遷左衛將軍，以功進封潞國公。」〔註19〕不違制。

出土張士貴墓誌銘蓋上的篆文是「大唐故輔國大將軍荊州都督虢國公張公墓誌銘」。其妻墓誌同時出土，但是僅存誌蓋，篆書「大唐故虢國夫人岐氏墓誌銘」。〔註20〕兩相對比，不難發現岐氏之封不違制。

現存有《大唐故司徒公并州都督上柱國鄂國公夫人蘇氏（斌）墓誌銘》〔註21〕，鄂國公尉遲敬德之妻蘇斌被封爲鄂國夫人。蘇氏之封也不違制。

出土李勣墓誌銘蓋上的篆文是「大唐故司空公太子太師贈太尉揚州大都督上柱國英國公李公墓誌之銘」。同時出土的其妻墓誌銘，蓋面篆書「大唐英國公夫人墓誌銘」。〔註22〕此處也不違制。

《資治通鑑》記載：「（高宗咸亨四年）閏五月，燕山道總管、右領軍大將軍李謹行大破高麗叛者於瓠蘆河之西，俘獲數千人，餘眾皆奔新羅。時謹行妻劉氏留伐奴城，高麗引靺鞨攻之，劉氏擐甲帥眾守城，久之，虜退。上嘉其功，封燕國夫人。」〔註23〕《新唐書·李謹行傳》中未記載此事，記載「上元三年，破吐蕃於青海，璽書勞勉，封燕國公」。出土有李謹行墓誌，《大唐故右衛員外大將軍燕國公墓誌銘》記載：「永淳元年，詔曰：『……右衛員

〔註15〕《舊唐書》卷五二《后妃傳下》，第 2201 頁。
〔註16〕《唐代墓誌彙編》貞觀〇一二，第 18 頁。
〔註17〕《舊唐書》卷五九《屈突通傳》，第 2321 頁。
〔註18〕《唐代墓誌彙編續集》貞觀〇一七，第 19 頁。
〔註19〕《舊唐書》卷六九《侯君集傳》，第 2509 頁。
〔註20〕張沛編著：《昭陵碑石》，西安：三秦出版社，1993 年，第 30～31 頁。
〔註21〕《全唐文補遺》第二輯，157 頁。《昭陵碑石》，第 144 頁。
〔註22〕《昭陵碑石》，第 54～55 頁。
〔註23〕《資治通鑑》卷二〇二，唐高宗咸亨四年閏五月條，第 6371 頁。

外大將軍檢校右羽林將軍、兼檢校廓州刺史、上柱國、五原郡開國公李謹行……可封燕國公，食邑三千戶，並賜物三百段，餘並中故』。」〔註24〕

以上三段史料的時間分別是咸亨四年（673），上元三年（676），永淳元年（682）。《新唐書》記載時間有誤，排除不取。單看另外兩個時間，是先封李謹行妻劉氏爲燕國夫人，後封李謹行爲燕國公，似乎有點本末倒置的感覺，並且早九年，這是很不符合制度和邏輯的。同時在李謹行墓誌中絲毫未提劉氏，這是可大書特寫的榮耀之事，爲何在墓誌中沒有記載呢？反而記載李謹行妻傅氏「夫人臨汾郡夫人傅氏，材德早聞，柔儀夙備，道光□師□，禮茂於公宮，而偕老愆祥，壽仁虛應，將鳳梧而早落，與龍劍而先沈，春秋六十有一。」〔註25〕

但是在《舊唐書‧高宗本紀下》也記載咸亨四年的戰爭，「（咸亨四年）閏五月丁卯，燕山道總管李謹行破高麗叛黨於瓠盧河之西，高麗平壤餘眾遁入新羅。」〔註26〕爲什麼墓誌中沒有提到劉氏？爲什麼劉氏封燕國夫人早於李謹行封燕國公九年？這些問題筆者目前尚難回答。

《唐故中書令贈荊州大都督清河崔（知溫）府君妻齊國太夫人杜氏墓誌銘》記載：「先以賢夫作相，封武成郡夫人；尋以長子銀青光祿大夫、行黃門侍郎、上柱國。清河郡開國公泰之誅逆安國功，清河郡太夫人。……敕曰：……又以第三子銀青光祿大夫、少府監、上柱國、趙國公諤之誅韋氏復唐祚功，唐隆元年封齊國太夫人。」〔註27〕不違制。

《銀青光祿大夫行太子右諭德鍾紹京妻唐故越國夫人許氏墓誌銘》記載：「後適越國（公）鍾紹京，公昔歲輔上龍飛，有大勳，遷中書令，今爲太子右諭德。」〔註28〕《舊唐書‧鍾紹京傳》記載：「玄宗之誅韋氏，紹京夜中帥戶奴及丁夫以從。及事成，其夜拜紹京銀青光祿大夫、中書侍郎、參知機務。翌日，進拜中書令，加光祿大夫，封越國公。」〔註29〕不違制。

《封姚崇妻鄭國夫人制》記載：「兵部侍郎、兼紫薇令、監修國史、上柱

〔註24〕中國文物研究所、陝西省古籍整理辦公室編：《新中國出土墓誌（陝西卷壹）》下冊，北京：文物出版社，2000年，第97頁。
〔註25〕《新中國出土墓誌（陝西卷壹）》下冊，第97頁。
〔註26〕《舊唐書》卷五《高宗本紀下》，第98頁。
〔註27〕《唐代墓誌彙編》開元一五九，第1266頁。
〔註28〕《唐代墓誌彙編》開元三〇六，第1368頁。
〔註29〕《舊唐書》卷九七《鍾紹京傳》，第3042頁。

國、梁國公姚崇妻滎陽郡夫人鄭氏……可封鄭國夫人。」〔註30〕不違制。

《封牛仙客妻王氏豳國夫人制》記載：「銀青光祿大夫、守工部尚書、同中書門下三品、持節朔州節度使、度支營田鹽池、押諸蕃部落副大使、上柱國、豳國公、知門下省事牛仙客妻琅琊郡夫人王氏……可封豳國夫人。」〔註31〕不違制。

《舊唐書・王君㚟傳》記載：「（王）君㚟以功遷右羽林軍大將軍，攝御史中丞，依舊判涼州都督，封晉昌伯。……上又嘗於廣達樓引（王）君㚟及妻夏氏設宴，賜以金帛。夏氏亦有戰功，故特賞之，封為武威郡夫人。」〔註32〕《唐六典》卷二五「左右羽林軍」條記載：「左、右羽林軍衛，大將軍各一人，正三品……」〔註33〕

《舊唐書・王毛仲傳》記載：「其妻已邑號國夫人；賜妻李氏又為國夫人。」〔註34〕王毛仲先天二年七月被封為霍國公，因此不違制。

《舊唐書・高力士傳》記載：「（開元）十七年，贈力士父廣州大都督，麥氏越國夫人。」〔註35〕《唐六典》卷三〇「大都督」條記載：「大都督府：都督一人，從二品。」〔註36〕此處違制。

《舊唐書・李光弼傳》記載：「（李光弼）母李氏，有鬚數十莖，長五六寸，以子貴，封韓國太夫人，二子皆節制一品。」〔註37〕李光弼被封為鄭國公，因此不違制。

《新唐書・忠義傳中》記載：「乾元初，贈杲卿太子太保，諡曰忠節，封其妻崔清河郡夫人。」〔註38〕「太子太師一人，太傅一人，太保一人，並從一品下。」〔註39〕顏杲卿贈官為一品，妻崔氏當為國夫人，此處被封為郡夫人，違制。

《舊唐書・于休烈傳》記載：「（大曆七年）是歲春，休烈妻韋氏卒。上

〔註30〕《文苑英華》卷四一九《中書制誥・命婦》，第 2119 頁。
〔註31〕《文苑英華》卷四一九《中書制誥・命婦》，第 2119 頁。
〔註32〕《舊唐書》卷一〇三《王君㚟傳》，第 3191 頁。
〔註33〕《唐六典》卷二五「左右羽林軍」條，第 642 頁。
〔註34〕《舊唐書》卷一〇六《王毛仲傳》，第 3253 頁。
〔註35〕《舊唐書》卷一八四《高力士傳》，第 4758 頁。
〔註36〕《唐六典》卷三〇「大都督」條，第 742 頁。
〔註37〕《舊唐書》卷一一〇《李光弼傳》，第 3310 頁。
〔註38〕《新唐書》卷一九二《忠義傳中》，第 5531 頁。
〔註39〕《唐六典》卷二六「太子三師」條，第 660 頁。

以休烈父子儒行著聞，特詔贈韋氏國夫人，葬日給鹵簿鼓吹。」〔註 40〕于休烈曾被封爲金紫光祿大夫正三品，其妻封爲國夫人本是違制，但是此處爲「特詔」，亦不違制。

《舊唐書・程元振傳》記載：「九月，加驃騎大將軍，封邠國公，贈其父元貞司空，母郏氏趙國夫人。」〔註 41〕此處不違制。

《舊唐書・李晟傳》記載：「贈（李）晟父欽太子少保，母王氏贈代國夫人……」〔註 42〕太子少保從一品，此處不違制。

《舊唐書・李晟傳附李愬傳》記載：「愬早喪所出，保養於晉國夫人王氏，及卒，晟以本非正室，令服緦，號哭不忍，晟感之，因許服縗。」〔註 43〕李晟曾被授爲司徒、太尉，位居三公正一品，不違制。

《舊唐書・劉昌傳》記載：「丁母憂，起復加金吾衛大將軍，贈其母梁國夫人。」〔註 44〕《唐六典》二五「左右金吾衛」條記載：「左、右金吾衛，大將軍各一人，正三品……」〔註 45〕此處違制。

《舊唐書・張孝忠傳》記載：「（貞元）三年，（張孝忠）加檢校司空，仍以其子茂宗尚義章公主。孝忠遣其妻鄧國夫人昧谷氏入朝，執親迎之禮。上嘉之，賞賚隆厚。」〔註 46〕不違制。

《新唐書・張巡傳》記載：「（貞元中）贈巡妻申國夫人，賜帛百。」〔註 47〕屬於特殊表彰制。

《舊唐書・李師古傳》記載：「（貞元）十五年正月，師古、杜佑、李欒妾媵並爲國夫人。」〔註 48〕《舊唐書・杜佑傳》記載：「（杜佑）始終言行，無所玷缺，唯在淮南時，妻梁氏亡後，升嬖妾李氏爲正室，封密國夫人，親族子弟言之不從，時論非之。」〔註 49〕元和元年，杜佑被封授爲司徒、岐國公，此處不違制。

〔註40〕《舊唐書》卷一四九《于休烈傳》，第 4009 頁。
〔註41〕《舊唐書》卷一八四《程元振傳》，第 4762 頁。
〔註42〕《舊唐書》卷一三三《李晟傳》，第 3671 頁。
〔註43〕《舊唐書》卷一三三《李晟傳附李愬傳》，第 3678 頁。
〔註44〕《舊唐書》卷一五二《劉昌傳》，第 4071 頁。
〔註45〕《唐六典》卷二五「左右金吾衛」條，第 638 頁。
〔註46〕《舊唐書》卷一四一《張孝忠傳》，第 3857 頁。
〔註47〕《新唐書》卷一九二《張巡傳》，第 5541 頁。
〔註48〕《舊唐書》卷一二四《李師古傳》，第 3537 頁。
〔註49〕《舊唐書》卷一四七《杜佑傳》，第 3983 頁。

　　此處結合《李娃傳》（又名《汧國夫人傳》）補充一下。《李娃傳》是唐傳奇中的名篇，講述滎陽公子和娼妓李娃的故事，故事最後，在李娃的鼓勵之下，滎陽公子高榜得中。李娃婦德甚高，「天子異之，寵錫加等。終制，累遷清顯之任。十年間，至數郡。娃封汧國夫人，有四子，皆爲大官，其卑者猶爲太原尹。」〔註50〕卞孝萱先生著有《〈李娃傳〉新探》一文，最後結論認爲，「白行簡針對德宗濫封三個節度使的媵妾爲國夫人，壞國法，傷名教的現實，懷著對胞兄白居易被誣爲『甚傷名教』，一貶再貶的憤慨，撰《汧國夫人傳》（《李娃傳》）諷刺名教的虛僞。」〔註51〕

　　《舊唐書·張伾傳》記載：泗州刺史張伾卒後，軍吏欲立其子張重政爲郡將，「重政母徐氏固拒不從……又詔曰：『張重政母高平郡夫人徐氏，族茂姻閥，行表柔明，懷正家之美，有擇鄰之識。頃當變故，曾不詭隨，保其門宗，訓成忠孝，雖圖史所載，何以加之！念其令子，已申獎用，特彰母儀之德，俾崇封國之榮。可封魯國太夫人。』」〔註52〕貞元二十一年，張伾卒後，贈尚書右僕射從二品，其妻封郡夫人不違制。封魯國太夫人是特殊表彰，不違制。

　　《封李訴妻韋氏魏國夫人制》記載：「魏博等州節度使、特進、檢校左僕射、同中書門下平章事、涼國公李訴妻韋氏，德宗皇帝之外孫也。……可封魏國夫人。」〔註53〕不違制。

　　《封烏重胤妻張氏鄧國夫人制》記載：「某官烏重胤妻張氏……雖從夫貴，未授國封，今以南陽本邦善地，錫爲湯沐，加號夫人……可封鄧國夫人。」〔註54〕烏重胤曾被封爲司空、檢校司徒等三公之職，不違制。

　　《封劉悟妻馮氏長樂郡夫人制》記載：「澤潞節度使劉悟妻馮氏……可封長樂郡夫人。」〔註55〕《舊唐書·劉悟傳》記載：「穆宗即位，以恩例遷檢校尚書右僕射。是歲（元和十五年）十月，移鎮澤潞，旋以本官兼平章事。長慶元年，幽州大將朱克融叛，囚其帥張弘靖，朝廷求名將以鎮漁陽。乃加悟

〔註50〕（宋）李昉等編：《太平廣記》卷四八四，北京：中華書局，1961年，第3991頁。

〔註51〕卞孝萱：《〈李娃傳〉新探》，《煙臺師範學院學報》，1991年第4期。

〔註52〕《舊唐書》卷一八七下《張伾傳》，第4909頁。

〔註53〕《文苑英華》卷四一九《中書制誥·命婦》，第2119頁。

〔註54〕《文苑英華》卷四一九《中書制誥·命婦》，第2119頁。

〔註55〕《文苑英華》卷四一九《中書制誥·命婦》，第2122頁。

檢校司空、平章事，充盧龍軍節度使。悟以幽州方亂，未克進討，請授之節
鉞，徐圖之。乃復以悟爲澤潞節度，拜檢校司徒，兼太子太傅，依前平章事。」
〔註 56〕詔文中提到劉悟官職爲「澤潞節度使」，其兩次任此職，如果其妻是在
劉悟第二次任職時封授，當封爲國夫人。如果按此詔文只封爲長樂郡夫人，
當是在劉悟首任澤潞節度使之時。

　　《舊唐書‧王武俊傳附王承元傳》記載：「元和十五年冬，承宗卒，秘不
發喪，大將謀取帥於旁郡。時參謀崔燧密與握兵者謀，乃以祖母涼國夫人（王
武俊之妻）之命，告親兵及諸將，使拜承元。」〔註 57〕王武俊曾被授爲司空、
檢校司徒、檢校太尉等職位居三公，此處不違制。涼國夫人就因此被封爲進
國太夫人。《舊唐書‧穆宗本紀》記載：「（元和十五年十一月）丁未，封王承
宗祖母李氏爲晉國太夫人。」〔註 58〕

　　《新唐書‧劉悟傳》記載：「從諫妻裴……封燕國夫人。」〔註 59〕劉從諫
被封爲司空、沛國公，故不違制。

　　《舊唐書‧王廷湊傳附王景崇傳》記載：「（咸通中）丁母秦國夫人（王
廷湊孫王紹鼎妻）憂，起復本官。」〔註 60〕王紹鼎卒後被追贈爲司空、司徒、
太尉、太傅，都是三公三師，其妻之封不違制。

　　《封石雄妻索氏涼國夫人制》記載：「西川貴族，南國華容，代有功勳，
門多閥閱。早以懿德，媲於元臣，既推內輔之才，頗蘊中閨之德。……勉思
健婦，以佐良人。可封涼國夫人。」〔註 61〕石雄曾被封爲檢校司空，不違制。

　　《舊唐書‧柳公綽傳》記載：「大和四年，復檢校左僕射、太原尹、北都
留守、河東節度觀察等使。……陉北有沙陀部落，自九姓、六州皆畏避之。
公綽至鎮，召其酋朱耶執宜，直抵雲、朔塞下，治廢柵十一所，募兵三千付
之，留屯塞上，以禦匈奴。其妻母來太原者，請梁國夫人對酒食問遺之。沙
陀感之，深得其效。」〔註 62〕梁國夫人是柳公綽之妻，此處違制。

　　《資治通鑑》記載：「（文宗開成四年）秋，七月癸未，以張元益爲左驍

〔註 56〕《舊唐書》卷一六一《劉悟傳》，第 4231 頁。
〔註 57〕《舊唐書》卷一四二《王武俊傳附王承元傳》，第 3883 頁。
〔註 58〕《舊唐書》卷一六《穆宗本紀》，第 483 頁。
〔註 59〕《新唐書》卷二一四《劉悟傳》，第 6019 頁。
〔註 60〕《舊唐書》卷一四二《王廷湊傳附王景崇傳》，第 3890 頁。
〔註 61〕《文苑英華》卷四一九《中書制誥‧命婦》，第 2119 頁。
〔註 62〕《舊唐書》卷一六五《柳公綽傳》，第 4304 頁。

衛將軍，以其母侯莫陳氏爲趙國太夫人，賜絹二百匹。易定之亂，侯莫陳氏說諭將士，且戒元益以順朝命，故賞之。」〔註63〕張元益兩《唐書》無傳，但從正三品的左驍衛將軍判斷，不足以封其母爲國夫人。

《許州節度使王蘊母趙氏進封楚國太夫人制》記載：「……爾忠武軍節度使王蘊，方榮色養，既孝而忠，委以節旄，遂稱名將。賈勇而力過投石，臨陣而義不聞金，得非其母趙氏賢以善訓邪？豈特築朱序之城，寧陳嬰之族而已。嘗錫以郡夫人之號，今蘊功業益進，爵位益隆，宜加大國之封，以助《南陔》之慶。可依前件。」〔註64〕

王蘊兩《唐書》無傳。《資治通鑑》載有其事：「（唐僖宗文德元年十一月）丙申，秦宗權別將攻陷許州，執忠武留後王蘊，復取許州。（胡注：去年宗權爲全忠所敗，棄許州，王蘊蓋全忠所命也。）」〔註65〕去年事即唐僖宗光啓三年（887），「（五月）全忠求救於兗、鄆，朱瑄、朱瑾皆引兵赴之，義成軍亦至。辛巳，全忠以四鎮兵攻秦宗權於邊孝村，大破之，斬首二萬餘級；宗權宵遁，全忠追之，至陽武橋而還。全忠深德朱瑄，兄事之。蔡人之守東都、河陽、許、汝、懷、鄭、陝、虢者，聞宗權敗，皆棄去。」〔註66〕王蘊認許州節度使便是在此之後，其母之封也在此時。從詔書中可見，趙氏之前已經被封爲郡夫人，這次進封爲國夫人的原因是王蘊「功業益進，爵位益隆」，而詔書中未見王蘊爵位是何等，但是可以推斷足不以任國公等一品之職，因此趙氏之封又是違制。

《我唐故天平軍節度副大使知節度事鄆曹濮等州觀察處置等使銀青光□□（祿大）夫檢校戶部尚書使持節鄆州諸軍事兼鄆州刺史御史大夫上柱國弘農郡開國公食邑二千戶贈司徒楊公（漢公）夫人趙國太夫人韋氏（媛）墓誌銘》〔註67〕單就墓誌標題即可得出結論，此處不違制。志文中記載韋氏薨於唐僖宗廣明二年。《舊唐書》卷一七六《楊虞卿附弟漢公傳》，沒有相關記載。

《文苑英華》中收《中書侍郎同中書門下平章事陸扆妻渤海郡夫人高氏進封燕國夫人制》〔註68〕。《舊唐書‧陸扆傳》記載：「明年正月，復拜中書

〔註63〕《資治通鑑》卷二四六，唐文宗開成四年七月癸未條，第7940頁。
〔註64〕《文苑英華》卷四一九《中書制誥‧命婦》，第2121頁。
〔註65〕《資治通鑑》卷二五七，唐僖宗文德元年十一月丙申條，第8382頁。
〔註66〕《資治通鑑》卷二五七，唐僖宗光啓三年五月條，第8357頁。
〔註67〕吳鋼主編：《全唐文補遺》第六輯，西安：三秦出版社，1999年，第199頁。
〔註68〕《文苑英華》卷四一九《中書制誥‧命婦》，第2119頁。

侍郎、同平章事。光化三年四月，兼戶部尚書，進封吳郡開國公，食邑一千戶。」〔註69〕此處違制。

　　《文苑英華》中收《封魏博節度使羅弘信妻越國夫人某氏進封燕國夫人代州刺史傅瑤妻丘氏封吳興縣君等制》〔註70〕，羅弘信曾被封爲檢校司空，不違制。

　　《文苑英華》中收《浙西節度使錢鏐妻燕國夫人吳氏進封晉國夫人制》〔註71〕。《舊五代史》記載：「鏐於唐昭宗朝，位至太師、中書令、本郡王，食邑二萬戶。」〔註72〕錢鏐位居三公，不違制。

　　《文苑英華》中收《襄州節度使趙匡凝妻豫章郡君羅氏可進封燕國夫人制》〔註73〕。《舊唐書》記載：「又以忠義軍節度、山南東道管內觀察處置三司水陸發運等使、開府儀同三司、檢校太尉、中書令、兼襄州刺史、上柱國、南平王、食邑三千戶趙匡凝可檢校太師、兼中書令、加實封一百戶。」〔註74〕不違制。

　　《文苑英華》中收《武昌軍節度使杜洪妻晉國夫人王氏進封秦國夫人制》〔註75〕。《舊唐書》記載：「己卯，制武昌軍節度、鄂岳蘄黃等州觀察處置兼三司水陸發運淮南西面行營招討等使、開府儀同三司、檢校太師、中書令、西平王、食邑三千戶杜洪加食邑一千戶，實封二百戶。」〔註76〕不違制。

　　《文苑英華》中收《鳳翔節度使李茂貞妻秦國夫人劉氏進封岐國夫人制》〔註77〕《舊五代史》記載：「（光啓）三年，……以茂貞爲鳳翔節度使，加檢校太尉、兼侍中，隴西郡王。……光化中，加茂貞尚書令、岐王……」〔註78〕不違制。

　　《文苑英華》中收《楊行密妻朱氏進封燕國夫人制》〔註79〕。楊行密曾任檢校司徒、檢校太傅等職〔註80〕，不違制。《十國春秋·吳·夫人朱氏傳》

〔註69〕《舊唐書》卷一七九《陸扆傳》，第4669頁。
〔註70〕《文苑英華》卷四一九《中書制誥·命婦》，第2120頁。
〔註71〕《文苑英華》卷四一九《中書制誥·命婦》，第2120頁。
〔註72〕《舊五代史》卷一三三《世系列傳第二》，第1768頁。
〔註73〕《文苑英華》卷四一九《中書制誥·命婦》，第2120頁。
〔註74〕《舊唐書》卷二〇上《昭宗本紀》，第767頁。
〔註75〕《文苑英華》卷四一九《中書制誥·命婦》，第2120頁。
〔註76〕《舊唐書》卷二〇上《昭宗本紀》，第782頁。
〔註77〕《文苑英華》卷四一九《中書制誥·命婦》，第2121頁。
〔註78〕《舊五代史》卷一三二《世系列傳第一》，第1737～1739頁。
〔註79〕《文苑英華》卷四一九《中書制誥·命婦》，第2121頁。
〔註80〕事見《新唐書》卷一八八《楊行密傳》，第5453～5455頁。

記載此事，「夫人朱氏，奉國節度使延壽姊。少以黠慧侍太祖，會延壽被誅，並夫人出之。朱氏，唐封燕國夫人。」〔註81〕

《文苑英華》中收《泰寧軍節度使葛從周母廣平郡太君宋氏進封廣平郡太夫人制》〔註82〕。葛從周「（光化三年八月）表授檢校太保兼徐州兩使留後，尋爲兗州節度使。」〔註83〕不違制。

《文苑英華》中收《中書舍人苗深母琅琊郡太君王氏封琅琊郡太夫人祠部郎中知制誥張文蔚母扶風郡太夫人蘇氏封馮翊郡太夫人等制》〔註84〕，此處之封皆違制。

《進封賀蘭琬母楊氏弘農郡夫人制》記載：「太僕卿員外置同正員賀蘭琬母楊氏……」〔註85〕違制。

《封宋叔康妻房氏河東郡夫人制》記載：「……左神策軍護軍中尉、兼左坊功德使、特進、左領軍衛大將軍、知內侍省事、上柱國、廣平縣開國侯、食邑一千戶宋叔康妻清河縣君房氏……可封河東郡夫人。」〔註86〕不違制。

《封吐突士曄妻雁門郡夫人制》記載：「……弓箭軍器等使、特進、行右領軍衛大將軍、知內侍省事、上柱國、陰山縣開國公、食邑一千五百戶吐突士曄妻咸陽縣君田氏……可封雁門郡夫人。」〔註87〕不違制。

《文苑英華》中收《翰林學士兵部侍郎盧說妻博陵郡君崔氏進封博陵郡夫人制》〔註88〕，兵部侍郎品秩爲正四品下，此處違制。

此外，還有一件特殊的例子，即由於女兒的關係死後被贈爲魏國夫人。《唐故贈魏國夫人墓誌銘》載：「夫人姓崔氏，其先博陵人也。以良家子納於公宮。令範柔儀，超冠群萃。淑愼推高於閨壼，貞芳比潔於松筠。蘭言有章，玉德無玷。生壽安公主。主克承訓誨，光備肅雍。下嫁元勳，作我英輔。載誕忠烈，繼臨藩垣。柱石之毗綺斯崇，舅甥之恩禮彌重。夫人享茲豐祉，膺彼修期，以咸通六年四月十日薨，年七十二。皇帝念公主陟岵之哀心，崇夫人開

〔註81〕《十國春秋》卷四《吳·夫人朱氏傳》，第80頁。
〔註82〕《文苑英華》卷四一九《中書制誥·命婦》，第2121頁。
〔註83〕《舊五代史》卷一六《葛從周傳》，第221頁。
〔註84〕《文苑英華》卷四一九《中書制誥·命婦》，第2121頁。
〔註85〕《文苑英華》卷四一九《中書制誥·命婦》，第2121頁。
〔註86〕《文苑英華》卷四一九《中書制誥·命婦》，第2122頁。
〔註87〕《文苑英華》卷四一九《中書制誥·命婦》，第2122頁。
〔註88〕《文苑英華》卷四一九《中書制誥·命婦》，第2122頁。

國之號。爰疏殊爵，俾錫大名。蓋所以彰異數也。」〔註89〕此壽安公主並非皇帝的女兒，而是唐憲宗六子絳王李悟的女兒。魏國夫人是李悟的妻妾之一。開成二年（837）六月，唐文宗將壽安公主下嫁給成德軍節度使王元逵。〔註90〕絳王曾參與寶曆二年（826）的政變，不得善終。「敬宗崩，蘇佐明等矯詔以王領軍國事。王守澄等立文宗，王見殺。」〔註91〕崔氏是不是王妃我們不能確定，但其女下嫁給王元逵之後其生活待遇應該不錯。薨后皇帝既出於壽安公主思念母親的傷心考慮，更由於政治聯姻關係，特封贈魏國夫人。

（三）對周邊民族首領夫人的封授

《新唐書‧突厥傳下》記載：「毗伽可汗妻骨咄祿婆匐可敦率眾自歸，天子御花萼樓宴群臣，賦詩美其事，封可敦爲賓國夫人，歲給粉直二十萬。」〔註92〕

《新唐書‧突厥傳下》記載：「突騎施吐火仙之敗，始以懷道子昕爲十姓可汗、開府儀同三司、濛池都護，冊其妻涼國夫人李爲交河公主，遣兵護送。」〔註93〕

《新唐書‧沙陀傳》記載：「龍朔初，以處月酋沙陀金山從武衛將軍薛仁貴討鐵勒，授墨離軍討擊使。長安二年，進爲金滿州都督，累封張掖郡公。金山死，子輔國嗣。先天初避吐蕃，徙部北庭，率其下入朝。開元二年，復領金滿州都督，封其母鼠尼施爲鄯國夫人。」〔註94〕

《新唐書‧沙陀傳》記載：「克用請帝責茂貞罷兵，因削官爵，願與河中共討之。帝詔弟事行瑜，貸茂貞，俾結好。朱詔賜魏國夫人陳氏。陳，襄陽人也，善書，帝所愛，欲急平賊，故予之。」〔註95〕

《新唐書‧西域傳下》記載：「開元初，貢鎖子鎧、水精杯、碼碯瓶、駝鳥卵及越諾、侏儒、胡旋女子。其王烏勒伽與大食亟戰不勝，來乞師，天子不許。久之，請封其子咄曷爲曹王，默啜爲米王，詔許。烏勒伽死，遣使立咄曷，封欽化王，以其母可敦爲郡夫人。」〔註96〕

〔註89〕《全唐文補遺》第二輯，第 68 頁。《唐代墓誌彙編續集》咸通○三一，第 1057 頁。
〔註90〕《舊唐書》卷一七下《文宗本紀》，第 570 頁。
〔註91〕《新唐書》卷八二《十一宗諸子傳》，第 3630 頁。
〔註92〕《新唐書》卷二一五下《突厥傳下》，第 6055 頁。
〔註93〕《新唐書》卷二一五下《突厥傳下》，第 6066 頁。
〔註94〕《新唐書》卷二一八《沙陀傳》，第 6154 頁。
〔註95〕《新唐書》卷二一八《沙陀傳》，第 6162 頁。
〔註96〕《新唐書》卷二二一下《西域傳下》，第 6244 頁。

《新唐書‧西域傳下》記載：「米，或曰彌末，曰弭秣賀。北百里距康。其君治鉢息德城，永徽時爲大食所破。顯慶三年，以其地爲南謐州，授其君昭武開拙爲刺史，自是朝貢不絕。開元時，獻璧、舞筵、師子、胡旋女。十八年，大首領末野門來朝。天寶初，封其君爲恭順王，母可敦郡夫人。」〔註97〕

（四）對皇帝乳母的封授

《冊府元龜‧帝王部》「尊乳保」條有相關內容，見於下：

> 唐中宗神龍元年，封乳母于氏爲平恩郡夫人。
>
> 玄宗先天二年五月，太上皇誥曰：「皇帝乳母蔣氏、莫氏等……蔣氏可封吳國夫人，莫氏可封燕國夫人。」是歲九月，詔曰：「燕國夫人竇氏，慈慧和順，掌執禮經，女憲母師，獨高柔則。朕在孩幼，躬勞乳養，遠惟恩義，寧忘夙昔！……俾錫朝寵，微申朕懷，俸料祿課等，一準職事三品給。」
>
> 代宗大曆八年六月，敕曰：「……妳婆元氏，朕在襁褓，受其撫育，推乾就濕，慈愛特深，可謂仁人厚惠茂德者矣。可贈潁川郡太夫人。」
>
> 憲宗元和五年十月，贈保母盧氏爲燕國夫人。
>
> 哀帝天祐二年九月，敕：「妳婆楊氏可封昭儀，妳婆王氏可封郡夫人。弟二妳婆王氏，先昭宗皇帝封郡夫人，今準楊氏例，改封。」
>
> 〔註98〕

可見皇帝的乳母可以被封爲國夫人和郡夫人等。

此外還有可補充的材料。《唐會要》「陪葬名位」條記載昭陵的陪葬名氏：其中有「越國太妃燕氏、趙國太妃楊氏、紀國太妃韋氏、賢妃鄭氏、才人徐氏、鄭國夫人、彭城郡夫人。」〔註99〕彭城郡夫人墓誌已經出土，《彭城國夫人劉娘子墓誌銘》記載：「我皇帝應茲介福，爰初宰誕。慈乳之宜，實資寬惠。……武德六年，詔封隴西夫人。貞觀十七年，轉封彭城夫人。十八年二月五日陪葬於昭陵。」文後有按語云：「彭城國夫人劉氏爲唐太宗乳母，史籍

〔註97〕《新唐書》卷二二一下《西域傳下》，第 6247 頁。

〔註98〕（宋）王欽若等編纂；周勛初等校訂：《冊府元龜》卷三八《帝王部》「尊乳保」條，南京：鳳凰出版社，2006 年，第 406 頁。

〔註99〕《唐會要》卷二一「陪葬名位」條，第 480 頁。

無載。《唐會要》『昭陵陪葬名氏』有『彭城郡夫人』，疑即此人。」〔註100〕至於鄭國夫人筆者推斷也可能是唐太宗中的又一位乳母。

　　《舊唐書・竇懷貞傳》記載：「（韋）庶人微時乳母王氏，本蠻婢也，特封莒國夫人，嫁爲（竇）懷貞妻。」〔註101〕這裡韋皇后的乳母都被封爲國夫人。太平公主的乳母被封爲「奉國夫人」。《唐會要》卷四八「寺」條在：「泰國寺修行坊。本張易之宅，未成而易之敗，後賜太平公主乳母奉國夫人，尋奏爲寺。」〔註102〕《舊五代史・李鏻傳》記載：「李鏻，唐宗屬也。父洎，韶州刺史。伯父湯，咸通中爲給事中。懿宗除乳母楚國夫人墷爲夏州刺史，湯封還制書，詔曰：『朕少失所親，若非楚國夫人鞠養，則無朕此身，雖非朝典，望卿放下，仍今後不得援以爲例。』湯乃奉詔，其諒直如此。」〔註103〕唐懿宗的乳母封爲楚國夫人。

　　《資治通鑑》記載：「（太宗貞觀十年，長孫皇后）訓諸子，常以謙儉爲先，太子乳母遂安夫人（胡注：唐制，太子乳母封郡夫人。睦州，遂安郡）嘗白后，以東宮器用少，請奏益之。后不許，曰：『爲太子，患在德不立，名不揚，何患無器用邪！』」〔註104〕可見太子的乳母也可以被封爲「郡夫人」。

二、宮內的「國夫人」

（一）宮官被封爲「國夫人」

　　《唐會要》卷三「雜錄」條記載：「天祐二年九月六日，內出宣旨。乳母楊氏可賜號昭儀，乳母王氏可封郡夫人，第二乳母先帝已封郡夫人，可準楊氏例改封。中書奏議言：『乳母古無封夫人賜內職之例，近代因循，殊乖典故。……惟中宗封乳母于氏爲平恩郡夫人，尚食高氏爲蔣國夫人，今國祚中

〔註100〕《昭陵碑石》，第 110 頁。另外《唐代墓誌彙編續集》、《全唐文補遺》第二輯中都收錄此墓誌。這裡就帶來一個問題劉氏的封號出現三種情況，誌文中稱「彭城夫人」，墓誌標題是「彭城國夫人」，《唐會要》中是「彭城郡夫人」。彭城本是隋代的郡名，唐代改爲徐州。這裡之所以會出現這種差誤，可能是受到魏晉南北朝以郡名稱國夫人的影響，由此推斷直到貞觀十八年還有這種情況。《唐會要》將「國夫人」改爲「郡夫人」，可能是在編寫的那個時候，「國夫人」和「郡夫人」已經截然不同。

〔註101〕《舊唐書》卷一八三《竇懷貞傳》，第 4724 頁。

〔註102〕《唐會要》卷四八「寺」條，第 994 頁。

〔註103〕《舊五代史》卷一〇八《李鏻傳》，第 1426 頁。

〔註104〕《資治通鑑》卷一九四，唐太宗貞觀十年六月條，第 6120 頁。

興，儀禮革舊，臣等商量，楊氏望賜號安聖君，王氏福聖君，第二王氏康聖君。』從之。」〔註105〕乳母可以被封爲郡夫人，前文已有論述。此處中書奏議中的內容有「惟中宗封乳母于氏爲平恩郡夫人，尙食高氏爲蔣國夫人」。尙食是宮官之一，也封到國夫人。可見在唐前期已經有宮官被封爲國夫人的情況。我們認爲此點類似於唐代職事官與散官的區分。尙食是職事官，國夫人是散官，被封爲國夫人不僅是一種地位品級的象徵，可能還享有同級外命婦的待遇。

　　唐代後期的宋若莘等五姐妹，貞元四年（788）在昭義節度使李抱眞的表薦下入宮。但是在宮內的身份是宮官而不是妃嬪，而且還有「女學士」之稱。關於宋氏姊妹，德宗皇帝「不以宮妾遇之，呼爲學士先生」。自貞元七年（791）以後，宮中記注簿籍之事都由宋若莘掌管。在元和末年，宋若莘去世之後，「穆宗復令若昭代司其職，拜尙宮。」〔註106〕宋若莘卒後贈河內郡君，宋若昭在世時就進封梁國夫人。從中不僅能發現唐後期已經出現「宮官職號＋封號」的形式，而且明顯若昭在宮內禮遇可能較若莘更優。因爲若莘卒後才有郡君封號，而昭若在世時就進封國夫人。

　　再舉一例。《大唐故衛國夫人（王氏）墓誌銘》記載：

　　　　夫人王氏，其先太原人也。……夫人道合於帝，德冠於朝。去神龍元年二月廿八日，封爲新昌郡夫人。出入彤□，中外清愼。□景龍二年四月廿日，改封薛國夫人。恩榮稠疊，寵祿專之。唐隆元□月廿八日，復封徐國夫人。忠誠奉主，松竹其心。景雲二年十月廿三日，轉封衛國夫人，同京官三品。位亞列侯，名超宮掖。伊媛無以方其貴，班姑曷足比其芳。嗚呼！春秋八十有七，去開元八年七月，邁疾終於伊□之別業也。以今年二月廿五日，遷窆於邙山之原，禮也。賵贈官供，並給太常鼓吹一部送出。嗣子□眘言，曰眘思。泣血沾襟，羸行斬服。卜兆唯吉，哀以送之。〔註107〕

王氏的生卒年是 634～720 年，即貞觀八年到開元八年。神龍元年（705）時72 歲，景龍二年（708）75 歲，唐隆年（710）77 歲，景雲二年（711）78 歲。

〔註105〕《唐會要》卷三「雜錄」條，第 39 頁。《舊唐書》卷二○下《哀宗本紀》所載與此相同，第 799 頁。
〔註106〕《舊唐書》卷五二《后妃傳下》，第 2199 頁。
〔註107〕《全唐文補遺》第六輯，第 394 頁。

首先，排除是外命婦的可能，因爲有「恩榮稠疊，寵祿專之」，「位亞列侯，名超宮掖」之語。其次，排除是皇帝妃嬪的可能。因爲有嗣子睿言和睿思均未見載是李唐宗室。再次，排除是皇帝乳母的可能。因此一般乳母都會提到撫育皇帝如何關懷備至的套話，但此誌文中隻字未提此事。再加上有「忠誠奉主，松竹其心」之語，頗懷疑王氏可能是宮官，甚至與當時的數次政變有關係，可能發揮過一些作用。

《趙國夫人一品制》：「門下：問君以禮，乃受齊封；免主於危，方延漢渥。賢妃啓邑，萬古一時。趙國夫人，義範端肅，操履堅正，四德聿修，六宮攸仰。承恩蘭掖，累變葭灰。送往事居，備盡忠勤之節；利人益國，每陳匡贊之規。頃屬二竪構凶，九重起亂，將危宗社，謀害聖躬，屬申逐鳥之誠，克勵鷹鸇之志，方效節於松竹，宜寵錫於苴茅。可一品。」〔註108〕這道制文中有「賢妃啓邑」、「六宮攸仰」、「承恩蘭掖，累變葭灰」之語，表明趙國夫人是宮中之人。根據本文所附《〈唐大詔令集〉「妃嬪」條考釋》的考證，頒發制文的時間可能是在中宗或睿宗時期。同理趙國夫人排除是皇帝乳母的可能，我們傾向於認爲可能還是宮官。

此外，還見有宮伎被封爲郡夫人的例子。《唐故贈隴西郡夫人董夫人墓誌銘並序》載：

王者統天地，合陰陽；外班元士之秩，內備嬪御之列。莫不慎擇華族，精選良家。將以應九九之陽數，佐明明之盛德。其或藝傳躧步，體善折腰。聲既溢於九霄，名自傳於千古者，有若贈隴西郡夫人董氏焉。夫人軒蓋承家，派流綿遠。自擾龍而受氏，奮直筆以傳芳。仲舒擅美於儒林，君異名登於仙籍。豈獨清音響亮，空號雙成之笙；長袖翩翩，唯許嬌嬈之舞而已哉。自笄年入居宮壼，容華綽約，儀則詳閒。執禮謙和，發言明媚。而又纖腰柔弱，舉趾嫣妍。飛燕自得於體輕，平陽雅稱其妙麗。當德皇御宇，而名達宸聽。超自輩流，登於樂籍。時或曲移節奏，韵變宮商。故態方□於俗流，新聲尚迷於眾伎。彼則哇咬纏囀，此已俯仰合儀。豈習利而學能，誠目擊而心得者也。時或令節良辰，錫宴蘭殿。百辟就列，九奏在庭。天子厭八佾之舊容，思七盤之新態。錦茵既設，羅襪徐登。動容而宛轉若神，當場而意氣自得。莫不金烏駐景，借白日之光輝；

玉女縈空，訝彩鸞之騰赴。寧獨千官萬樂，屏息而心呼者哉。是以
列聖佳其藝能，六宮推其德美。雖修蛾已老椒房之貴人，而羅袖時
翻授梨園之弟子。名居上品，時歷六朝。逝水不留，化泉將及。以
開成二年歲次丁巳八月壬辰朔廿二日癸丑，卒於內院，享年六十有
六。皇帝念其恩舊，獎以伎能。寵贈追榮，爰引加□。〔註109〕

董氏在唐德宗時已入宮，以其能歌善舞的才能而備受寵幸。歷德、順、憲、穆、敬、文六朝，於開成二年（837）去世。唐文宗念其以往在宮內服侍之功勞，而贈隴西郡夫人之封號。

（二）唐後期內夫人的出現

內夫人，是指假借外命婦封號而爲皇帝配偶的宮內女子。此問題主要依賴於新出土墓誌作爲材料支撐。《故南安郡夫人贈才人仇氏墓誌銘》載：

> 周官天子立六宮，始有三夫人之位。漢因秦制，內職敘夫人之
> 班。魏晉已還，多遵故事。所以昭顯婦順，明章內治。必用德授，
> 以爲教先。斯則關雎鵲巢之本，國風王化之端也。南安郡夫人贈才
> 人姓仇氏，爰自牧香之後，率多聞人，由本部疏封，錫湯沐之邑，
> 初以才貌選充後宮。吾擢居寵遇，行止侍隨，貞孝罕儔，懿範殊古。
> 爾儀標九嬪，行備四德，……弱女尚騃，一男才生。託付而誰，棄
> 之何速。吾懷傷歎，加以涕零。感想慟之，哀爾長往。以大中五年
> 五月十八日，歿於宮中。時年廿四。〔註110〕

此墓誌是翰林待詔朱玘奉敕書，從「吾擢居寵遇」和「吾懷傷歎」來判斷，當是以皇帝口吻來書寫。仇氏選入後宮以後才有「南安郡夫人」之封，並且爲唐宣宗有一女一男。假借外命婦封號作爲皇帝配偶，據《唐六典》來看顯然不是內官。在去世以後才追贈才人，可見她們與內官存在等級差距。

《故楚國夫人贈貴妃楊氏墓誌銘》載：

> 維咸通六年歲次乙酉四月辛亥朔十九日己巳，楚國夫人楊氏薨於
> 大內，享年三十有二。皇帝震悼，不視朝者一日。越翌日，贈貴妃。
> 以其年七月廿三日，葬於萬年縣崇道鄉夏侯村，禮也。皇帝悼蕣華之
> 夙殞，嗟掖庭之凝塵。顧視神傷，綢繆睿睠。將存懿範，用飾遺儀。

〔註109〕吳鋼主編：《全唐文補遺》第一輯，西安：三秦出版社，1994年，第313頁。
《唐代墓誌彙編》開成○一○，第2174～2175頁。

〔註110〕吳鋼主編：《全唐文補遺》第四輯，西安：三秦出版社，1997年，第189頁。
又見《唐代墓誌彙編》大中○五五，第2291頁。

遂詔侍從之臣，受以彤管之史。臣實當御，承命直書。貴妃弘農人
也，……以良家子選居禁掖，而待年於公宮。天付凝華，柔明有素。
漸漬於保姆之訓，肄習於婉嫕之儀。悅詩禮以自持，穎薄忿而莫犯。
洎乎顯迴天旨，恩拜御中，無錮寵妒媚之心，有蹈和納順之譽。德隆
坤則，祚集靈祥。嘉夢屢兆於國香，甲觀亟延皇胤。金相璆式，玉度
蘭儀。慶洽袞梁，運遷舟壑。降齡甚促，眞宰何言？〔註111〕

墓誌中所載楊氏「恩拜御中」很可能是被封爲楚國夫人，其生前也是借用「外
命婦」封號居於宮掖，並且薨在大內。唐懿宗爲之輟朝一日，可見悲傷之甚。
「甲觀」泛指太子宮，從「甲觀亟延皇胤」來看，可能楊氏曾爲懿宗生有皇
子。《新唐書》載：「懿宗八子：惠安皇后生宗皇帝，恭憲皇后生昭宗皇帝，
餘六王亡其母氏、位。」〔註112〕楊氏可能是六王其中一母。唐懿宗對楊氏如
此寵愛，生前仍不能被冊爲內官，可見兩者之間還是有約束制度在內。但去
世以後似乎約束較弱，才有追贈貴妃之事，等級高升數倍。

《故德妃王氏墓誌銘並序》載：

有唐韓國夫人王氏，其本太原人也。幼有容色。既笄而中選入
宮。我皇御極之初，特承恩澤。稟蘭蕙之芳姿，挺瓊瑤之瑞質，朗
澈閑淡，迥然出塵。處寵貴而益謙，持禮教以垂訓。至於保恭默之
道，知節儉之風，雖古之慎夫人無以過也。而又識滿盈之理，審榮
辱之機，常以止足爲戒，又見其班婕妤之不若也。故得侍寵十有餘
年，而未嘗居有過之地。上將欲表其賢德，增其懿號，以光彤史，
以彰茂範。無何，遘膏肓之疾，針砭藥餌，靡不攻療，風焰難駐，
竟無所瘳。以咸通十一年七月十八日，薨於大內，享年廿有六，贈
德妃。噫！人生於天地之中，不免於禍祿者多矣。妃之壽雖不及乎
中年，而早備椒房之選，承聖明之恩，捧日月之光輝，被雨露之寵
渥。榮及宗族，則一日爲足矣，而況炫耀於十年之間者哉。一朝奄
然，亦又何恨。孕貴子三人：長曰昌寧公主，次曰七郎，次曰八郎，
皆婉順聰晤，生知孝謹。〔註113〕

〔註111〕《全唐文補遺》第三輯，第 258 頁。又見《唐代墓誌彙編》咸通○四一，第
2410 頁。
〔註112〕《新唐書》卷八二《十一宗諸子傳》，第 3637 頁。
〔註113〕《全唐文補遺》第二輯，第 72～73 頁。又見《唐代墓誌彙編續集》咸通○七
五，第 1091～1092 頁。

王氏爲唐懿宗寵幸達十餘年，並且還生育有一女二男。然而生前仍不能被冊爲內官。

《唐大詔令集・吳氏等封昭儀制》記載：「吳氏可封昭儀，張氏可封婕妤，晁氏、梁氏並可封美人，羅氏、史氏並可封才人，錢氏可封長城郡夫人，曹氏可封武威郡夫人……」〔註114〕。據《〈唐大詔令集〉「妃嬪」條考釋》這道制文的頒發時間是在唐宣宗即位之初。其中「郡夫人」與昭儀、婕妤、美人、才人同時受封，可見內夫人與正式嬪妃已具有同等身份，即皇帝配偶。

西安碑林博物館藏《唐慶王李沂墓誌》、《唐昭王李汭墓誌》，趙力光先生對兩方墓誌的研究成果均發表於《唐研究》第十二卷，並且附有全部誌文及圖片。《唐慶王李沂墓誌》記載：「故慶王沂，宣宗皇帝第五子也，母曰史氏。」〔註115〕《唐昭王李汭墓誌》記載：「昭王諱汭，憲宗皇帝之孫，宣宗皇帝第九子，母柳氏。」〔註116〕筆者懷疑史氏、柳氏皆是內夫人。以宣宗仇才人爲例，《唐故康王（李汶）墓誌銘並序》記載：「史官康王諱汶，憲宗章武皇帝之孫，宣宗獻文皇帝第十子，母曰仇氏。」〔註117〕所可幸者，仇氏的墓誌亦發現即《故南安郡夫人贈才人仇氏墓誌銘並序》，柳夏雲和陳麗萍都認爲仇才人和仇氏爲同一人。仇氏在康王的墓誌中稱爲「母曰仇氏」，仇氏不是嬪妃，而屬於內夫人——「南安郡夫人」。如果是正式嬪妃的話，一般情況之下當記有位號，如《唐故紀王李言揚墓誌》：「王諱言揚，敬宗皇帝第四子，母曰貴妃郭氏。」〔註118〕即此例。故而對比判斷關於仇氏的記載與史氏和柳氏等記載形式相同，所以史氏和柳氏爲內夫人的可能性較大。另外《唐故廣王（李瀍）墓誌銘並序》記載：「廣王瀍即憲宗皇帝之孫，宣宗皇帝第十一子，母曰陳氏。」〔註119〕《唐故涼王（李侹）墓誌銘並序》記載：「王諱侹，玄宗皇帝之孫、懿

〔註114〕《唐大詔令集》卷二五「妃嬪」條，第83頁。

〔註115〕趙力光：《〈唐慶王李沂墓誌〉綜考》，《唐研究》第一二卷，2006年，第431頁。

〔註116〕《〈唐慶王李沂墓誌〉綜考》附錄：《西安新出〈唐昭王李汭墓誌〉考》，第446頁。

〔註117〕《全唐文補遺》第六輯，第195頁。

〔註118〕賈二強：《釋唐紀王沔王夔王墓誌》，《唐史論叢》第十三輯，2011年，第330頁。

〔註119〕吳鋼主編：《全唐文補遺》第七輯，西安：三秦出版社，2000年，第155頁。

宗皇帝第三子，母曰雷氏。」〔註120〕亦是此例。史氏、柳氏、陳氏、雷氏是內夫人可能性較大。

《文苑英華》中《內中齊國夫人扶風高陽郡夫人並封婕妤樂安郡新秦郡廣陵郡太丘郡雲安郡五夫人並加封秦晉楚越燕國夫人制》一文，內容如下：

> 敕：朕既建中宮，將聽內理，法度方形於四德，等威宜越於九嬪。齊國夫人某氏，柔和有稟，閑雅自持，椒蘭讓薰，環珮爭潔。近輦見欲辭之色，攬衣懷必澣之心。用是謙勤，保我恩澤。重惟漢制，遠采周官，與名而大國重開，錫號而舊章復振。勉脩懿範，俾稱寵休。共承陰教之端，永輔長秋之盛。可依前件。〔註121〕

草制者爲錢珝，時任中書舍人知制誥，《舊唐書》無傳《新唐書》有傳，載：「（錢珝）字瑞文，善文辭，宰相王摶薦知制誥，進中書舍人。摶得罪，珝貶撫州司馬。」〔註122〕王摶《舊唐書》無傳，《新唐書》有傳〔註123〕，爲唐昭宗時期的宰相。因此這道制文的頒下時間是在唐昭宗時期。制文標題是「內中」，所以以下夫人都是「內夫人」。齊國夫人、扶風郡夫人、高陽郡夫人並封爲婕妤，樂安郡、新秦郡、廣陵郡、太丘郡、雲安郡五夫人加封爲秦、晉、楚、越、燕國夫人。前三人從內夫人轉爲內官，表示兩者之間的進遷已經不再如唐懿宗時困難。從郡夫人進封國夫人，也表示內夫人系統內也有進遷。

唐昭宗乾寧二年（895）因王珙、王珂爭河中節度使之位。五月，李茂貞、王行瑜、韓建各率精兵數千人入京示威。七月，李克用「舉軍渡河，以討王行瑜、李茂貞、韓建等稱兵詣闕之罪。」〔註124〕李克用勝利之後唐昭宗將魏國夫人賜給李克用，「魏國夫人陳氏，才色冠後宮；戊子，上以賜李克用。」〔註125〕《舊五代史》卷四九《唐書・后妃傳》記載：「魏國夫人陳氏，襄州人，本昭宗之宮嬪也。乾寧二年，武皇奉詔討王行瑜，駐軍於渭北，昭宗降朱書御札，出陳氏及內妓四人以賜武皇。」〔註126〕根據第二章的分析「嬪」本是對妃以下皇帝配偶的總稱，所以魏國夫人也是內夫人。

〔註120〕《全唐文補遺》第二輯，第 79 頁。
〔註121〕《文苑英華》卷四一九《中書制誥》，第 2120 頁。
〔註122〕《新唐書》卷一七七《錢珝傳》，第 5273 頁。
〔註123〕參見《新唐書》卷一一六《王摶傳》，第 4227 頁。
〔註124〕《舊唐書》卷二〇上《昭宗本紀》，第 754 頁。
〔註125〕《資治通鑑》卷二六〇，唐昭宗乾寧二年七月條，第 8476 頁。
〔註126〕《舊五代史》卷四九《唐書・后妃傳》，第 673 頁。《五代會要》卷一「內職」條記載有：「魏國夫人陳氏。」，第 15 頁。

還有一種更爲複雜的情況出現。上文所引《唐會要》天祐二年（905）九月內出宣旨云：「『妳婆楊氏可賜號昭儀，妳婆王氏可封郡夫人，第二妳婆王氏先帝已封郡夫人，準楊氏例改封。』中書奏議言：『乳母古無封夫人賜內職之例，近代因循，殊乖典故。……』從之。」〔註127〕據文義判斷楊氏可能已經是郡夫人，然後在此基礎之上賜號昭儀。王氏準楊氏例也要賜內官位號。中書奏議所言尤其值得注意：「封夫人賜內職」即「封號＋內官位號」並非始創於天祐二年，而是「近代因循」，也就是說在唐末以來已經多有出現。從第三章所論五代已經較多出現「位號＋封號」這類內職模式，如果溯其淵源當在唐末。

（三）唐末動蕩政局中的內夫人

唐末昭宗時期政局動蕩多變，盛唐氣象已成爲歷史記憶，昭宗本人更是成爲宦官和藩鎮的傀儡，惶惶如喪家之犬。就是此紛雜亂世中內夫人還曾扮演過重要的歷史角色。

在唐末南衙北司之爭依然繼續，乾寧二年（895）鳳翔節度使李茂貞和邠寧節度使王行瑜曾對唐昭宗言：「南北司相傾，深蠧時政。」〔註128〕但是隨著時局的動蕩、皇權的衰落，以皇權爲權力保障的宦官集團也趨於式微。以崔胤爲首的南衙集團向其發起一次又一次的攻擊。

天復元年（901）閏六月，「崔胤請上盡誅宦官，但以宮人掌內諸司事；宦官屬耳，頗聞之，韓全誨等涕泣求哀於上，上乃令胤，『有事封疏以聞，勿口奏。』宦官求美女知書者數人，內之宮中，陰令伺察其事，盡得胤密謀，上不之覺也。」〔註129〕宦官之害爲唐代士大夫所共知，崔胤由於朱全忠成爲其政治靠山，便有誅滅宦官的打算，不過他的想法是不計後果的「盡誅」。但是在當時內諸司使已經成爲官僚系統中重要的一個環節，突然全部廢去，必然導致中央行政運作體制的失靈。崔胤並非不知其中利害，關於此運作環節的眞空，他選擇由宮人取代。我們認爲此處宮人所指除六尚諸司外，內夫人也是重要力量。

但崔胤天復元年的計劃由於泄密而宣告失敗，此舉反而導致打草驚蛇。

〔註127〕《舊唐書》卷二〇下《哀宗本紀》，第799頁。《唐會要》卷三「內職雜錄」條，記載與此相同，並有明確時間是「九月六日」。

〔註128〕《舊唐書》卷二〇上《昭宗本紀》，第753頁。

〔註129〕《資治通鑑》卷二六二，唐昭宗天復元年閏六月條，第8555頁。

當時朱全忠和李茂貞都有挾天子以令諸侯的打算，以韓全誨為首的宦官集團最終選擇投靠李茂貞。崔胤知道計劃泄露後給朱全忠去書信，勸其以奉天子密詔為由進京迎車駕。同年十月，朱全忠兵發大梁。「韓全誨聞朱全忠將至，丁酉，令李繼誨、李彥弼等勒兵劫上，請幸鳳翔，宮禁諸門皆增兵防守，人及文書出入搜閱甚嚴。」在這個緊張時刻，「上遣趙國夫人出語韓偓：『朝來彥弼輩無禮極甚，欲召卿對，其勢未可。』且言：『上與皇后但涕泣相同。』自是，學士不復得對矣。」〔註130〕這裡的趙國夫人兩《唐書・昭宗本紀》都記為「趙國夫人寵顏」，我們認為就是「內夫人」。十一月，中尉韓全誨與鳳翔護駕都將李繼誨劫天子「出幸」奉天。

天復二年（902）十一月，車駕仍在鳳翔，李茂貞對朱全忠的進攻逐漸力不能支。「甲辰，上使趙國夫人訶學士院二使皆不在，亟召韓偓、姚洎，竊見之於土門外，執手相泣。洎請上速還，恐為它人所見；上遽去。」〔註131〕胡三省注曰：「時韓全誨等使二中使監學士院，以防上與之密議國事，兼掌傳宣回奏。」

天復三年（903）正月己酉，「遣韓偓及趙國夫人詣全忠營；又遣使囊全誨等二十餘人首以示全忠。」〔註132〕

「甲寅，鳳翔始啓城門。丙辰，全忠巡諸寨，至城北，有鳳翔兵自北山下，全忠疑其逼己，遣兵擊之，擒其將李繼欽。上遣趙國夫人、馮翊夫人詣全忠營詰其故，全忠遣親吏蔣玄暉奉表入奏。」〔註133〕

庚午，「全忠以兵驅宦官第五可範等數百人於內侍省，盡殺之，冤號之聲，徹於內外。其出使外方者，詔所在收捕誅之，止留黃衣幼弱者三十人以備灑掃。又詔成德節度使王鎔選進五十人充敕使，取其土風深厚，人性謹樸也。上愍可範等或無罪，為文祭之。自是宣傳詔命，皆令宮人出入。」〔註134〕《舊唐書・后妃傳下》記載：「自岐下還京，崔胤盡誅黃門宦官，每宣諭宰臣，但令宮嬪來往。」〔註135〕

〔註130〕《資治通鑑》卷二六二，唐昭宗天復元年十月條，第8559頁。
〔註131〕《資治通鑑》卷二六三，唐昭宗天復二年十一月甲辰條，第8585頁。
〔註132〕《資治通鑑》卷二六三，唐昭宗天復三年正月己酉條，第8592頁。《舊唐書》卷二○上《昭宗本紀》記載：「上又令戶部侍郎韓偓、趙國夫人寵顏宣諭於全忠軍。」，第775頁。筆者認為此是同一事。
〔註133〕《資治通鑑》卷二六三，唐昭宗天復三年正月甲寅條，第8593頁。
〔註134〕《資治通鑑》卷二六三，唐昭宗天復三年正月庚午條，第8595頁。
〔註135〕《舊唐書》卷五二《后妃傳下》，第2204頁。

　　依上所論我們可以看出在正式使用宮人宣傳詔命之前，已經有「內夫人」宣傳詔命情況的存在。主要原因在於宦官此時已得不到皇帝的依靠和信任，反而「內夫人」更值得信任。

　　天祐元年（904）「三月丁未，以朱全忠兼判左、右神策及六軍諸衛事。癸丑，全忠置酒私第，邀上臨幸。乙卯，全忠辭上，先赴洛陽督修宮室。上與之宴群臣，既罷，上獨留全忠及忠武節度使韓建飲，皇后出，自捧玉巵以飲全忠。晉國夫人可證附上耳語。建躡全忠足，全忠以爲圖己，不飲，陽醉而出。」〔註136〕

　　四月，「癸巳，帝遣晉國夫人可證傳詔諭全忠，言中宮誕蓐未安，取十月入洛陽宮。」〔註137〕晉國夫人可證有宣傳詔命的職能。

　　閏四月，「丁酉，車駕發陝；壬寅，全忠逆於新安。上之在陝也，司天監奏：『星氣有變，期在今秋，不利東行。』故上欲以十月幸洛。至是，全忠令醫官許昭遠告醫官使閻祐之、司天監王墀、內都知韋周、晉國夫人可證等謀害元帥，悉收殺之。」〔註138〕在晉國夫人向唐昭宗耳語後，朱全忠之所以產生「圖己」之憂，就是因爲這個時候晉國夫人有宣傳詔命的職能，同時在酒席之上又有如此詭秘的舉止，最後以「謀害元帥」之罪被殺，可見並非全是空穴來風的事情。

　　宮人充內諸司使的職能在天祐元年閏四月晉國夫人被殺之後也隨之取消。「戊申，敕內諸司惟留宣徽等九使外，餘皆停廢，仍不以內夫人充使。」〔註139〕《舊唐書・昭宗本紀》記載爲：「戊申，敕今後除留宣徽兩院、小馬坊、豐德庫、御厨、客省、閤門、飛龍、莊宅九使外，其餘並停。內園冰井公事委河南尹，仍不差內夫人傳宣。」〔註140〕不過這裡透露出一個信息，之前宣傳詔命和充內諸司使的是「內夫人」。

　　內夫人宣傳詔命職能被取消的時間是在天祐二年十二月。此月辛丑日，下敕曰：「宮嬪女職，本備內任，近年已來，稍失儀制。宮人出內宣命，朶御參隨視朝，乃失舊規，須爲永制。今後每遇延英坐朝日，只令小黃門祗候引

〔註136〕《資治通鑒》卷二六四，唐昭宗天祐元年三月條，第8629頁。
〔註137〕《舊唐書》卷二〇上《昭宗本紀》，第778頁。
〔註138〕《資治通鑒》卷二六四，唐昭宗天祐元年閏四月條，第8630頁。
〔註139〕《資治通鑒》卷二六四，唐昭宗天祐元年閏四月戊申條，第8631頁。
〔註140〕《舊唐書》卷二〇上《昭宗本紀》，第780頁。

從，宮人不得擅出內門，庶循典儀，免至紛雜。」〔註141〕因此內夫人宣傳詔命的時間是從天復三年（903）正月到天祐二年（905）十二月，將近三年。

　　唐昭宗還有一位內夫人河東郡夫人裴貞一。天祐元年（904）八月壬寅夜，朱全忠派左龍武統軍朱友恭、右龍武統軍氏叔琮、樞密使蔣玄暉弒唐昭宗於椒殿。事情經過如下：「帝自離長安，日憂不測，與皇后、內人唯沉飲自寬。是月壬寅，全忠令判官李振自河中至洛陽，與友恭等圖之。是夜二鼓，蔣玄暉選龍武衙官史太等百人叩內門，言軍前有急奏面見上。內門開，玄暉每門留卒十人，至椒殿院，貞一夫人啓關，謂玄暉曰：『急奏不應以卒來。』史太執貞一殺之，急趨殿下。玄暉曰：『至尊何在？』昭儀李漸榮臨軒謂玄暉曰：『院使莫傷官家，寧殺我輩。』帝方醉，聞之遽起。史太持劍入椒殿，帝單衣旋柱而走，太追而弒之。漸榮以身護帝，亦爲太所殺。復執何皇后，將害之。后求哀於玄暉，玄暉以全忠止令害帝，釋后而去。」〔註142〕八月己酉日，「矯制曰：『昭儀李漸榮、河東夫人裴貞一，今月十一日夜持刃謀逆，懼罪投井而死，宜追削爲悖逆庶人。』」〔註143〕這裡的河東夫人應該加一個「郡」字。在唐昭宗生命的最後時刻，是河東郡夫人裴貞一和昭儀李漸榮陪在身邊。

三、小結

　　本章第一節梳理唐代宮外的「國夫人」目的有二：第一，證明國夫人、郡夫人等外命婦封號，並未因宮內出現這些封號而廢止使用。第二，試圖在尋找宮內與宮外的國夫人有無重合，即某女子是臣下之妻但被皇帝納入宮中而繼續使用外命婦封號。事實證明非此。總結而言，唐代宮外被封爲「國夫人」的有四種情況：因崇重妻族而封授，因夫或子而獲封授，對周邊民族首領夫人的封授，對皇帝乳母的封授。

　　從目前所見的史料可證明在唐中宗時期宮內的宮官便有假借外命婦封號的情況出現。而此點《唐六典》中未見有相關制度記載。唐後期的宋氏姊妹也同樣證明此點。我們認爲這種情況類似於唐代職事官與散官的區分。宮官

〔註141〕《舊唐書》卷二〇下《哀宗本紀》，第 804 頁。《唐會要》卷三「內職雜錄」條，有與此相類似的記載，「其年十二月，敕宮嬪女職，本備內任，近年已來，稍失禮儀。今後每遇延英坐朝日，只令小黃門祇候引從，宮人不得擅出內。」，第 35 頁。
〔註142〕《舊唐書》卷二〇上《昭宗本紀》，第 782 頁。
〔註143〕《舊唐書》卷二〇下《哀宗本紀》，第 786 頁。

是職事官而外命婦封號散官，被封爲國夫人不僅是一種地位品級的象徵，可能還享有同級外命婦的待遇。

唐後期內官發生的變化傳統史料中並未有明確的記載，但是新出的唐代墓誌爲我們提供了此方面的信息。如唐宣宗的南安郡夫人仇氏，未有妃嬪位號僅有外命婦封號，但卻爲宣宗生育有一女一男。此外唐懿宗的楚國夫人楊氏、韓國夫人王氏也爲皇帝生育子嗣，是皇帝配偶無疑。可見在唐後期存在宮內女子假借外命婦封號而作爲皇帝配偶的情況。我們稱這種情況爲「內夫人」。從墓誌記載來看仇氏、楊氏、王氏並無宮官職號，僅有外命婦封號。三人均是在去世以後才被贈才人、貴妃、德妃位號，可見內夫人與內官之間存在明顯的等級差距，在世時進遷較爲困難。如楊氏被贈爲貴妃，一方面可見皇帝對其的寵愛，另一方面可能也有無可奈何的情感在裏面。內夫人與內官之間身份轉換明顯受到制度束縛。

但從唐昭宗開始兩者之間的鴻溝似乎在逐漸縮短，出現交叉和融合。如唐昭宗時中書舍人知制誥錢珝所撰《內中齊國夫人扶風高陽郡夫人並封婕妤樂安郡新秦郡廣陵郡太丘郡雲安郡五夫人並加封秦晉楚越燕國夫人制》，就出現齊國夫人、扶風郡夫人、高陽郡夫人並封爲婕妤的情況，可見制度出現鬆動。所以在五代就出現昭儀、昭容、才人等內官被有封號的情況。內夫人也有進遷，如樂安郡、新秦郡、廣陵郡、太丘郡、雲安郡五夫人就加封爲秦、晉、楚、越、燕國夫人。內夫人中有無縣君和郡君尚難確定。

關於唐代後期的內官制度出現這種變化的原因，吳麗娛、陳麗萍先生在《從太后改姓看晚唐后妃的結構變遷與地位繼承》中有所揭示。兩位先生認爲原因是多方面的，但其中原因之一是晚唐的皇帝多是直接來自於十六宅的諸王，沒有被立爲太子的經歷，而其嬪御也多是宅內的宮人。而這些宮人地位比較低下，皇帝冊她們爲內官實在存在困難，因此只好用外命婦封號稱之。〔註144〕我們需要補充的是根據上文的研究，在唐前期宮內的宮官就有假借外命婦封號被封授的情況，所以內夫人的性質可能是介於內官與宮官之間的新系統。無內官位號而行內官之實，無宮官職號而與宮官封授情況相同。

唐昭宗天復元三年（903）正月，朱全忠殺宦官數百人，使得原本正常運轉的行政機制出現眞空，而宮人填補了此環節。而比較重要的職能如「宣傳

〔註144〕吳麗娛、陳麗萍：《從太后改姓看晚唐后妃的結構變遷與帝位繼承》，第 382 ～389 頁。

詔命」和「充內諸司使」是由內夫人來擔任。此點也是唐前期宮官與宦官權力消長的再次反映。雖然天祐二年（905）十二月頒敕不差內夫人傳宣，但宦官的權力直至宋代仍未有恢復，而宮官在宋代則成爲尙書內省女官在宮內協助皇帝處理政務文書。宋代之制的淵源或在於此時。

第六章　五代十國時期的「國夫人」研究

　　關於五代時期宮內的國夫人，第三章論述已基本詳盡，所以本章不再討論。如與唐代的情況相比較，五代的特點就是妃以下內官才加封號，而且趨於成為一種定制。而唐代如南安郡夫人、楚國夫人、魏國夫人僅具有此封號，沒有宮官職號。特別研究五代時期宮外的國夫人和十國的國夫人是為尋找一種對比，以期彰顯內外之間的不同。

一、五代時期宮外的「國夫人」

　　在五代時，國夫人、郡夫人等封號既然已經加於內官和宮官，那麼在宮外其作為外命婦的封號還是否仍在使用呢？答案是肯定的。《五代會要》卷一四「司封」條中詳細記載後唐對外命婦敘封的制度。茲引概要如下：

　　　　後唐同光二年九月二十八日奏：

　　　　當司奉今年三月二十八日敕：「內外文武官母、妻，可據品秩高卑封邑號者。」當司檢會舊起請敘封條貫如後：

　　　　一、準舊條，應內外文武及致仕官母、妻，敘封進封邑號者，或遇特敕，別加獎封外，其餘官據官階齊五品，母為縣太君，妻為縣君；官階齊四品、進封母為郡太君，妻為郡君；官階齊三品，母進封為郡太夫人，妻為郡夫人。如未經封邑，雖位至三品，亦以從初而敘。……〔註1〕

〔註 1〕《五代會要》卷一四「司封」條，第 235～236 頁。

此條材料並未見封國夫人之標準，但也沒有記載一、二品之封授，蓋同於唐代。後晉的情況是：

> 其年（晉天福二年）十二月敕：「應內外文武臣僚，父母在，如子品秩及格，各與加恩。若在朝列者，父與致仕官，母與敘封郡邑號。其外四品以上，節度團練防禦使、刺史，父與致仕官，其餘與同正官，母與敘封郡邑封。……〔註2〕

後晉大體應當同於後唐，具體情況略有不同。後漢的情況是：

> 漢天福十二年九月，尚書司封奏：「當司合行事件如後：皇太后三代祖母並追封國太夫人。皇太子三代外祖母、宗室郡國王曾祖母，亦追封國太夫人。中書門下二品及平章事、在朝正一品官、使相曾祖母、祖母亡，並追封國太夫人；如母在，敘母為國太夫人，妻為國夫人。〔註3〕

後漢封國夫人的標準是「中書門下二品及平章事」、「在朝正一品官」「使相」之母、妻，當然還有異姓王之母妻，這應該隨著唐後期制度發生的新變化而制定的不同於《唐六典》的新標準。杜文玉先生曾在《五代敘封制度初探》〔註4〕中對五代敘封的條件、原則、範圍、對象、期限和擔保制度均做過專門研究，可資參看。

接下將對五代時期宮外「國夫人」的封授情況給予分類。

（一）王之妻被封為「國夫人」

開元八年五月，唐玄宗曾頒佈敕文：「準令王妻為妃，文武官及國公妻為國夫人。……但王者名器，殊恩或頒異姓，妻合從夫受秩，《甲令》更無別條。率循舊章，須依往例。自今已後，郡嗣王及異姓王母妻，並宜準令為妃。」〔註5〕可見唐代無論是同姓王還是異姓王，母妻都是妃。但是唐末禮崩樂壞，異姓王頻頻出現。隨之改變的是在文獻中諸王之妻往往被稱為「某國夫人」，而不是妃。尤其是墓誌中幾乎見不到「妃」的稱謂。書寫方式的不同，體現出時人對封號的重視程度。接下來詳細論之。

〔註2〕《五代會要》卷一四「司封」條，第241頁。
〔註3〕《五代會要》卷一四「司封」條，第241頁。
〔註4〕杜文玉：《五代敘封制度初探》，《史學月刊》，2003年第10期。
〔註5〕《通典》卷三四《職官》「后妃」條，第950頁。

錢鏐在唐昭宗朝「位至太師、中書令、本郡王，食邑二萬戶。」〔註6〕其妻先稱燕國夫人後進封為晉國夫人。〔註7〕

《舊唐書・昭宗本紀》記載：「又以忠義軍節度、山南東道管內觀察處置三司水陸發運等使、開府儀同三司、檢校太尉、中書令、兼襄州刺史、上柱國、南平王、食邑三千戶趙匡凝可檢校太師、兼中書令，加實封一百戶。」〔註8〕其妻封燕國夫人〔註9〕。

光化中，李茂貞被封為尚書令、岐王，〔註10〕其妻劉氏被封為岐國夫人〔註11〕。

《新五代史・唐太祖家人傳》記載：「太祖正室劉氏，代北人也；其次妃曹氏，太原人也。太祖封晉王，劉氏封秦國夫人。……曹氏封晉國夫人，後生子，是謂莊宗，太祖奇之，曹氏由是專寵。」〔註12〕《舊五代史》卷四九《唐書・后妃列傳》記載曹太后：「太后初封晉國夫人，莊宗即位，命宰臣盧損奉冊書上皇太后尊號。」〔註13〕

《新五代史・漢家人傳》記載：「高祖皇后李氏，晉陽人也，其父為農。高祖少為軍卒，牧馬晉陽，夜入其家劫取之。高祖已貴，封魏國夫人，生隱帝。……高祖即位，立為皇后。」〔註14〕《舊五代史・漢書・后妃傳》記載：「及高祖領藩鎮，累封魏國夫人。」〔註15〕《新五代史・後漢高祖本紀》記載：「知遠從高祖起太原，有佐命功，自出帝立，與契丹絕盟，用兵北方，常疑知遠勛位已高，幸晉多故而有異志，每優尊之。拜中書令，封太原王、幽州道行營招討使，又拜北面行營都統。開運二年四月，封北平王。」〔註16〕後漢高祖也是被封為王，妻被封為魏國夫人。

〔註6〕　《舊五代史》卷一三三《世系列傳第二》，第1768頁。
〔註7〕　《文苑英華》卷四一九《中書制誥・命婦・浙西節度使錢鏐妻燕國夫人吳氏進封晉國夫人制》，第2120頁。
〔註8〕　《舊唐書》卷二〇上《昭宗本紀》，第767頁。
〔註9〕　詳見《文苑英華》卷四一九《中書制誥・命婦・襄州節度使趙匡凝妻豫章郡君羅氏可進封燕國夫人制》，第2120頁。
〔註10〕　《舊五代史》卷一三二《世系列傳第一》，1739頁。
〔註11〕　《文苑英華》卷四一九《中書制誥・命婦・鳳翔節度使李茂貞妻秦國夫人劉氏進封岐國夫人制》，第2121頁。
〔註12〕　《新五代史》卷一四《唐太祖家人傳》，第141～142頁。
〔註13〕　《舊五代史》卷四九《唐書・后妃傳》，第672頁。
〔註14〕　《新五代史》卷一八《漢家人傳》，第191頁。
〔註15〕　《舊五代史》卷一〇四《漢書・后妃傳》，第1381頁。
〔註16〕　《新五代史》卷一〇《後漢高祖本紀》，第100頁。

五代同姓王之妻也稱「國夫人」。《舊五代史》卷三二《唐書·莊宗本紀》記載：「（同光二年七月）壬戌，皇子繼岌妻王氏封魏國夫人。」〔註17〕

《五代會要》卷一「皇后」條記載：「閔帝皇后孔氏。（初封魯國夫人）」〔註18〕愍帝哀皇后孔氏，「愍帝即位，立為皇后，未及冊命而難作。愍帝出奔，后病子幼，皆不能從。廢帝入立，后及四子皆見殺。晉高祖立，追諡曰哀。」〔註19〕封魯國夫人在愍帝即位之前。愍帝李從厚在長興二年，被封為宋王〔註20〕。

《新五代史·唐廢帝家人傳》記載：「廢帝皇后劉氏，父茂威，應州渾元人也。后為人強悍，廢帝素憚之。初封沛國夫人，廢帝即位，立為皇后。」〔註21〕《舊五代史》卷四九《唐書·后妃列傳》記載：「末帝劉皇后……天成中，封為沛國夫人。」〔註22〕《舊五代史·後唐末帝本紀上》記載：「（清泰元年七月）丁巳，制立沛國夫人劉氏為皇后。」〔註23〕廢帝李從珂，在唐明宗即位之初，拜為河中節度使，潞王。〔註24〕

《舊五代史》卷七八《晉書·高祖本紀》記載：「（天福四年閏七月）丁酉，故皇子河南尹重乂妻虢國夫人李氏落髮為尼，賜名悟因，仍錫紫衣、法號及夏臘二十。」〔註25〕

《舊五代史·張彥澤傳》記載：「楚國夫人丁氏，即少帝弟曹州節度使延煦之母也，有容色，彥澤使人取之。」〔註26〕《新五代史·晉家人傳》記載：「延煦、延寶，高祖諸孫也，出帝以為子。」〔註27〕石延煦不是出帝親生子，然而是高祖孫，其生父即是高祖親子，當封為王，其妻就是丁氏。

（二）因崇重妻族而封授

限於五代時期的史料有限，只找到一條史料。《舊五代史》卷四三《唐書·

〔註17〕《舊五代史》卷三二《唐書·莊宗本紀》，第 439 頁。
〔註18〕《五代會要》卷一「皇后」條，第 13 頁。
〔註19〕《新五代史》卷一五《唐明宗家人傳》，第 161 頁。
〔註20〕《新五代史》卷七《後唐愍帝本紀》，第 69 頁。
〔註21〕《新五代史》卷一六《唐廢帝家人傳》，第 171 頁。
〔註22〕《舊五代史》卷四九《唐書·后妃傳》，第 678 頁。
〔註23〕《舊五代史》卷四六《唐書·末帝本紀上》，638 頁。
〔註24〕《新五代史》卷七《後唐廢帝本紀》，第 71 頁。
〔註25〕《舊五代史》卷七八《晉書·高祖本紀》，第 1031 頁。
〔註26〕《舊五代史》卷九八《張彥澤傳》，第 1307 頁。
〔註27〕《新五代史》卷一七《晉家人傳》，第 186 頁。

明宗本紀》記載：「（長興三年四月）詔贈皇后曹氏曾祖父母已下爲太傅、太尉、太師、國夫人。淑妃王氏曾祖父祖父母已下爲太子太保、太傅、太師、國夫人。」〔註28〕

（三）因夫或子而封授

《舊五代史·馮道傳》記有《長樂老自敘》，說到：「亡曾祖諱湊，累贈至太傅，亡曾祖母崔氏，追封梁國太夫人；亡祖諱炯，累贈至太師，亡祖母褚氏，追封吳國太夫人；亡父諱良建，秘書少監致仕，累贈至尚書令，母張氏，追封魏國太夫人。」〔註29〕這屬於因夫或子而被封授的類型。

《故秦國太夫人（田氏）墓誌銘》記載：「爰適於明宗皇帝佐□□□□昭義軍□□〔節度〕使、贈尚書令韓王王公。王□天業茂，致國□勳高。一秉洪鈞，六□□鎮。金鐘鏤德，玉□流（下泐蝕不清）累封魏國夫人。……有令子一人守恩□，今太師相□洛川居守也。……俄屬中朝失御，賊虜亂華。拘天子於龍堆，噬生靈於虎口。公乘時奮發，嘯聚英豪。……是用授公特進、檢校太尉、昭義軍節度使，母進封秦國太夫人。……天福十三年戊申歲正月二十二日，薨於新平公廨之正寢，享年六十六歲。」〔註30〕

考《新五代史》田氏之夫是王建立，《新五代史·王建立傳》記載：唐明宗爲代州刺史時，王建立爲虞候將。明宗即位，拜爲節度使、檢校太尉、同中書門下平章事。「晉高祖時，徙鎮平盧。天福五年來朝，……又徙昭義，賜以玉斧、蜀馬。累封韓王。……卒年七十，贈尚書令。」〔註31〕這就是誌文中所說「昭義軍□□（節度）使、贈尚書令韓王王公」的由來。誌文中所說其子王守恩之事，在《王建立傳》中亦有記載：「建立已卒，家於潞，守恩自京師得告歸，而契丹滅晉。昭義節度使張從恩與守恩姻家，乃以守恩權巡檢使，以守潞州，而從恩入見契丹。從恩既去，守恩因剽劫從恩家資，以潞州降漢。漢高祖即位，以守恩爲昭義軍節度使，徙鎮靜難、西京留守，加同中書門下平章事。」〔註32〕傳中沒有記載王守恩拜「特進、檢校太尉、昭義軍節度使」之事，懷疑是在後漢高祖即位之初，此可補正史之不足。

〔註28〕《舊五代史》卷四三《唐書·明宗本紀》，第591頁。
〔註29〕《舊五代史》卷一二六《馮道傳》，第1661～1662頁。
〔註30〕《全唐文補遺》第六輯，第220～221頁。
〔註31〕《新五代史》卷四六《王建立傳》，第512～513頁。
〔註32〕《新五代史》卷四六《王建立傳》，第513頁。

《（上缺）節度使守太師兼中書令魏王贈尚書令苻公（彥卿）妻故秦國太夫人清河郡張氏合祔墓誌》記載：「夫人顯有華資，罔登縣邑。特新（下缺約十一字）清河郡夫人。時不□年，又進封夫人爲沛郡夫人。次年十一月，晉太后（下缺約十一字）榮曜清門……至開運□年，先王□加使□，當年（下缺約九子）夫人。至漢乾祐元年，又進封夫人爲魯國夫人。……夫人爲魏國夫人。……因又進夫人爲晉國夫人。（下缺約十字）方躬臨四海，將榮外戚，復隆優恩，進封夫人爲秦國夫人。」〔註33〕

國夫人和郡夫人之封，屬於外命婦性質的情況還見《晉故夔州節度使西方大德母□□郡太夫人劉氏墓誌銘》記載：「以子蔭而受彭城郡太夫人之號。……次男□，夔州節度使。新婦天水郡夫人□氏。」〔註34〕

《新五代史・周太祖家人傳》記載：「貴妃張氏……久之，太祖事漢高祖於太原，楊夫人卒，而武氏子亦卒，乃納妃爲繼室。太祖貴，累封吳國夫人。太祖以兵入京師，漢遣劉銖戮其家，妃與諸子皆死。太祖即位，追冊爲貴妃。」〔註35〕此亦爲外命婦性質。

（四）特殊情況下的封授

《舊五代史・周書・太祖本紀》記載：「（廣順二年十一月）壬戌，樞密使王峻亡妻崔氏，追封趙國夫人，非故事也。」〔註36〕

《舊五代史・周書・太祖本紀》記載：「帝未及齠齔，章德太后蚤世，姨母楚國夫人韓氏提携鞠養。」〔註37〕《舊五代史・周書・太祖本紀》記載：「（廣順二年九月）帝姨母韓氏追封楚國夫人。」〔註38〕《冊府元龜・帝王部》「尊乳保」條記載爲：「周太祖廣順二年九月癸未，制：『……故南陽郡韓氏，婉淑局貞，賢明重範，奉嬪率禮，興家道於仁孝之基，諸母推恩，撫朕躬於幼沖之歲。……可追封出國太夫人。』太祖孩幼而孤，楚國撫視教道有恩，故有是命。」〔註39〕韓氏實爲後周太祖之姨母，不是乳保，《冊府元龜》有誤。

〔註33〕《全唐文補遺》第七輯，第 198 頁。
〔註34〕《全唐文補遺》第七輯，第 441 頁。
〔註35〕《新五代史》卷一九《周太祖家人傳》，第 198 頁。
〔註36〕《舊五代史》卷一一○《周書・太祖本紀》，第 1486 頁。
〔註37〕《舊五代史》卷一一○《周書・太祖本紀》，第 1448 頁。
〔註38〕《舊五代史》卷一一○《周書・太祖本紀》，第 1485 頁。
〔註39〕《冊府元龜》卷三八《帝王部》「尊乳保」條，第 407 頁。

二、十國時期的「國夫人」

上文已揭內官、宮官兼國夫人和郡夫人等封號唐代已有出現，而普遍出現是在五代時。但這種改變對十國的影響有限。

（一）南唐

關於十國「內夫人」的材料微乎其微，只在南唐時期有數條史料。

《馬氏南唐書・女憲傳》記載：

> （光穆鍾后）乾德三年，聖尊后殂，葬順陵，諡光穆。嗚呼！南唐建國，始僭皇后之號，及其衰削，猶有國后之稱。至於六宮品秩，雖無所考，而內夫人之品，保儀之秩，各因事見。其餘名號，僭擬天子，亦可知矣。〔註40〕

這句話說明，在南唐時期確實存有內夫人，這種制度自然沿襲於唐代，但是六宮妃嬪的品秩在北宋時已無從考證，內夫人的具體情況宋人已經不甚明瞭，只有保儀之號〔註41〕。

《馬氏南唐書・李德誠傳》記載：「昇元中，德誠自洪州入朝。烈祖以德誠前代功臣，父子皆參佐，命優禮之。聞其來觀，遣內夫人迎於道。（本注曰：六宮之職，因事以書其僭。）」〔註42〕《陸氏南唐書・李德誠傳》記載：「自洪州入觀，烈祖命宮人逆勞於途，百官班謁於都門。」〔註43〕前者記為「內夫人」，後者記為「宮人」，應當是指同一類人。雖然說是「僭越」的特殊禮待，但是從唐代開始內夫人就有傳遞詔命和出使等職能來看，亦有前例可循。

《十國春秋・南唐・烈祖順妃王氏傳》記載：「順妃王氏，烈祖之故配也。……累封魏國君。未幾薨，義祖為感歎者久之。及開國，追封順妃。」〔註44〕

《陸氏南唐書・烈祖元敬皇后宋氏傳》記載：「烈祖元敬皇后宋氏，小名福金。父韞，江夏人，后幼流離亂兵中。昇州刺史王戎得后，烈祖取戎女，後為媵，得幸，生元宗。王氏早卒，義祖命烈祖以為繼室，封廣平郡君，晉國君。治內有法，不妄言笑。義祖殂於金陵，烈祖在東都，將奔喪，后密以

〔註40〕《馬氏南唐書》卷六《女憲傳》，第 3 頁。
〔註41〕《陸氏南唐書》、《馬氏南唐書》中都有對「保儀黃氏」的記載，詳見第三章。
〔註42〕《馬氏南唐書》卷九《李德誠傳》。
〔註43〕《陸氏南唐書》卷六《李德誠傳》。
〔註44〕《十國春秋》卷一八《南唐・烈祖順妃王氏傳》，第 261 頁。

大計諫止焉。烈祖爲齊王，封正妃，及受禪，立爲后懷，從容裨贊。」〔註45〕

這裡的「魏國君」和「晉國君」應該是「魏國夫人」和「晉國夫人」，懷疑是史書誤記。這裡的國夫人之封都是在李昇爲齊王之前，因此是外命婦之封。

《馬氏南唐書‧女憲傳》記載：「鍾氏始封縣君，累加國夫人。昇元中，封齊王妃。嗣主即位，冊爲皇后。」〔註46〕《十國春秋‧南唐‧光穆皇后鍾氏傳》記載：「光穆皇后鍾氏。……始封縣君，累加國夫人。昇元中，封齊王妃。元宗即位，立爲皇后。」〔註47〕這裡又出現「國夫人」，可證上面「君」之誤。此亦是外命婦之封。

《十國春秋‧南唐‧吳國太夫人凌氏傳》記載：「凌氏，元宗後宮，生韓王從善，隨後王北遷，封爲吳國太夫人。」〔註48〕《十國春秋‧南唐‧繼國後周氏傳》記載：「國亡，隨後主北遷，封鄭國夫人。」〔註49〕二人都是在北宋時期封授。因此未見南唐有證明宮內國夫人存在的材料。

（二）前蜀與後蜀

《十國春秋‧前蜀‧翊聖皇太妃徐氏傳》記載：「翊聖皇太妃徐氏，耕次女也。高祖時進位淑妃，宮中稱爲花蕊夫人，亦曰小徐妃。光天元年夏六月，尊爲皇太妃。」〔註50〕

《十國春秋‧前蜀‧昭儀李氏傳》記載：「昭儀李氏，名舜弦，梓州人。酷有辭藻，後主立爲昭儀，世所稱李舜弦夫人也。」〔註51〕

《十國春秋‧後蜀‧慧妃徐氏傳》記載：「慧妃徐氏，青城人。幼有才色，父國璋納於後主，後主嬖之，拜貴妃，別號花蕊夫人，又升號慧妃。」〔註52〕

這裡有兩位「花蕊夫人」和「李舜弦夫人」之稱，三人都帶正式妃嬪稱號，這裡多是別號，未見封有「國夫人」之號，是否屬於內夫人尚不能肯定，或爲蜀國的特殊發明，慎重起見，此處存疑。

〔註45〕《陸氏南唐書》卷一三《烈祖元敬皇后宋氏傳》，第1頁。
〔註46〕《馬氏南唐書》卷六《女憲傳》，第3頁。
〔註47〕《十國春秋》卷一八《南唐‧光穆皇后種氏傳》，第263頁。
〔註48〕《十國春秋》卷一八《南唐‧吳國太夫人凌氏傳》，第264頁。
〔註49〕《十國春秋》卷一八《南唐‧繼國後周氏傳》，第268頁。
〔註50〕《十國春秋》卷三八《前蜀‧翊聖皇太妃徐氏傳》，第560頁。
〔註51〕《十國春秋》卷三八《前蜀‧昭儀李氏傳》，第562頁。
〔註52〕《十國春秋》卷五〇《後蜀‧慧妃徐氏傳》，第748頁。

（三）南漢

《新五代史・南漢世家》記載：「（南漢乾亨三年）冊越國夫人馬氏爲皇后。馬氏，楚王殷女也。」〔註53〕《十國春秋・南漢・高祖皇后馬氏傳》記載：「高祖皇后馬氏，楚武穆王女也。……后既歸嶺南，高祖改元乾亨，稱越帝，封后爲越國夫人。明年，更國號曰漢。三年，冊爲皇后。大有七年殂。」〔註54〕馬氏高祖即位之初被封爲越國夫人，但是到第三年才轉封皇后，爲何稱帝伊始之時，不直接封皇后呢？筆者懷疑此時封爲「越國夫人」仍是王之妻的性質，正式封爲皇后可能是出於對馬楚外交上的考慮。

另外《十國春秋・南漢・武皇后韋氏傳》記載：「后先封□國夫人，乾亨初追尊爲武皇后。」〔註55〕這裡的國夫人可能也是具有外命婦的性質。

（四）閩

《十國春秋・閩・秦國太夫人董氏傳》記載：「后以太祖貴，累封秦國太夫人。」〔註56〕董氏是王審知之母，此處之封當爲外命婦。

《十國春秋・閩・太祖后任氏傳》記載：「太祖時，封□國夫人。……龍啓初，追崇曰□□皇后。」〔註57〕

《梁忠勤守志興國功臣威武軍節度使太師守中書令食邑一萬三千戶實封玖百戶閩王琅玡王公（審知）夫人魏國尚賢夫人樂安任氏（內明）墓誌銘》，記載：「明廷以從爵之禮，命婦之榮，始封樂安縣君，次授樂安郡君，旋進封本郡夫人。而將相恩例，宜乎封國，乃進圖國夫人。仍歲之後，復改封吳國。□以蘊孝悌宜家之美，抱貞淑舉柁之賢，乃擇大國以封崇，正母儀之徽□。光於壺闈，顯彼君恩，俄別號授魏國尚賢夫人。……以貞明四年五月二十一日，薨於福府之正寢，享年五十有四。」〔註58〕墓誌中的年號貞明是後梁末帝的年號，因此任氏的封授都帶有外命婦的性質，魏國尚賢夫人屬於異姓王妻爲國夫人的類型。

《十國春秋・閩・太后黃氏傳》記載：「唐明宗封魯國夫人……龍啓初，尊爲皇太后。」〔註59〕仍爲外命婦性質。

〔註53〕《新五代史》卷六五《南漢世家》，第812頁。
〔註54〕《十國春秋》卷六一《南漢・高祖皇后馬氏傳》，第878頁。
〔註55〕《十國春秋》卷六一《南漢・武皇后韋氏傳》，第877～878頁。
〔註56〕《十國春秋》卷九四《閩・秦國太夫人董氏傳》，第1358頁。
〔註57〕《十國春秋》卷九四《閩・太祖后任氏傳》，第1358頁。
〔註58〕《全唐文補遺》第七輯，第438頁。
〔註59〕《十國春秋》卷九四《閩・太后黃氏傳》，第1358頁。

《十國春秋・閩・康宗元妃李氏傳》記載：「累封梁國夫人，康宗嬖李后，遇夫人甚薄，終於其位。」〔註60〕這裡也應該屬於外命婦性質。

《唐扶天保大忠孝功臣威武軍節度使開府儀同三司檢校太師守中書令福州大都督府長史閩王夫人故燕國明惠夫人彭城劉氏（華）墓誌》，記載：「皇考諱隱，字昭賢，起家世襲爲封州刺史、檢校司徒，入署爲清海軍節度行軍司馬。太尉齊公寢疾之際，委以兵馬留後。遣表上聞，遂即眞拜。後加中書令，進封南平王。……今燕國明惠夫人，即故南平王之仲女，太夫人嚴氏所生也。……享年三十有四，長興元年龍集庚寅春三月寢疾，至五月一日，終於府宅之皇室。」〔註61〕《十國春秋・閩・惠宗后劉氏傳》記載：「惠宗后劉氏，本漢清遠公主。貞明三年，太祖爲惠宗娶之。」〔註62〕綜上所見燕國明惠夫人劉華就是南漢烈宗劉隱之女。墓誌中年號長興是後唐明宗年號，因此燕國明惠夫人之封爲外命婦之封，屬於異姓王妻爲國夫人的類型。

（五）楚與吳越

楚、吳越史料中所見的國夫人，都屬於外命婦的性質。

《十國春秋・楚・文昭王順賢夫人彭氏傳》記載：「文昭王順賢夫人彭氏。父玕，官唐吉州刺史，梁開平末爲吳所敗，帥眾奔武穆王，武穆王憐其忠，表領郴州，且爲文昭王娶其女。文昭王繼立，彭氏累封秦國順賢夫人。」〔註63〕

《十國春秋・吳越・趙國太夫人水丘氏傳》記載：「趙國太夫人水丘氏，武肅王母也。先是，英顯王娶於母族，故兩世皆爲河南水丘氏。以武肅王貴，初封河南太君，進封吳興郡太夫人，再封秦國太夫人。……天寶初，梁追封趙國太元太夫人。」〔註64〕

《十國春秋・吳越・莊穆夫人吳氏傳》記載：「歷封燕、晉二國，至吳越國正德夫人。」〔註65〕

《十國春秋・吳越・昭懿夫人陳氏傳》記載：「昭懿夫人陳氏，文穆王母也。清泰初薨，贈晉國太夫人……」〔註66〕《十國春秋・吳越・恭穆夫人馬

〔註60〕《十國春秋》卷九四《閩・康宗元妃李氏傳》，第1361頁。
〔註61〕《全唐文補遺》第七輯，第180頁。
〔註62〕《十國春秋》卷九四《閩・惠宗后劉氏傳》，第1359頁。
〔註63〕《十國春秋》卷七一《楚・文昭王順賢夫人彭氏傳》，第984～985頁。
〔註64〕《十國春秋》卷八三《吳越・趙國太夫人水丘氏傳》，第1187頁。
〔註65〕《十國春秋》卷八三《吳越・莊穆夫人吳氏傳》，第1188頁。
〔註66〕《十國春秋》卷八三《吳越・昭懿夫人陳氏傳》，第1188頁。

氏傳》記載：「初封越國，加封吳越國莊穆夫人。」〔註67〕《十國春秋・吳越・恭懿夫人吳氏傳》記載：「乾祐二年十一月封吳越國順德太夫人。廣順二年六月薨，年四十諡曰恭懿。」〔註68〕《十國春秋・吳越・仁惠夫人許氏傳》記載：仁惠夫人許氏，「文穆王襲位，敕封吳越國夫人」〔註69〕。

　　《十國春秋・吳越・忠懿王妃孫氏傳》記載：忠懿王妃孫氏，「漢制拜夫人，周敕封吳越國賢德夫人。宋開寶五年進封賢德順睦夫人。」〔註70〕此也是外命婦性質。

　　魏國尚賢夫人、燕國明惠夫人、秦國順賢夫人、趙國太元太夫人、吳越國正德夫人、吳越國莊穆夫人、吳越國順德太夫人、吳越國賢德夫人等之「尚賢」、「明惠」、「順賢」、「太元」、「正德」、「莊穆」、「順德」、「賢德」等號，都是美名。因為原本的某國夫人的封號，已經不足以體現其等級。而宋代的兩字國夫人、十字國夫人等，字就是美名。可見在十國時期的兩字國夫人乃宋代濫觴。

〔註67〕《十國春秋》卷八三《吳越・恭穆夫人馬氏傳》，第1189頁。
〔註68〕《十國春秋》卷八三《吳越・恭懿夫人吳氏傳》，第1189頁。
〔註69〕《十國春秋》卷八三《吳越・仁惠夫人許氏傳》，第1190頁。
〔註70〕《十國春秋》卷八三《吳越・忠懿王妃孫氏傳》，第1191頁。

第七章 唐末五代內官制度變化對宋代的影響

　　治史者皆知，宋代的許多制度都打有唐末五代的烙印。如果我們試圖爲以上的研究尋找落腳點，那麼就需要將探討問題的視角下延到宋代。所以本章即延續上文研究思路，對宋代的內職制度做粗淺研究。

　　宋代沒有像《唐六典》中明確的「內官」概念，此處根據鄧小南先生的相關研究而使用「內職」一詞。鄧先生認爲宋代後宮中的內職，大體上分爲兩個系統：「一是皇后以下的妃嬪系列，或者說是狹義上的內命婦系統；一是尚書內省『六尚』系統的女官系列。」這兩個系統，我們認爲就是唐代內官和宮官系統。但是宋代繼承的是從五代以來已經趨於交叉的兩個系統，因此沒有像唐前期那樣較爲清晰的劃分。鄧先生也發現這點，她認爲這兩個系統雖然從人員和職事有明顯的區分，但是也有交互，這些女性相對於皇帝的身份，也會發生轉換。〔註1〕但具體交互是什麼，身份是如何轉換的，限於選題鄧先生並未展開論述，而此點正是本文所關注的問題。

一、宋代的內官和宮官

　　《宋史·職官志三》「司封郎中員外郎」條記載宋代內外命婦制度如下：

　　　　內命婦之品五：曰貴妃、淑妃、德妃、賢妃，曰大儀、貴儀、

〔註 1〕 鄧小南：《掩映之間：宋代尚書內省管窺》，原載《漢學研究》第 27 卷第 2 期，後收入鄧小南、曹家齊、平田茂樹主編：《文書·政令·信息溝通：以唐宋時期爲中心》，北京：北京大學出版社，2012 年，第 375～376 頁。

淑儀、淑容、順儀、順容、婉儀、婉容、昭儀、昭容、昭媛、修儀、
修容、修媛、充儀、充容、充媛，曰婕妤，曰美人，曰才人、貴人。

外〔內〕命婦之號十有四：曰大長公主，曰長公主，曰公主，曰郡
主，曰縣主，曰國夫人，曰郡夫人，曰淑人，曰碩人，曰令人，曰
恭人，曰宜人，曰安人，曰孺人。〔註2〕

這條材料給人的感覺，似乎與唐代並無多大區別，國夫人、郡夫人等依然屬
於外命婦。內命婦即為內官，但並未體現出「三夫人、九嬪、二十七世婦、
八十一御女」的周禮模式，此點證明宋代是受到五代以來拋棄此模式的影響。
但是這條材料由於字句過省，並未反映出宋代內官制度的實際情況。

《宋會要輯稿·后妃》更為詳盡地記載宋代的內官和宮官系統。

宋朝承舊制，皇后之下有：貴妃、淑妃、德妃、賢妃、昭儀、
昭容、昭媛、修儀、修容、修媛、充儀、充容、充媛、婕妤、美人、
才人。（舊有寶林、御女、采女，國朝不置。）

太祖置司簿、司賓，並封縣君，樂使並賜裙帔。

太宗置尚宮及大監，並知內省事，充內宣徽南院使兼承旨，與
司簿或封國夫人、郡夫人。寶省、尚食封縣君，司寶、司儀、司給
封郡君、縣君。樂使之下增副使。改內省為尚書內省，令、尚宮、
大監並號尚書。改祗候人為御侍，衣服為司衣，梳篦為司飾，枕被
為司寢，湯藥為司藥，樂使、副使為仙韶使、副使，弟子呼供奉，
置直筆書省主事，改茶器為翰林局，掌御閣為直閣，掌宮門為直門，
掌燈火為掌燈，掌從物為宜仗，針線院為裁縫院。令司簿兼掌寶，
司言兼監班，司儀兼承宣，掌寶、司儀及仙韶使、副使，封縣君。
司記知尚書內省公事，皆賜以君〔裙〕帔。

真宗置宮正、司籍、司樂、司贊、司珍、司膳、典寶、典言、
典贊、尚儀、尚功、尚服、尚食、尚寢、司闈、司仗、司醞、司饎、
司正、司設、司輿、司苑、司制、司綵、樂長、引客御侍、行首押
班、殿直、散直、行首、都行首、篦頭、知書省之名。景德二年，
增置太儀。大中祥符二年，特置貴人。六年，增置淑儀、淑容、順

〔註 2〕 （元）脫脫等：《宋史》卷一六三《職官志三》，北京：中華書局，1977 年，
第 3837 頁。在《校勘記》中認為「外內命婦」之「內」是衍字。

儀、順容、婉儀、婉客〔容〕，在昭儀之上。司宮令一員，在尚宮之上。

仁宗乾興元年，置貴儀，在淑儀之上。

凡內命婦品：貴妃、淑妃、德妃、賢妃（夫人，正一品）；太儀、貴儀、淑儀、淑容、順儀、順容、婉儀、婉容、昭儀、昭容、昭媛、修儀、修容、修媛、充儀、充容、充媛（嬪，正二品）；婕妤（正三品）；美人（正四品）；才人（正五品）；貴人（無視品）。宮人女官品：六尚書（正五品）；二十四司、司正、彤史〔（正六品）；二十四典〕〔註3〕（正七品）；二十四掌（正八品）；女史（流外勳品）。

凡宮人女官職員：尚宮二人（掌導引皇后，管司記、司言、司簿、司闈，仍總知五尚須物出納等事）。司記，（二人，掌在內諸司文書入齣目錄，爲記審訖付行監印等事，其佐有典記、掌記各二人、女史六人）；司言（二人，掌宣傳啓奏事，其佐有典言、掌言各二人、女史六人）；司簿（二人，掌宮人名簿廩賜之事，其佐有典簿、掌簿各二人，女史六人）；司闈（六人，掌宮闈管籥之事，其佐有典闈、掌闈各六人、女史四人）。

尚儀二人（掌禮儀起居，管司籍、司樂、司賓、司贊事）。司籍（二人，掌經籍教學紙筆几案之類，其佐有典籍、掌籍各二人、女史十人）；司樂（四人，掌音集之事，其佐有典樂、掌集各四人、女史二人）；司賓（二人，掌賓客參見朝會引導之事，其佐有典賓、掌賓、女史各二人）；司贊（二人，掌禮儀班序、設版、贊拜之事，其佐有典贊、掌贊、女史、彤史各二人）。

尚服二人（掌司寶、司衣、司飾、司仗之事）。司寶（二人，掌珍寶、符契、圖籍之事，其佐有典寶、掌寶各二人、女史共四人）；司衣（二人，掌御衣服首飾之事，其佐有典衣、掌衣各二人、女史四人）；司飾（二人，掌膏沐巾櫛服玩之事，其佐有典飾、掌飾、女史各二人）；司仗（二人，掌仗衛兵器之事，其佐有典仗、掌仗、女史各二人）。

尚食二人（掌知御膳進食先嘗，管司膳、司醞、司藥、司饎事）。司膳（二人，掌膳羞羞器血〔皿〕之事，其佐有典膳、掌膳、女史各四人）；司醞（二人，掌酒醞之事，其佐有典醞、掌醞、女史各二人）；司藥（二人，掌醫藥之事，其佐有典藥、掌藥各二人、女史四人）；司饎（二人，掌宮人食及柴炭之事，其佐有典饎、掌饎各二人、女史四人）。

尚寢二人（管司設、司輿、司苑、司燈事）。司設（二人，掌帷帳、床褥、枕席、灑掃、鋪設之事，其佐有典設、掌設各二人、女史四人）；司輿（二人，掌輿輦扇羽儀之事，其佐有典輿、掌輿、女史各二人）；司苑（二人，掌園苑種植蔬果之事，其佐有典苑、掌苑、女史各二人）；司燈（二人，掌燈油火燭之事，其佐有典燈、掌燈、女史各二人）。

尚功二人（掌女工，管司制、司珍、司綵、司計事）。司制（二人，掌裁縫衣服纂組之事，其佐有典制、掌制各二人、女史四人）；司珍（二人，掌金玉珠寶財貨之事，其佐有典珍、掌珍各二人、女史六人）；司綵（二人，掌錦文縑綵絲枲之事，其佐有典綵、掌綵各二人，女史六人）；司記（二人，掌支度衣服飲食柴炭雜物之事，其佐有典計、掌計各二人、女史共四人）。

宮正一人（掌總知宮內格式，糾正推罰之事）。司正二人（掌同宮正，其佐有典正、女史各四人）。〔註4〕

為與上兩條材料相對比，引《趨朝事類》所載材料如下：

內命婦品

一等：貴妃、淑妃、德妃、賢妃、貴儀、淑儀、淑容、順容、婉儀、婉容、昭儀、昭容、昭媛、修容、修媛、修儀、充媛、婕妤、美人、才人。

侍御郡太夫人、郡夫人、十字國夫人、八字國夫人、六字國夫人、兩國四字夫人、四字國夫人、兩國兩字夫人、兩字國夫人、國夫人。

〔註4〕（清）徐松輯：《宋會要輯稿‧后妃》四之一、四之二、四之三，北京：中華書局，1957年，第265～266頁。

　　　　二等：尚字、尚正、尚官、尚儀、尚食、尚服、尚寢、司字、
司衣、司賓、司室、司設、司圍、典衣、典賓、典字、典室、典飾、
典制、典圍、典籍、典醋、典珍、典樂、掌字、掌衣、掌記、掌錄、
掌樂、掌圍、掌籍、掌醞、紅霞帔、知尚書內省事、小殿直都知、
小殿直押班。

　　　　三等：紫霞帔、尚書省都事、大侍御、小殿直第一等長行，仙
韶都頭。

　　　　四等：聽宣尚書省內事錄事、小殿直第二等長行、仙都色長行。

　　　　五等：殿直、散直、散手、書省、小侍御、皇后閣祇候、小殿
直第三等長行、著緋著綠女童。〔註5〕

與上條《宋會要輯稿》分為內命婦品和宮人女官品不同，這條材料將宮人女
官都囊括到內命婦當中。

　　關於宋代的內命婦，是否包括宮官系統在內，鄧小南先生已經對此提出
疑問。她認為宋代的材料出現不同的說法。如在《宋會要輯稿》職官九之一
七、后妃四之一、《宋史·職官志》（後兩條材料見上引）中內命婦和宮官均
為不同類別。但是在《宋會要輯稿·后妃》四之一一，還有《趨朝事類》中
內命婦都包括宮官和妃嬪。〔註6〕邵育欣認為宋代廣義上的內命婦包括：擁有
位號的妃嬪；擔任尚書內省官職的宮官和擁有封號者；擁有其他稱號者。〔註
7〕而狹義的內命婦我們認為就是內官系統。關於以上材料記載的差異本身就
是很有趣的一個問題，表明其中有書寫者不同的認知在裏面。宋代宮官系統
能進入內命婦系統，這就是從五代繼承和發展的結果。

　　秦家德（Priscilla Ching Chung）在其著作 Palace Women in the Northern
Sung: 960～1126（《北宋宮廷婦女：960～1126》）中也認為北宋宮廷婦女分為
兩個機構，第一是服務系統（service organization），第二是皇帝妻妾系統（the
organization of imperial women），而且也認為兩者之間在北宋有重合。我們認
為其實也就是宮官與內官的區分與交叉。秦家德在文中曾統計北宋 92 位后妃

〔註5〕 （明）陶宗儀：《說郛》卷三四《趨朝事類》，北京：中國書店，1986 年。據
　　　　 涵芬樓 1927 年版影印。
〔註6〕 鄧小南：《掩映之間：宋代尚書內省管窺》，第 375 頁。
〔註7〕 邵育欣：《宋代內命婦封號問題研究》，《歷史教學》，2009 年第 14 期。

的進遷情況，發現其中 73 位來自後宮服務系統，比例幾乎占到 80%。〔註8〕
附其統計表如下：

Promotions from the Service Organization

Emperors	No. of wives	No. promoted from service organization	%	Remarks
T'ai-tsu	3	none		
T'ia-tsung	14	10	71	one became empress
Chen-tsung	12	8	67	two became empress dowagers, one ruled for 11 years
Jen-tsung	16	14	88	two became empresses posthumously
Ying-tsung	4	3	75	all were titled by later emperors
Che-tsung	9	8	89	one became empress
Hui-tsung	19	18	95	three became empress—two posthumously named by husbands; the third named by son
Ch'in-tsung	1	none		

注：上表缺少神宗時期的后妃信息。

在此需要補充一點，筆者通過對史料的爬梳（可參看《唐代后妃一覽表》），未發現在唐代有六尚諸司系統的女官轉變為內官即晉升為皇帝妃嬪的例證。但是在五代時期，內官系統與女官系統逐漸融合。上引宋代史料中之所以會產生這種不同記載，一方面可能力圖回歸到唐代前期內官和宮官分離的制度下，但一方面的事實卻是經過唐末五代一種新的內官制度已經形成。在理想與現實之間存在一定的差距。

二、宋代內命婦遷轉的特點

萬藹雲曾在《宋朝內命婦遷轉問題之探討》中做長達十二頁的《宋代內命婦遷轉表》〔註9〕，為目前學界所見已發表得最全面的整理。但是可惜分析不足，未注意到宋代內職制度中位號、封號、宮官內職號三者之間的遷轉改變關係。以下通過具體史料，來進一步揭示宋代內職制度的特點。

宋仁宗生母李宸妃，「初入宮，為章獻太后侍兒，莊重寡言，真宗以為司

〔註8〕 Priscilla Ching Chung. *Palace Women in the Northern Sung*: 960～1126. E.J.Brill, Leiden, The Netherlands, 1981, p.9.

〔註9〕 萬藹雲：《宋朝內命婦遷轉問題之探討》，《通識研究集刊》，2006 年第 10 期，第 203～214 頁。

寢。既有娠，從帝臨砌臺，玉釵墜，妃惡之。帝心卜：釵完，當爲男子。左右取以進，釵果不毀，帝甚喜。已而生仁宗，封崇陽縣君；復生一女，不育。進才人，後爲婉儀。仁宗即位，爲順容，從守永定陵。」〔註10〕

　　李宸妃在眞宗時期的遷轉途徑是：司寢→司寢＋崇陽縣君→才人→婉儀。司寢屬於宮官系統，太宗時改枕被爲司寢，眞宗時改爲「司設」，此處爲未改之前的封號。李宸妃做司寢以後，便屬於皇帝侍妾群體中的一員，因而具備給皇子生育子嗣的條件。在生仁宗之後，加封其爲崇陽縣君。那麼這就表明宮官職加封號，比單純的宮官職是進一等級。之後被封爲才人，用「進」字，其實表達出再進入更高一等級的含義。因此我們認爲司寢宮官職、崇陽縣君封號具有內命婦的性質。

　　此外，還有很多例證。如仁宗張貴妃，「妃幼無依，錢氏遂納於章惠皇后宮寢。長得幸，有盛寵。妃巧慧多智數，善承迎，勢動中外。慶曆元年，封清河郡君，歲中爲才人，遷修媛。」〔註11〕張貴妃在被封爲清河郡君之前應該有宮官職，然後才進遷爲才人和修媛。尤其可注意的一點是，張貴妃在被封爲清河郡君之前，已經長期得到仁宗寵幸，因此單純具有宮官職也屬於皇帝侍妾。同樣的例子還有宋仁宗苗貴妃「妃以容德入侍，生唐王昕、福康公主。封仁壽郡君，拜才人、昭容、德妃。」〔註12〕仁宗馮賢妃「妃以良家女，九歲入宮。及長，得侍仁宗，生邢、魯國二公主。封始平郡君。」〔註13〕神宗林賢妃「幼選入宮，既長，遂得幸，封永嘉郡君，升美人。生燕王俁、越王偲、邢國公主，進婕妤。」〔註14〕高宗「劉婉儀，初入宮，封宜春郡夫人。尋進才人，與劉婉容俱被寵，進婉儀。」〔註15〕高宗「張貴妃，開封祥符人。初入宮，封永嘉郡夫人。乾道六年，進婉容。」〔註16〕寧宗恭聖仁烈楊皇后，「少以姿容選入宮，忘其姓氏，或云會稽人。慶元元年三月，封平樂郡夫人。三年四月，進封婕妤。」〔註17〕她們在得到封號之前，應該都有宮官職，如此才能在有宮中有自己的職能、名分和地位。可是我們在唐代的史料中基本

〔註10〕《宋史》卷二四二《后妃傳上》，第8616頁。
〔註11〕《宋史》卷二四二《后妃傳上》，第8622～8623頁。
〔註12〕《宋史》卷二四二《后妃傳上》，第8623頁。
〔註13〕《宋史》卷二四二《后妃傳上》，第8624頁。
〔註14〕《宋史》卷二四三《后妃傳下》，第8631頁。
〔註15〕《宋史》卷二四三《后妃傳下》，第8650頁。
〔註16〕《宋史》卷二四三《后妃傳下》，第8650頁。
〔註17〕《宋史》卷二四三《后妃傳下》，第8656頁。

找不到具有宮官職就可以成為皇帝侍妾的例證，內官與宮官還是有明顯的區分。

　　宋仁宗楊德妃「天聖中，以章獻太后姻連，選為御侍，封原武郡君，進美人。」〔註18〕楊德妃是從御侍做起，《趨朝事類》有大御侍和小御侍之分，此處未見有明確分別。從其遷轉途徑來看，御侍具有內命婦性質。還見高宗生母徽宗韋賢妃，「初入宮，為侍御。崇寧末，封平昌郡君。大觀初，進婕妤，累遷婉容。」〔註19〕下表中也有許多類似材料作為佐證。宋高宗劉貴（賢？）妃「入宮為紅霞帔，遷才人，累遷婕妤、婉容，紹興二十四年進賢妃。」〔註20〕孝宗蔡貴妃「初入宮，為紅霞帔，封和義郡夫人，進婉容。淳熙十年冬，拜貴妃。」〔註21〕孝宗李賢妃「初入宮，為典字，轉通義郡夫人，進婕妤。淳熙十年卒，贈賢妃。」〔註22〕「紅霞帔」和「典字」在《趨朝事類》中皆屬於內命婦第二等，進遷模式是一樣的即「宮官→宮官＋封號→位號」。附《宋會要輯稿・后妃》所見「御侍」進遷的材料如下：

皇帝	后妃	《宋會要輯稿》的記載
宋太宗	臧貴妃	江南李煜宮人。煜卒，入宮中。太平興國八年九月自御侍為縣君，端拱二年四月為美人，至道三年七月進昭容。大中祥符六年三月進順儀，天禧二年九月進淑儀，乾興元年四月進貴儀。《宋會要輯稿・后妃》三之一
	朱德妃	淳化二年七月自御侍為縣君，四年十一月為才人，至道三年三月於太和宮入道，為修容，大中祥符六年進昭容，賜號明真大師，名正惠，七年進昭儀，天禧二年九月進淑容，乾興元年四月進淑儀，改名沖惠，明道二年十一月進太儀，是月進賢妃，景祐二年二月薨。慶曆四年九月贈德妃。《宋會要輯稿・后妃》三之一二、三之一三
	邵賢妃	初事藩邸，及帝即位，授司衣、博陵縣君，遷御侍、押班、郡夫人，再遷尚宮、冀國夫人，知大內事。真宗初，徙封鄭國夫人。大中祥符二年遷宮正、安國夫人，六年為司宮令、楚國夫人。八年十一月加號順容，九年二月卒。明道二年十二月贈太儀，慶曆四年九月贈賢妃。《宋會要輯稿・后妃》三之一四

〔註18〕《宋史》卷二四二《后妃傳上》，第8624頁。
〔註19〕《宋史》卷二四三《后妃傳下》，第8640頁。
〔註20〕《宋史》卷二四三《后妃傳下》，第8649頁。
〔註21〕《宋史》卷二四三《后妃傳下》，第8653頁。
〔註22〕《宋史》卷二四三《后妃傳下》，第8653頁。

皇帝	后妃	《宋會要輯稿》的記載
宋仁宗	張皇后	幼入宮爲御侍，慶曆元年封清河郡君，進封才人、修媛。後忽被疾，請下遷爲美人。八年十月封貴妃，生莊順、莊定、莊愼三大長公主。皇祐六年正月八日薨，年三十一，追冊爲皇后。《宋會要輯稿・后妃》一之三
宋仁宗	周貴妃	嘉祐四年六月自御侍、安定郡君爲美人，五年七月進婕妤，八年三月進婉容，熙寧九年三月進賢妃，元豐五年十二月進德妃，八年四月進淑妃，元符三年正月進貴妃。《宋會要輯稿・后妃》三之七
	董貴妃	嘉祐四年自御侍、縣君爲貴人，五年進美人，固辭，請回授其父一官，許之。六年七月進婕妤，九月進充媛，是月卒，贈淑妃。元符三年四月贈貴妃。（元符，哲宗年號）《宋會要輯稿・后妃》三之七、三之八。
	俞德妃	景祐五年三月自御侍、延安郡君爲才人，九月進美人，寶元二年六月進婕妤，皇祐二年十月進充儀，嘉祐八年三月進昭儀，卒年月缺。治平元年六月贈賢妃，元符三年四月自賢妃贈德妃，生楊王昉、莊和大長公主。《宋會要輯稿・后妃》三之一三
	陳才人	明道二年十二月自御侍，追贈才人。《宋會要輯稿・后妃》三之二四
	苗才人	景祐五年三月自御侍、仁壽郡君爲才人。《宋會要輯稿・后妃》三之二四
宋神宗	朱皇后	初入宮爲御侍，熙寧八年正月進人才，九年十二月進婕妤，元豐二年九月進昭容，五年八月封賢妃，七年正月進封德妃，八年三月尊爲皇太妃。《宋會要輯稿・后妃》一之四
	陳皇后	初入宮爲御侍，元豐五年十一月進才人，八年四月進美人，生徽宗。元祐四年六月二十八日崩，年三十六七月，贈充儀。《宋會要輯稿・后妃》一之四
	邢貴妃	初爲御侍，熙寧二年四月封永嘉郡君，四年六月進美人，七年七月進充容，十年二月進婉儀，元豐元年十二月進賢妃，八年四月進淑妃，元符三年正月進貴妃，崇寧三年十月薨。《宋會要輯稿・后妃》三之八
	林貴妃	初爲御侍，元豐五年八月封永嘉郡君，六年十月爲美人，八年四月進婕妤。《宋會要輯稿・后妃》三之八

皇帝	后妃	《宋會要輯稿》的記載
宋神宗	武貴妃	初爲御侍，元豐五年八月進才人，八年四月進美人，紹聖三年進婕妤，元符三年正月進昭儀，建中靖國元年十二月進賢妃，大觀元年六月薨。七月車駕臨奠，贈貴妃，諡曰惠穆。 《宋會要輯稿・后妃》三之八、三之九
宋神宗	張淑妃	初爲御侍，熙寧二年四月封仁壽縣君，三年正月進才人，元豐八年四月進婕妤，元符三年正月進婉容，崇寧五年九月卒，贈淑妃，諡曰懿靜。 《宋會要輯稿・后妃》三之一二
宋哲宗	劉皇后	初入宮，爲御侍。紹聖元年四月封平昌郡君，二年五月進美人，十月進婕妤，元符二年立爲皇后，行冊禮。 《宋會要輯稿・后妃》一之五
宋哲宗	韓美人	初爲御侍，元符二年閏九月封仁壽郡君，十一月進才人，大觀二年二月進美人。 《宋會要輯稿・后妃》三之二三
宋徽宗	劉皇后	元符三年四月爲御侍，崇寧元年十二月封壽安郡君，二年三月進才人，三年七月進美人，四年四月進婕妤，大觀元年二月進婉容，九月進婉儀，二年正月進德妃，二月進淑妃，三年四月進貴妃。 《宋會要輯稿・后妃》一之五
宋徽宗	喬貴妃	初爲御侍，崇寧二年五月封宜春郡君，二年九月進美人，四年閏二月進婕妤，五年二月進婉容，大觀元年十二月進賢妃，二年二月進德妃，三年五月進貴妃。 《宋會要輯稿・后妃》三之九
宋徽宗	崔貴妃	初爲御侍，大觀三年正月封平昌郡君，十月進才人，四年七月進美人，十二月進婕妤，政和元年二月進婉容，二年二月進賢妃，三年十一月進德妃，六年七月進貴妃。 《宋會要輯稿・后妃》三之九
宋徽宗	張美人	初爲御侍，崇寧元年正月封文安郡君，三年十一月進美人。《宋會要輯稿・后妃》三之二二
宋徽宗	慕美人	初爲御侍，崇寧元年正月進才人，大觀二年二月進美人。《宋會要輯稿・后妃》三之二二
宋徽宗	魏美人	初爲御侍，崇寧元年正月封安定郡君，大觀元年五月進才人，二年二月進美人。 《宋會要輯稿・后妃》三之二二

皇帝	后妃	《宋會要輯稿》的記載
宋徽宗	高美人	初為御侍，崇寧元年正月封信安郡君，大觀二年二月進才人，政和二年十月卒，贈美人。 《宋會要輯稿·后妃》三之二三
	胡美人	初為御侍，崇寧元年正月進才人，大觀二年二月進美人。《宋會要輯稿·后妃》三之二三
	劉才人	初為御侍，崇寧元年正月封晉安郡君，大觀二年二月進才人。《宋會要輯稿·后妃》三之二四

　　宋代將唐代的內官、宮官系統整合為一個系統，後宮的皇帝配偶據此遷轉，可見數量之龐大。因此雖然這些後宮女子有內命婦號，但未必都能得到皇帝的寵信。秦家德曾經做過一個統計，北宋後宮服務機構人員以2000～3000計，真正能被皇帝注意到並且得到晉升機會的只有18人。〔註23〕所以就需要有特殊機緣。首先需要相貌出眾，傾國傾城。如仁宗苗貴妃「以容德入侍」，寧宗恭聖仁烈楊皇后「以姿容選入宮」。其次還要作為太后或皇帝的侍女從而被皇帝發現。如仁宗李宸妃、張貴妃。此點最為重要，只有在皇帝身邊被發現的可能才大大增加。如上文提到的御侍就是最好的例證。《鐵圍山叢談》載：「內官之貴者，則有曰『御侍』，曰『小殿直』，此率親近供奉者也。」〔註24〕御侍親近供奉皇帝才有被加封號，進遷妃嬪的可能。最後，與太后有姻親關係。如仁宗楊德妃。

　　邵育欣曾討論過封號授予和進位妃嬪之間的關係，我們根據以上材料再結合邵先生的研究成果，可以將兩者關係總結如下。宋代雖然還有宮官和內官兩系統，但是皆可以囊括到皇帝后妃系統中，因此《趨朝事類》都視其為內命婦並不為錯。一般的晉升途徑是：宮官→宮官＋封號→內官，其中加封號環節往往必不可少。其中具體的宮官和封號北宋、南宋又有所不同。北宋宮官多是從「御侍」起家而南宋卻幾乎不存在。北宋封號多是「郡君」、「縣君」而南宋多是「郡夫人」。〔註25〕

　　在此需要強調，宋代並非所有的宮官都是皇帝侍妾，其中還有一部分在宮內協助皇帝處理政務文書。朱熹曾對其學生如是云：「宮中有內尚書，主文

〔註23〕 Priscilla Ching Chung. *Palace Women in the Northern Sung*: 960～1126, p.9.
〔註24〕 （宋）蔡絛撰、馮惠民、沈錫麟點校：《鐵圍山叢談》卷一，北京：中華書局，1983年，第8頁。
〔註25〕 邵育欣：《宋代內命婦封號問題研究》，第25～26頁。

字，文字皆過他處，天子亦頗禮之，或賜之坐。不係嬪御。亦掌印璽，多代御批。行出底文字，只到三省。」〔註26〕鄧小南先生認爲這種情況兩宋皆如此。〔註27〕不難發現主文字的內尙書就不屬於皇帝妻妾系統。處理政務文書的內夫人可能在皇宮內還有單獨住所，甚至連皇帝都不能隨便進入。《南村輟耕錄》記載元初發生的一件事：

> 近周申父言，先表叔祖金二提舉，住杭州，暗問其室氏，乃宋內夫人。余年十四五尙猶識之，但兩鬢俱禿。問知，在宮中任此職者，例裹巾，巾帶之末，各綴一金錢，每晨用以掠髮入巾，故久而致然也。因曰：吾爲內夫人日，每日輪流六人侍帝左右，以紙一番，從後端起筆，書帝起居，旋書旋卷，至暮封付史館。內夫人別居一宮，宮門金字大牌曰：官家無故至此，罰金一鎰。〔註28〕

關於處理政務文書的尙書內省宮官並非本文研究的重點，鄧先生從政務流程的角度已經做出深入的研究，可不贅述。

三、宋代先皇妃嬪的進遷及境況

唐代先皇妃嬪根據有無子女，其所具有的稱號也有不同。無子女者，如唐高祖的楊貴嬪，墓誌中仍稱其爲嬪。有子封王者，被封爲太妃。從唐德宗貞元六年之後，公主母封太儀。《通典》載：「開元八年五月敕：『準令王妻爲妃，文武官及國公妻爲國夫人。母加太字。……自今已後，郡嗣王及異姓王母妻，並宜準令爲妃。』貞元六年，太常卿崔縱奏：『諸國王母未有封號，請遵典故爲某國太妃。』吏部郎中柳冕等狀稱：『歷代故事及《六典》，無公主母稱號。伏請降於王母一等，命爲太儀，各以公主本封加太儀之上。』從之。」〔註29〕另外還有一種情況，唐憲宗元和元年（806）六月丙申冊唐德宗武充容武爲「崇陵德妃」〔註30〕。崇陵，唐德宗陵。唐代僅此一例。而且太儀也可

〔註26〕（宋）黎靖德編；王星賢點校：《朱子語類》卷一二八《本朝二·法制》，北京：中華書局，1986 年，第 3064 頁。

〔註27〕鄧小南：《掩映之間：宋代尙書內省管窺》，第 370 頁。

〔註28〕（元）陶宗儀著：《南村輟耕錄》卷一九「宋朝家法」條，北京：中華書局，1959 年，第 228～229 頁。《鐵圍山叢談》載「官家」是宋代禁中對皇帝的稱呼，「國朝禁中稱乘輿及后妃多因唐人故事，謂至尊爲『官家』。」，第 7 頁。

〔註29〕《通典》卷三四《職官一六》，第 950 頁。

〔註30〕《舊唐書》卷一五《憲宗本紀》，第 417 頁。

能時有興廢。元和元年秋七月甲子冊潯陽公主母崔昭訓爲太妃，〔註 31〕而不是太儀。

　　但是宋代的情況卻與唐代有明顯的不同，先皇妃嬪依然在原本位號等級上進遷，與當朝妃嬪並無不同。不見有封某國太妃的例子，有封皇太妃者但僅比皇太后地位較低，具有特殊高等身份。而宋代的太儀據上文所引材料，已經成爲內命婦位號，與唐代相比已經是同名異質。

　　上表所引宋太宗朱德妃，太宗朝位號僅是才人。在至道三年（997）三月太宗崩後入道，同時擁有修容位號。眞宗大中祥符六年（1013）進昭容，還賜號明眞大師，七年進昭儀，眞宗天禧二年（1018）九月進淑容，仁宗乾興元年（1022）四月進淑儀（眞宗乾興元年二月駕崩），明道二年（1033）十一月進太儀，是月進賢妃，景祐二年（1035）二月薨。慶曆四年（1044）九月贈德妃。〔註 32〕宋仁宗慶曆四年九月三日，「制以眞宗婉容沈氏爲賢妃，六日復進封沈氏爲德妃。」〔註 33〕

　　宋神宗的林賢妃，「幼選入宮，既長，遂得幸，封永嘉郡君，升美人。生燕王俣、越王偲、邢國公主，進婕妤。元祐五年薨。詔用一品禮葬，贈貴儀，又贈賢妃。」〔註 34〕林賢妃有兩子一女皆封王和公主，但是並未如唐代有某國太妃之號，而是在原本婕妤等級的基礎上，由哲宗下詔進遷爲貴儀、賢妃。還如神宗武賢妃，「元豐五年，進才人。生吳王似、賢和公主。歷美人、婕妤，徽宗即位，進昭儀、賢妃。大觀元年薨，乘輿臨奠，輟朝三日，諡曰惠穆。」〔註 35〕武賢妃也有子女被封爲王和公主，與林賢妃又有所不同。她是在世的時候就被徽宗進遷爲昭儀和賢妃。如果在唐代只有林氏成爲徽宗的後宮妻妾之後，才能有此進遷，但是林氏又明顯非此身份。

　　宋代對先朝后妃的位號，與前朝有明顯差異者，僅見皇太后和皇太妃。宋代的皇太妃有三位：眞宗楊淑妃〔註 36〕、神宗朱德妃〔註 37〕（哲宗生母）、

〔註 31〕　《舊唐書》卷一五《憲宗本紀》，第 418 頁。
〔註 32〕　《宋會要輯稿・后妃》三之一二、三之一三，第 253～254 頁。
〔註 33〕　《宋會要輯稿・后妃》三之一三，第 254 頁。
〔註 34〕　《宋史》卷二四三《后妃傳下》，第 8631～8632 頁。
〔註 35〕　《宋史》卷二四三《后妃傳下》，第 8632 頁。
〔註 36〕　《宋史》卷八《眞宗本紀》載：乾興元年（1022）二月戊午，「遺詔皇太子於樞前即皇帝位。尊皇后爲皇太后，權處分軍國事，淑妃爲皇太妃」，第 171～172 頁。

神宗陳貴儀〔註38〕（徽宗生母）。仁宗生母爲李宸妃，但終章獻明肅劉皇后之世，仁宗都不知宸妃爲其生母。楊淑妃從小撫養仁宗長大，《宋史・后妃傳》載：「始，仁宗在乳褓，章獻使妃護視，凡起居飲食必與之俱，所以擁祐扶持，恩意勤備。」〔註39〕楊淑妃其實等同於仁宗生母。因此宋代的皇太妃僅封皇帝生母，且非常制。

唐代皇帝崩後，其後宮妃嬪的境況主要有三種：第一，無子女者出家爲尼。〔註40〕如武則天出家感業寺。出土墓誌也揭示唐太宗有三位妃嬪出家爲尼，可能是與武則天一起出宮者，即「某昭儀」、「金婕妤」、「某婕妤」。（可參看所附《唐代后妃一覽表》）

第二，有子女爲王、公主者，有些可能被接出宮奉養。如唐高祖第十二子彭王元則母，彭國太妃王氏是薨於雍州長安縣新昌鄉，〔註41〕就表示後來的起居是在宮外。唐太宗第十子紀王愼重母，紀國太妃韋氏的墓誌銘載：「紀王晨昏斯稟，奉以周旋；太妃累歲在京，晨宵謁見。」〔註42〕也是由兒子來奉養。還如唐睿宗王賢妃，其姊王德妃生薛王兄妹而早卒，賢妃撫養兄妹成人。當睿宗入葬橋陵之後，薛王請奉養賢妃於王宅，後逝於薛王宅。〔註43〕

第三，奉養於宮中。如唐高祖薛婕妤，曾作爲唐高宗授業師傅，可能就一直在宮中，「高祖太武皇帝之婕妤、隋襄州總管臨河公薛道衡之女也。德芬彤管，美擅椒闈。父既學業見稱，女亦不虧家訓。妙通經史，兼善文才。大帝幼時從其受學，嗣位之後，以師傅舊恩，封河東郡夫人，禮敬甚重。夫人

〔註37〕《宋史》卷一六《神宗本紀》載：元豐八年（1085）三月戊戌，神宗崩。「皇太子即皇帝位，尊皇太后爲太皇太后，皇后爲皇太后，德妃朱氏爲皇太妃。太皇太后權同處分軍國事。」，第313頁。
〔註38〕《宋史》卷一九《徽宗本紀》載：元符三年（1100）正月癸未，「追尊母貴儀陳氏爲皇太妃。」，第357頁。
〔註39〕《宋史》卷二四二《后妃傳上》，第8618頁。
〔註40〕詳可參看陳懷宇：《中古時代后妃爲尼史事考》，收入《景風梵聲：中古宗教之諸相》，北京：宗教文化出版社，2012年，第162～180頁。
〔註41〕《大唐故彭國太妃王氏墓誌銘並序》，吳鋼主編：《全唐文補遺》第三輯，西安：三秦出版社，1996年，第380頁。《唐代墓誌彙編續集》龍朔〇一九，第130頁。
〔註42〕《大唐太宗文皇帝故貴妃紀國太妃韋氏（珪）墓誌銘並序》，《全唐文補遺》第二輯，第2頁。《唐代墓誌彙編續集》乾封〇〇八，第162頁。
〔註43〕陳麗萍：《兩〈唐書・后妃傳〉輯補》，第76頁。

情慕出家，帝從其志，爲禁中別造鶴林寺而處之，並建碑述德。」〔註 44〕還見薛太儀，其墓誌載：「誌故薛太儀，六十九，以咸通八年七月六日，葬於萬年縣長樂鄉王徐村，禮也。監葬尙書遷晟，散手願娘、紅兒，司簿家錦多，高品仇從異，內養王顏偕。」〔註 45〕薛太儀，陳麗萍先生根據生卒年推斷可能是唐憲宗的妃嬪。〔註 46〕我們推測薛太儀並未出宮由其所生公主奉養。原因在於其葬禮的執行者多是宮內之人。監葬尙書不得考，但必然不是尙書省官員無疑，可能是宮官。司簿屬尙宮局，「掌宮人名簿、廩賜之事」〔註 47〕「家錦多」可能是人名。薛太儀在宮內可能地位並不高，可能視爲宮人，因此由掌名簿者監督埋葬，以回去做除名工作。散手可能是協助埋葬之人，高品不得考，內養可能薛太儀宮內養子，或爲宦官。

　　宋代先朝妃嬪的境況，由於其封號仍屬於內命婦，筆者認爲很有可能大部分都被奉養於皇宮內。但亦有如宋太宗朱德妃入道者。

　　在此還有一個問題需要簡單交代，那就是在宋代「國夫人」、「郡夫人」、「郡君」、「縣君」仍作爲外命婦封號被使用。《宋會要輯稿・儀制一〇》載：

> 國朝之制：皇太后三代外祖母、皇太子三代外祖母、宗室郡國王曾祖母、祖母、亡母並追封國太夫人。諸敘封者：（祖母、母追封亦同，下準此）宰相、使相、尙書令、三師、三公王母爲國太夫人（曾祖母、祖母亦同），妻爲國夫人（並中書施行）。參知政事、宣徽使、樞密副使、東宮一品二品、尙書省二品三品、御史大夫、兩省侍郎、太常卿、留守、節度使、西班二品、嗣王、郡王、國公、郡公、縣公、大都督、大都護母爲郡太夫人，妻郡夫人。參知政事第二次敘封，母特封國太夫人（並司封施行）。如夫、子曾任將相，已經封國者，仍舊。曾經封三代、二代者，準此。東宮一品、尙書省二品不帶平章事、留守、節度使，祖母並許追封郡太夫人止。左右常侍、太子賓客、御史中丞、左右丞、諸行侍郎、給事中、諫議大夫、正中書舍人、翰林學士以下、龍圖閣直學士以上、諸寺太卿監、國子祭酒、太子詹事、諸王傅、諸衛大將軍、中都護、副都護、

〔註 44〕（唐）慧立、彥悰著；孫毓棠、謝方點校：《大慈恩寺三藏法師傳》卷八，北京：中華書局，2000 年，第 179～180 頁。
〔註 45〕《全唐文補遺》第二輯，第 583 頁。
〔註 46〕陳麗萍：《兩〈唐書・后妃傳〉輯補》，第 127 頁。
〔註 47〕《唐六典》卷一二「司簿」條，第 349 頁。

中都督、防禦、團練使並母封郡太君，妻封郡君。左右庶子、諸寺少卿監、諸行郎中、國子司業、三京少尹、赤縣令、太子詹事、左右諭德、諸衛將軍、諸州刺史、下都護、下都督、太子家令、太子率更令、太子僕並母封縣太君，妻封縣郡（君？）。諸母妻未封敍，雖位至三品，亦從初而敍。諸任上州刺史或帶使額都督並在京六軍諸衛將軍、小將軍已上任聽敍封母妻。其自班行及遙郡除授中下州刺史者，已同兩任，即便許敍封。五府少尹、大都督左右司馬並許與母妻一次敍封。〔註48〕

〔註48〕《宋會要輯稿‧儀制》一〇之二二、一〇之二三，第 2015 頁。

第八章　結　語

學界以往在涉及到唐代內官制度時，多引用兩《唐書・后妃傳》、《唐六典》、《通典》等史籍中的相關記載來做靜態闡釋。如此雖不至於大誤，但是卻忽視了唐代後期內官制度的變化。筆者就此問題在本文中研究方法上主要有兩點創新：第一，更注重細節考證；第二，更重視新出土墓誌材料。

關於第一種方法在第二章的研究中得到體現。首先根據已有材料勾勒出唐前期內官制度的周禮模式。然後再依此爲研究基礎，發現新的變化。如在唐玄宗時期本屬兩個系統的內官和宮官，轉變爲具有同一等級品序排列的系統。再如，根據新出土的墓誌顯示在武德時期某一時段內有「貴嬪」位號，可簡稱爲「嬪」，但在上述四種史籍中卻未見記載。

之後對學界以往忽視的唐玄宗內官制度改革進行探討，認爲改革的時間可能是在開元元年十二月或開元二年八月左右。改革的原因主要有兩個方面：第一，政治原因。通過內官制度改革，縮減後宮人數，從而鏟除太平公主之前安排在宮內的眼線。此次改革一定程度上起到「攘外必先安內」的作用。第二，歷史原因。唐朝初期所遵循的「三夫人、九嬪、二十七世婦、八十一御女」的周禮模式，從歷史沿革上分析，本身就具有不穩定性，破壞和改革是一種發展常態，所以玄宗進行改革並沒有引起強烈的反對。但開元末年一反改革成果，內官制度又回到唐初模式之下。最後將問題的落腳點放在唐後期內官制度的變化上，具有外命婦封號的國夫人、郡夫人等成爲皇帝的配偶。

五代內官制度打破「三夫人、九嬪、二十七世婦、八十一御女」的模式，內官與宮官兩大系逐漸融合，形成新的內職系統。而五代內職制度所呈現的模式主要有三種：位號＋封號、宮官職號（＋美名）＋封號、美名＋封號。

有無封號我們認為類似於職事官和散官的區分。封號不僅代表一定的身份等級，而且還應該有相關配套的物質待遇。第一種模式中並不包括「妃」，可見「妃」本身在皇帝配偶中擁有高等地位，不需要藉以封號來凸顯其尊貴。還有就是所有宮官未必都是皇帝配偶，以上模並非固定不變。而十國的內官制度可以分為稱帝政權的內官位號和稱藩政權的諸王配偶稱號。但由於史料的缺乏，僅能對位號和稱號做簡單羅列，並不能進行系統歸納，但還是發現十國內官有自己的特點如出現元妃、順妃、慧妃等不見載於唐代位號。

通過前兩章對唐五代內官制度的初步探討，最終都把問題指向宮內出現假借外命婦封號的皇帝配偶這點上。為追根朔源，筆者以「國夫人」為中心，來論述「國夫人」的淵源流變，而又從「夫人」稱號的發展來入手。

先秦時夫人的用法有兩種：一是指諸侯之妻，二是帝王嬪妃的稱號。西漢時候夫人的用法有如下幾種：皇帝嬪妃的稱號；列侯妻子的稱號或對他人妻母的一種尊稱；夫人之前冠以諡號；夫人之前冠以郡縣之名。從漢代開始「夫人」這一稱號就有兩條並行不悖的發展軌跡，即宮內與宮外。如在曹魏「夫人」又成為妃嬪位號。

第一次出現「國夫人」稱號是在西晉時期，賈充母柳氏被封為「魯國太夫人」。封授的標準就是夫或子的爵位，往往是「郡公」爵。而整個南朝，封「國夫人」的標準都是依據夫或子的爵位，不僅郡公，縣侯也可以。但是這時「國夫人」之「國」的稱號實則為「郡」號，還沒有出現唐代以國為稱號真正意義上的國夫人。而與此同時宮內也有「夫人」之號，在秦、漢初、曹魏、兩晉、南齊等時期「夫人」作為妃嬪的正式位號出現。

北魏前期，「夫人」是作為後宮某一等級的總稱，沒有稱號上的差別，員額也不確定。北魏孝文帝改革之後，夫人數量確定為三人。北齊《河清新令》定弘德夫人、正德夫人、崇德三夫人的位號。但其實在文宣帝高洋時期就出現「弘德夫人」。北周宮內夫人的變化軌跡是：三夫人→三妃→二妃。

開皇初年，隋文帝由於獨孤皇后的強勢和自己的懼內使得後宮稱號並不詳備，尤其是不設三妃，就把等同於三夫人等級的位號免去。獨孤皇后崩後，設貴人三員，相當於三夫人。隋煬帝依周禮三夫人之制，參照前代稱號，設貴妃、淑妃、德妃。隋代尤其以「宣華夫人」和「容華夫人」值得注意，筆者十分懷疑這兩種稱號與北齊弘德夫人、正德夫人、崇德夫人等位號有著借鑒和延續的關係。

　　北魏、北齊沒有「國夫人」的例子，北周開始普遍出現，但是此時封授國夫人的標準已經出現改變。北周保定二年之後是以戎秩等級高低爲封母妻的標準。雖然保定二年之後，對國夫人的封授標準出現改變，但是與夫或子的爵位還存在一定聯繫。到隋代「郡夫人」的稱號漸漸多起來。但在此時期郡夫人和國夫人都是外命婦，未見宮內有「國夫人」的稱號。

　　到唐代宮外被封爲「國夫人」的有四種情況：有因崇重妻族而封授；因夫或子而獲封授；對周邊民族首領夫人的封授；對皇帝乳母的封授。

　　從目前所見的史料可證明在唐中宗時期宮內的宮官便有假借外命婦封號的情況出現。而此點《唐六典》中未見有相關制度記載。唐後期內官發生的變化傳統史料中並未有明確的記載，但是新出土的唐代墓誌爲我們提供此方面的信息。如唐宣宗的南安郡夫人仇氏，未有妃嬪位號僅有外命婦封號，但卻爲宣宗生育有一女一男。此外唐懿宗的楚國夫人楊氏、韓國夫人王氏也爲皇帝生育子嗣，是皇帝配偶無疑。可見在唐後期存在宮內女子假借外命婦封號而作爲皇帝配偶的情況。我們稱這種情況爲「內夫人」。從墓誌記載來看仇氏、楊氏、王氏並無宮官職號，僅有外命婦封號。三人在均是在去世以後才被贈才人、貴妃、德妃位號，可見內夫人與內官之間存在明顯的等級差距，在世時進遷較爲困難。如楊氏被贈爲貴妃，一方面可見皇帝對其的寵愛，另一方面可能也有無可奈何的情感在裏面。內夫人與內官之間身份轉換明顯受到制度束縛。

　　但從唐昭宗開始兩者之間的鴻溝似乎在逐漸縮短，出現交叉和融合。如唐昭宗時中書舍人知制誥錢珝所撰《內中齊國夫人扶風高陽郡夫人並封婕妤樂安郡新秦郡廣陵郡太丘郡雲安郡五夫人並加封秦晉楚越燕國夫人制》，就出現齊國夫人、扶風郡夫人、高陽郡夫人並封爲婕妤的情況，可見制度出現鬆動。所以在五代就出現昭儀、昭容、才人等內官被有封號的情況。內夫人也有進遷，如樂安郡、新秦郡、廣陵郡、太丘郡、雲安郡五夫人就加封爲秦、晉、楚、越、燕國夫人。內夫人中有無縣君和郡君尙難確定。

　　關於唐代後期的內官制度出現這種變化的原因，吳麗娛、陳麗萍先生認爲原因是多方面的，但其中原因之一是晚唐的皇帝多是直接來自於十六宅的諸王，沒有被立爲太子的經歷，而其嬪御也多是宅內的宮人。而這些宮人地位比較低下，皇帝冊她們爲內官實在存在困難，因此只好用外命婦封號稱之。我們需要補充的是根據上文的研究，在唐前期宮內的宮官就有假借外命婦封

號被封授的情況，所以內夫人的性質可能是介於內官與宮官之間的新系統。無內官位號而行內官之實，無宮官職號而與宮官封授情況相同。

在揭示完唐後期和五代內職制度發生新的變化之後，爲尋求研究的最終落腳點，需要下延至宋代。首先我們證明宋代的內職制度確實受到五代的影響，內官和宮官系統出現交叉和融合，而且趨於成爲定制。然後再根據具體材料來分析宋代內命婦的遷轉，總結其特點爲一般的晉升途徑是：宮官→宮官＋封號→內官，其中加封號環節往往必不可少。其中具體的宮官和封號北宋、南宋又有所不同。北宋宮官多是從「御侍」起家而南宋卻幾乎不存在。北宋封號多是「郡君」、「縣君」而南宋多是「郡夫人」。然而宋代並非所有的宮官都是皇帝侍妾，其中還有一部分在宮內協助皇帝處理政務文書。宋代的封號中有兩字國夫人、十字國夫人等，是在國夫人前加美名，爲進一步提升其等級。其實十國時期就已經出現魏國尚賢夫人、燕國明惠夫人、秦國順賢夫人等這種情況。

唐代先皇妃嬪有子女，一般情況下稱號都會改爲某國太妃與太儀。但宋代的先皇妃嬪依然在原本位號等級上進遷，與當朝妃嬪並無不同。不見有封某國太妃的例子，有封皇太妃者但僅比皇太后地位較低，具有特殊高等身份。據此進遷特點，筆者推斷宋代先皇妃嬪留在宮內奉養的情況可能更爲普遍。

此外還有一點可以揭示。唐昭宗天復元三年（903）正月，朱全忠殺宦官數百人，使得原本正常運行的行政運作機制出現信息溝通環節上的真空，而因而由宮人來填補此環節。而比較重要的職能如「宣傳詔命」和「充內諸司使」是由內夫人來擔任。此點也是唐前期宮官與宦官權力消長的再次反映。雖然天祐二年（905）十二月頒敕不差內夫人傳宣，但宦官的權力直至宋代仍未有恢復，而宮官在宋代則成爲尚書內省在宮內協助皇帝處理政務文書。宋代之制的淵源或在於此時。

如果放寬歷史的視野，在東漢、曹魏、兩晉、南朝時期都有女尚書。漢靈帝時陳蕃說竇太后父竇武說：「蕃以八十之年，欲爲將軍除害，今可且因日食，斥罷宦官，以塞天變。又趙夫人及女尚書，旦夕亂太后，急宜退絕。」〔註1〕《三國志注》引《魏略》載：曹魏明帝時，「帝常遊宴在內，乃選女子知書可付信者六人，以爲女尚書，使典省外奏事，處當畫可。」〔註2〕《晉書‧禮

〔註 1〕《後漢書》卷六九《竇何列傳》，第 2242 頁。
〔註 2〕《三國志》卷三《魏書‧明帝紀》，第 104～105 頁。

志》和《宋書・禮志》都載女尚書著貂蟬。〔註 3〕《南齊書・禮志》載：「內職則有女尚書、女長御各二人。」〔註 4〕

　　北魏時期有較爲完備的女官體系，「後置女職，以典內事。內司視尚書令、僕。作司、大監、女侍中三官視二品。監，女尚書，美人，女史、女賢人、書史、書女、小書女五官，視三品。中才人、供人、中使女生、才人、恭使宮人視四品，春衣、女酒、女饗、女食、奚官女奴視五品。」〔註 5〕北齊時候也有女尚書。〔註 6〕

　　唐代雖然並無女尚書，但是宮官也參與到政治生活中。劉琴麗的《唐代宮人的政治參與途徑》〔註 7〕一文中，將宮人〔註 8〕參與政治的途徑歸爲以下幾類：一、代表皇帝出使慰問；二、協助皇帝處理文奏；三、宮人的議論或見解影響朝廷政局；四、引導官員上朝或宣傳詔命。作者論述時並未分唐代前後期之不同。上官婉兒雖無女尚書之名，但實爲女尚書。〔註 9〕趙雨樂《唐前期宮官與宦官的權力消長》一文更是爲我們揭櫫唐代前期宮官勢力在宮內居核心地位。但隨著唐玄宗重用宦官以形成權力交替，之後才有內諸司使的發展。隨著唐末以來的政局變動，宋代尚書內省再次崛起而宦官勢力再次消沉，直到明代宦官勢力才再次崛起。可見中國歷史上在宮內一直有女官與宦官之間的權力消長問題。

〔註 3〕《晉書》卷一九《禮志上》，第 590 頁。《宋書》卷一四《禮志》，第 356 頁。

〔註 4〕《南齊書》卷五《禮志上》，第 135 頁。

〔註 5〕《魏書》卷一三《皇后傳》，第 321〜322 頁。可參看苗霖霖：《北魏後宮制度研究》，臺北：花木蘭文化出版社，2013 年，第 49〜58 頁。

〔註 6〕《隋書》卷七《禮儀志》，第 145 頁。

〔註 7〕劉琴麗：《唐代宮人的政治參與途徑》，《文史知識》，2010 年第 7 期。

〔註 8〕劉先生認爲宮人在唐代包括內官和宮官兩個系統。

〔註 9〕參看仇鹿鳴：《碑傳與史傳：上官婉兒的生平與形象》，《學術月刊》2014 年第 5 期。

附一：《唐大詔令集》「妃嬪」條考釋

　　唐代后妃問題一般為政治史所囊括，且由於涉及到統治階級上層之政治鬥爭而一直為人所津津樂道。就目前的研究情況而言，學者們依託最新的史料，通過不同的視角，對唐代后妃的研究已經取得豐碩的成果。探討后妃問題所依據的主要材料除兩《唐書・后妃傳》和相關墓誌外，《唐大詔令集》「妃嬪」條中的記載也很重要。但是就此部分內容而言，史學界目前尚未有人做詳細逐條考釋工作，筆者試就此研究。由於史料豐寡及學界已有研究的情況，考釋詳略各有不同。筆者自知才學疏淺，謬誤難免，望請前輩學者批誤正謬。

　　《唐大詔令集》「妃嬪」條共有詔令十七條，

　　一、《冊楊恭道女為婕妤文》：

　　　　維貞觀某年月日，皇帝遣使某官某持節冊命曰：「於戲！惟爾前魏王府諮議參軍楊恭道第三女，門襲鍾鼎，訓彰禮則，幽閑表質，柔順為心。備職後庭，實為通典，是用命爾為婕妤。往欽哉，其光膺徽命，可不慎歟！」〔註1〕

　　（一）楊恭道，隋楊雄之子，楊恭仁之弟。《隋書・觀德王雄傳》沒有楊恭道的記載，只記楊雄有三子：楊恭仁、楊綝、楊續。〔註2〕兩《唐書・楊恭

〔註 1〕　《唐大詔令集》卷二五「妃嬪」條，第 81 頁。
〔註 2〕　《隋書》卷四三《觀德王雄傳》記載其子之事，「子恭仁，位至吏部侍郎。恭仁弟綝，性和厚，頗有文學。歷義州刺史、淮南太守。及父薨，起為司隸大夫。遼東之役，帝令綝於臨海登別有所督。楊玄感之反也，玄感弟玄縱自帝所逃赴其兄，路逢綝。綝避人偶語久之，既別而復相就者數矣。司隸刺史劉休文奏之。時綝兄吏部侍郎恭仁將兵於外，帝以是寢之，未發其事。綝憂懼，發病而卒。綝弟續，仕至散騎侍郎。」，第 1217 頁。

仁傳》也沒有提及楊恭道其人。首見楊恭道其人是在《資治通鑒》中，大業九年（613）楊玄感反隋，圍東都，「韓擒虎子世咢、觀王雄子恭道、虞世基子柔、來護兒子淵、裴蘊子爽、大理卿鄭善果子儼、周羅睺子仲等四十餘人皆降於玄感，玄感悉以親重要任委之。」〔註3〕《新唐書‧宰相世系表》所錄楊雄之子有：恭仁、綝、續、續、綱、恭道、師道〔註4〕，恭道之名赫然在上。《舊唐書‧楊恭仁傳》記載「楊恭仁本名綸」〔註5〕，因此推斷其兄弟之名最初或為單字，偏旁都為絞絲旁。楊雄屬楊隋皇族，故而稱楊婕妤為「門襲鍾鼎」，自非誇飾之辭。

　　（二）《舊唐書‧太宗諸子傳》載：「太宗十四子：文德皇后生高宗大帝、恆山王承乾、濮王泰，楊妃生吳王恪、蜀王愔，陰妃生庶人祐，燕妃生越王貞、江王囂，韋妃生紀王慎，楊妃生趙王福，楊氏生曹王明，王氏生蔣王惲，後宮生楚王寬、代王簡。」〔註6〕據此，唐太宗後宮有楊姓女三人。吳王李恪和蜀王李愔之母楊妃，是隋煬帝之女，史有明文。〔註7〕剩下二人，筆者認為，曹王李明之母楊氏，就是此處所提到的楊婕妤。《新唐書‧太宗諸子傳》中記載：「曹王明，母本巢王妃，帝寵之，欲立為后。」〔註8〕《舊唐書‧楊恭仁傳》記載：「（楊恭仁）從姪女為巢剌王妃。」〔註9〕上文已揭楊恭仁和楊恭道是親兄弟，故而我們可以斷定，楊恭道女最初是李元吉之妃，玄武門之變後為唐太宗佔有，之後被封為婕妤，太宗當對其有特別寵愛，以至於有立后之打算。《楊恭仁傳》中「從姪女」之說有誤，「從」為衍字。

　　至於另外一位楊妃也有可發覆之處，在此一併論之。《唐會要》卷二一「陪葬名位」條中載：「昭陵（唐太宗陵）陪葬名氏：越國太妃燕氏、趙國太妃楊氏、紀國太妃韋氏、賢妃鄭氏、才人徐氏、鄭國夫人、彭城郡夫人……」〔註10〕《唐會要》記載：「貞元六年七月九日，太常卿崔縱奏：『謹按《司封令》及《六典》，王母為太妃。高祖宇文昭儀生韓王元嘉，後為韓國太妃。太宗燕

〔註3〕　《資治通鑒》卷一八二，隋煬帝大業九年六月條，第5676頁。
〔註4〕　《新唐書》卷七一下《宰相世系表一下》，第2350～2356頁。
〔註5〕　《舊唐書》卷六二《楊恭道傳》，第2381頁。
〔註6〕　《舊唐書》卷七六《太宗諸子傳》，第2647頁。
〔註7〕　《新唐書》卷八〇《太宗諸子傳》記載：「恪善騎射，有文武才。其母隋煬帝女，地親望高，中外所向。」，第3566頁。
〔註8〕　《新唐書》卷八〇《太宗諸子傳》，第3579頁。
〔註9〕　《舊唐書》卷六二《楊恭道傳》，第2382頁。
〔註10〕《唐會要》卷二一「陪葬名位」條，第480頁。

妃生越王貞，後爲越國太妃。』」〔註11〕若按此條，依據母子國號相同的標準，趙國太妃楊氏當是趙王福之母。

（三）我們根據楊恭道所任「前魏王府諮議參軍」可判斷此冊文撰成時間是在貞觀十年（636）之後。貞觀時魏王有二，第一位是高祖第十九子李靈夔，貞觀五年二月被封爲魏王〔註12〕。第二位是太宗第四子李泰，貞觀十年正月被封爲魏王〔註13〕。此處「前魏王」當是指李靈夔。冊楊氏爲婕妤時，楊恭道可能已經故去。

二、《冊崔弘道女爲才人文》：

> 維貞觀某年月日，皇帝使某官某副使某官某持節冊命曰：「於戲！惟爾兼徐州都督府司馬崔弘道長女，門稱著姓，訓有義方，婉順爲質，柔明表行。宜升後庭，備茲內職，是用命爾爲才人。往欽哉，其光膺徽命，可不慎歟！」〔註14〕

（一）崔弘道，《舊唐書》和《資治通鑑》無記載。《新唐書·宰相世系表》錄有崔弘道之名，屬清河崔氏青州房，官拜濟州刺史，〔註15〕其父崔子治，只有錄名。崔弘道之叔是崔子葉，《唐故太府丞兼通事舍人左遷潤州司士參軍源府君夫人清河崔氏墓誌銘》記載，崔氏「曾祖子葉，隋郡功曹」〔註16〕，可見崔子葉在隋爲功曹，職位不高，其子侄輩當處隋末唐初之時。與《唐大詔令集》中崔弘道所處時代相接近，因而可以確定爲一人。從而我們可以判斷崔才人的家族背景是清河崔氏。

（二）此冊文所作時間當在貞觀十七年（643）之前。崔弘道時兼「徐州都督府司馬」，徐州都督府設罷時間是從武德七年（624）到貞觀十七年〔註17〕，故而崔弘道兼徐州都督府司馬只能在貞觀十七年之前。

〔註11〕《唐會要》卷三「雜錄」條，第38頁。

〔註12〕《舊唐書》卷三《太宗本紀下》，第41頁。同書卷六四《高祖二十二子傳》，第2434頁。

〔註13〕《舊唐書》卷三《太宗本紀下》，第46頁。同書卷七六《太宗諸子傳》，第2653頁

〔註14〕《唐大詔令集》卷二五，第81頁。

〔註15〕《新唐書》卷七二下《宰相世系表二下》，第2771頁。郁賢皓所著《唐刺史考全編》卷75「濟州」條收入此人，時間是「武德、貞觀？」，無法確定具體時間，合肥：安徽大學出版社，2000年，第1066頁。

〔註16〕《唐代墓誌彙編》開元〇五〇，第1188頁。

〔註17〕艾沖：《唐代都督府研究》，西安：西安地圖出版社，2005年，第82頁。

三、《冊蕭鏗女爲美人文》：

　　　　維貞觀年月日云云：「於戲！惟蕭鏗第二女，幼習禮訓，凤表幽閑，胄出鼎族，譽聞華閩。宜遵舊章，授以內職，是用命爾爲美人。往欽哉，其光膺徽命，可不愼歟！」〔註18〕

四、《冊蕭鑠女爲美人文》：

　　　　維貞觀年月日云云：「於戲！惟蕭鑠第二女，稟訓冠族，著美家聲，習禮流譽，鏡圖有則。宜升後庭，允茲令典，是用命爾爲美人。往欽哉，其光膺徽命，可不愼歟！」〔註19〕

蕭鏗、蕭鑠，兩《唐書》和《資治通鑒》無記載。《唐太宗全集校注》中收有此二篇，吳雲、冀宇兩位先生校注時說：蕭鏗爲南齊高帝（蕭道成）第十六子，蕭鑠爲南齊武帝（蕭賾）第八子。〔註20〕這種解釋並不正確。首先，錯亂父子關係。蕭鏗、蕭鑠確實是南齊時人，但是《南齊書》明確記載蕭鑠爲太祖（蕭道成）第八子，蕭鏗太祖第十六子。其次，此處詔文中之蕭鏗、蕭鑠，絕不是南齊的蕭鏗、蕭鑠。《南齊書》本傳中記載，二人都死於南齊明帝蕭鸞之手，是年爲建武元年（494），蕭鏗死時十八歲〔註21〕，蕭鑠死時二十五歲〔註22〕。唐太宗生於 599 年，如此算來，蕭鏗、蕭鑠如果有女兒的話也比唐太宗年齡大將近一百歲。因而只能是同名之誤。

　　經過筆者對史料的爬梳，只有《法苑珠林》中有關於蕭鏗的記載，「唐蕭氏是司元大夫崔義起妻，是蕭鏗女。鏗是僕射之侄。蕭氏爲人，妒忌多瞋，好打奴婢，不信業報。至麟德元年，從駕洛陽。到二年正月身亡，死在地獄。」死後入地獄受極痛苦之刑罰，之後又說「夫人蘇已，即見其父蕭鏗，乘紫金蓮華座，騰空而來。鏗生平已來，及歷任諸官，皆不食酒肉葷辛，常誦《法華經》，日別一遍。恭敬三寶，晝夜六時，禮誦無闕。今生善處，見女受苦，故來相救。」〔註23〕

　　根據嚴耕望《唐僕尙丞郎表》，唐高宗麟德之前，蕭氏爲僕射者只有蕭瑀

〔註18〕《唐大詔令集》卷二五「妃嬪」條，第 81 頁。

〔註19〕《唐大詔令集》卷二五「妃嬪」條，第 81 頁。

〔註20〕吳雲、冀宇校注：《唐太宗全集校注》，天津：天津古籍出版社，2004 年，第 642、643 頁。

〔註21〕《南齊書》卷三五《高帝十二王傳》，第 631 頁。

〔註22〕《南齊書》卷三五《高帝十二王傳》，第 629 頁。

〔註23〕（唐）釋道世著；周叔迦、蘇晉仁校注：《法苑珠林》卷八五《唐司元大夫妻蕭氏》，北京：中華書局，2003 年，第 2455～2456 頁。

一人，蕭鏗當爲蕭瑀之侄。根據《新唐書・宰相世系表》，蕭瑀兄蕭琮有子蕭鉉，蕭琢子蕭欽，蕭珣子蕭鉅。蕭瑀三子：鋭、鍇、鉞。蕭瑀的子侄輩中，名中都帶有金字旁，此處蕭鏗、蕭鑠亦同。再者，蕭鏗之女在麟德時期（664～665）早已成人，因此從時間上分析也相符合。蕭鏗和蕭鑠是出現在詔令當中的名字，故斷不會爲杜撰。所以詔文中「冑出鼎族」與「稟訓冠族」之語，蕭氏家族也堪當。蕭瑀信佛，治史者皆知，此處又證蕭氏一族家傳信佛之事。但與前兩條相比，此處沒有說明蕭鏗、蕭鑠所任官職，不知何解？

以上四女均出身於門閥大族，這與當時婚姻尚門第的社會風俗有關，皇家尤其不能例外。詔文內容大同小異，若非當時有此類詔文固定書寫模式，就是很有可能出自同一人之手，同時封授亦有可能。根據上文已有的分析，我們就可以判斷這四條冊文所頒發時間是在貞觀十年到貞觀十七年之間。

五、《起復上官氏婕妤文》。上官氏即上官婉兒，隨著其墓誌的發現，成爲近兩年研究熱門之一，可參看研究回顧。

六、《皇帝良娣董氏等貴妃誥》：

> 《關雎》之始，化於國風；貫魚之序，著於大《易》。用能輔佐王道，叶宣陰教。皇帝良娣董氏、良娣楊氏、良媛武氏等，門襲鍾鼎，訓彰禮則，器識柔順，質性幽閑。美譽光於六寢，令範成於四教。宜升徽號，穆兹朝典。董氏可貴妃，楊氏可淑妃，武氏可賢妃。〔註24〕

（一）文後有記時間：延和元年（712）十月。這年正月改元爲太極，五月改元爲延和，八月改元爲先天，因此延和元年十月應該爲先天元年十月才更確切。

（二）首先可以確定此誥文是由唐睿宗頒佈。「（先天元年）八月，庚子，玄宗即位，尊睿宗爲太上皇。上皇自稱朕，命曰誥。……皇帝自稱曰予，命曰制、敕。」〔註25〕此處文書形式爲「誥」。《舊唐書》記載是年十月「皇帝親謁太廟，禮畢，御延喜門，大赦天下。」〔註26〕這是玄宗首次以皇帝的身份亮相在政治舞臺之上，藉此機緣唐睿宗下誥文，將唐玄宗爲皇太子時的良娣、良媛冊爲貴妃、淑妃、賢妃等也是情理之中的事情。

〔註24〕《唐大詔令集》卷二五「妃嬪」條，第81頁。
〔註25〕《資治通鑒》卷二一〇，唐玄宗先天元年八月庚子條，第6674頁。
〔註26〕《舊唐書》卷七《睿宗本紀》，第161頁。

可引作旁證者還有《文苑英華》所載《冊皇后文》（本注：《詔令》作《太上皇立皇帝妃爲皇后制》〔註27〕）：「睿宗誥曰：『……妃王氏，冠蓋盛門，幽閑令德，藝兼圖史，訓備公宮。頃屬艱危，克揚功烈，聿興昌運，實賴贊成，正位六宮，宜膺盛典（本注：《詔令》做禮）。可冊爲皇后。（本注：延和元年七月）』」〔註28〕王氏即《舊唐書·后妃傳》所載玄宗廢後王氏，其先天元年被封爲皇后。〔註29〕此文就是以「誥」的形式頒佈的，之前明確冠以「睿宗」二字。可見唐玄宗即位之初，唐睿宗仍有封授玄宗皇后之權，更不用說妃嬪。

（三）誥文中提到的楊淑妃、武賢妃，筆者認爲極有可能就是後來的元獻楊皇后（唐肅宗生母）和貞順武皇后，而關於此兩《唐書·后妃傳》均爲記載。考證如下：

第一，《舊唐書·后妃傳下》載：「玄宗元獻皇后楊氏，弘農華陰人。曾祖士達，隋納言，天授中，以則天母族，追封士達爲鄭王，贈太尉。父知慶，左千牛將軍，贈太尉、鄭國公。后景雲元年八月選入太子宮。……開元十七年後薨。」〔註30〕唐代內官制度，皇后之下有「貴妃、淑妃、德妃、賢妃各一人，爲夫人，正一品。」〔註31〕楊皇后出身於弘農楊氏，可謂是著姓鼎族，以這種出身初爲良娣，在玄宗即位之後做後宮地位排行第三的淑妃極有可能。同傳還記：「太子妃王氏無子，后班在下」，良娣符合此。還載：「開元中，肅宗爲忠王，后爲妃」，淑妃符合此。

第二，《舊唐書·后妃傳下》載：「貞順皇后武氏，則天從父兄子恒安王攸止女也。攸止卒後，后尚幼，隨例入宮。上即位，漸承恩寵。」〔註32〕武惠妃由於其武氏家族背景，初期被封爲良媛也符合情理。後由於受到玄宗的寵幸由良媛升至第五等級的賢妃也合乎情理。故，此處武賢妃很有可能就是後來的武惠妃。史書中所見唐玄宗還有一位武姓妃嬪——武賢儀，是唐玄宗第二十九子李璿之母，號「小武妃」，但史書明確載其「開元中入宮中」〔註33〕，因此可以排除。

〔註27〕 今本《唐大詔令集》缺卷十四至卷二十四，所缺者當有「皇后」條，此處可以證明。
〔註28〕《文苑英華》卷四四六《冊文五》，第2255頁。
〔註29〕《舊唐書》卷五一《后妃傳上》，第2177頁。
〔註30〕《舊唐書》卷五二《后妃傳下》，第2184頁。
〔註31〕《舊唐書》卷五一《后妃傳上》，第2161頁。
〔註32〕《舊唐書》卷五一《后妃傳上》，第2177頁。
〔註33〕《舊唐書》卷一○七《玄宗諸子傳·涼王璿》，第3271頁。

（四）此條詔令中還包括一位董貴妃值得我們注意。其在玄宗即位之初便位居皇后之貳的貴妃之位，足見其身份的高貴。但就是這樣一位在後宮舉足輕重的人物卻在史料中沒有絲毫的記載。《新唐書·諸帝公主傳》中有廣寧公主一人，其生母為董芳儀〔註 34〕。但芳儀之地位遠低於貴妃，當不是同一人。除去傳世典籍之外，關於董貴妃也無墓誌等考古材料的出現，因此，對於董貴妃身上所隱含的撲朔迷離的歷史，僅能期待考古發現。

七、《睿宗貴妃豆盧氏等食實封制》：

> 有德者位崇，有功者秩厚。事本關於國體，理無隔於邦媛。故周母有亂臣之名，漢嬪有比侯之爵。睿宗貴妃豆盧氏、賢妃王氏，性執陰禮，實毗內政，訓行九御，譽滿六宮，歲祀雖淹，徽庸未昧。宜啓非常之命，特賜湯沐之邑。可各食實封二百戶。〔註 35〕

豆盧貴妃之墓及墓誌已經發現，也有一些相關研究，此不贅述。〔註 36〕關於唐睿宗王賢妃，陳麗萍《唐睿宗豆盧貴妃史事考證》一文中亦有研究。

而頒發此制文的時間可能是在開元四年（716）。《大唐睿宗大聖真皇帝賢妃王氏墓誌銘》記載：「至開元四年，睿宗山陵事畢，薛王頻表，懇請侍養。主上重違友愛。優招許焉。……凡而器用財幣，□□王家，仍□詔賜。食封二百戶，以供湯沐。」〔註 37〕王賢妃是薛王李業的姨母，也是養母。最後一句與此制文相符合，當是指一事。兩《唐書》均載王賢妃隨養子出居王宅的時間是開元八年（720）。《舊唐書·睿宗諸子傳》：「（開元）八年，（李業）遷太子太保。初，業母早終，從母賢妃親鞠養之，至是，迎賢妃出外宅，事之甚謹。」〔註 38〕《新唐書》記載：「八年，迎賢妃外邸，事之甚謹。」〔註 39〕與墓誌記載相較，八年之說恐不確。

〔註 34〕《新唐書》卷三八《諸帝公主傳》，第 3650 頁。

〔註 35〕《唐大詔令集》卷二五「妃嬪」條，第 82 頁。

〔註 36〕方孝廉、謝虎軍：《唐睿宗貴妃豆盧氏墓發掘簡報》，《文物》，1995 年第 8 期。其墓誌收入《全唐文補遺》第五輯中。具體研究有：謝虎軍：《唐故貴妃豆盧氏誌考略》，洛陽市文物局編：《耕耘論叢》（一），北京，科學出版社，1999 年，第 162～170 頁；冉萬里、倪麗燁：《〈唐故貴妃豆盧氏誌銘〉考釋》，《文博》2003 年第 2 期；杜文玉、劉鵬：《豆盧欽望及其家族研究》，《乾陵文化研究》第二輯，西安：三秦出版社，2006 年，第 110～123 頁；陳麗萍：《唐睿宗豆盧貴妃史事考證》，《唐史論叢》第十三輯，第 318～329 頁。其中尤以陳文對豆盧貴妃的個案研究最為深入。

〔註 37〕《唐代墓誌彙編續集》天寶○二六，第 599 頁。

〔註 38〕《舊唐書》卷九八《睿宗諸子傳》，第 3018 頁。

〔註 39〕《新唐書》卷八一《三宗諸子傳》，第 3602 頁。

八、《趙國夫人一品制》：

> 門下：問君以禮，乃受齊封；免主於危，方延漢渥。賢妃啓邑，
> 萬古一時。趙國夫人，義範端肅，操履堅正，四德聿修，六宮攸仰。
> 承恩蘭掖，累變葭灰。送往事居，備盡忠勤之節；利人益國，每陳匡
> 贊之規。頃屬二豎構凶，九重起亂，將危宗社，謀害聖躬，屬申逐鳥
> 之誠，克勵鷹鸇之志，方效節於松竹，宜寵錫於苴茅。可一品。〔註40〕

「趙國夫人」封號。《唐六典》「司封郎中」條：「一品及國公母、妻爲國夫人；
三品已上母、妻爲郡夫人；四品、若勳官二品有封，母、妻爲郡君；五品、
若勳官三品有封，母、妻爲縣君」〔註41〕。也就是說「國夫人」主要是使用
於大臣母、妻的外命婦封號。而這道制文中卻有「賢妃啓邑」、「六宮攸仰」、
「承恩蘭掖，累變葭灰」之語，表示趙國夫人是身處宮中時間較長之人，可
能是屬於宮官之一，「趙國夫人」極可能是由於有某些功勞而受到皇帝的特封。

這裡產生兩個問題：一是趙國夫人的功勞爲何？一是文中所提到的「頃
屬二豎構凶，九重起亂，將危宗社，謀害聖躬」中的「二豎」所指爲誰？第
二個問題其實就是第一個問題的間接回答。筆者經過對史料的梳理，認爲唐
代「二豎」〔註42〕之稱多見三種情況。

第一，指張易之、張昌宗兄弟。如張說《贈戶部尚書河東公楊君神道碑》
記載：「……歷左清道率，換右衛中郎，押千騎，使總統貔虎，便繁肘腋，故
得葉心五王，故戡剿二豎，奮飛北洛，推戴中宗，嗣唐配天，不失舊物，以
匡復勛。」〔註43〕顏眞卿撰宋璟神道碑載：「時張易之、昌宗兄弟席寵脅權，
天下側目。公危冠入奏，奮不顧身。……二豎股栗氣索，不敢仰視。……後
有慘恤，二豎來弔。……假滿，朝士慰公，二豎又欲序進，公舉板迎揖之，
不得成禮而去。」〔註44〕《資治通鑑》載：中宗神龍元年正月，「（張）柬之

〔註40〕《唐大詔令集》卷二五「妃嬪」條，第82頁。

〔註41〕《大唐六典》卷二「司封郎中員外郎」條，第39頁。

〔註42〕「二豎」一詞出自《左傳‧成公十年》：「公（晉景公）疾病，求醫於秦。秦
　　　　伯使醫緩爲之。未至，公夢疾爲二豎子，曰：『彼良醫也，懼傷我，焉逃之？』
　　　　其一曰：『居肓之上，膏之下，若我何？』」之後成爲典故，成爲病魔的代稱。
　　　　此處二豎是指姦佞之人，是引申義。

〔註43〕《文苑英華》卷八九五，第4714頁。

〔註44〕《全唐文》卷三四三《有唐開府儀同三司行尚書右丞相上柱國贈太尉廣平文
　　　　貞公宋公神道碑》，第3477頁。《舊唐書》卷九六《宋璟傳》中明確記載宋璟
　　　　爲左御史臺中丞時彈劾張氏兄弟事，第3030頁。

謂右羽林衛大將軍李多祚曰：『將軍今日，富貴誰所致也？』多祚泣曰：『大帝也。』柬之曰：『今大帝之子為二豎所危，將軍不思報大帝之德乎！』」〔註45〕以上三條中的「二豎」都是指張氏兄弟。

第二，指史朝義、僕固懷恩。邵說《代侯中莊謝封表》記載：「伏惟皇帝陛下，大聖繼統，神武經邦，道邁纂堯，功高復禹。頃幽燕肆逆，汾澮阻兵，朝義叛換於前，懷恩旅拒於後。陛下宸謨獨斷，睿略潛行，曾未三年，克平二豎。此蓋皇躬保祐，宗社降靈，豈臣愚蒙，敢叨封爵。」〔註46〕

第三，指劉季述、王仲先。《舊唐書·崔慎由傳附崔胤傳》記載：光化三年十一月，左右軍中尉劉季述、王仲先廢唐昭宗，幽禁於東內。崔胤令判官石戩與神策軍巡使孫德詔謀曰：「今中外大臣，自廢立已來，無不含怒。至於軍旅，亦懷憤惋。今謀反者，獨季述、仲先耳。足下誅此二豎，復帝寶位，垂名萬代，今正其時。」〔註47〕

但從「九重起亂，將危宗社」分析，宮廷內亂的可能性最大，排除第二種可能。第三種情況又過晚，可能性也極小。因而此處「二豎」很有可能是指張易之、張昌宗兄弟。「免主於危，方延漢渥」，「屬申逐鳥之誠，克勵鷹鸇之志」〔註48〕說得應該是趙國夫人參與過誅逐「無禮於君」叛亂者的行動，有一定的功績。從順序來看，此文排在《睿宗貴妃豆盧氏等食實封制》之後，當是玄宗朝之後的事情。但是按常理來分析，從「謀害聖躬」來判斷，此制文頒發於唐中宗時可能性最大，但是也不排除睿宗朝的可能，玄宗朝就顯得稍晚，因為彼時李隆基和二張還沒有正面衝突。

九、《冊元妃某氏弟為貴妃文》：

> 維年月日，皇帝若曰：《易》著六位，正天下者先齊於家；《詩》本二南，厚人倫者理成於國。垂芒耀於帝極，符紀燦乎河圖。蹢潔莊齊，祗奉織紝，膺是典冊，宜歸淑明。咨爾元妃某氏，濬源洪宗，靈派茂緒，植性懿哲，稟姿端柔，竭奉兩宮，總理眾御，弘古以行

〔註45〕《資治通鑑》卷二〇七，唐中宗神龍元年正月條，第6578頁。

〔註46〕《文苑英華》卷五八八，第3046頁。

〔註47〕《舊唐書》卷一七七《崔慎由傳附崔胤傳》，第4583頁。

〔註48〕此句當出自於《左傳》文公十八年，記載：「先大夫臧文仲教行父事君之禮，行父奉以周旋，弗敢失對，曰：『見有禮於君者，事之，如孝子之養父母也：見無禮於其君者，誅之，如鷹鸇之逐鳥雀也。』」見楊伯峻編著：《春秋左傳注》，北京：中華書局，1981年，第633頁。

己，逮下以率人，循師傅之嚴，躬勤儉之訓，色不恃貴，言無矜驕，和以能容，遜以自牧，致茲蘭馥，洽於椒房，是宜守四星以居元，冠三妃以推惠。今遣使某官某、副使某持節冊命爲貴妃。爾惟公乃視聽，底於聰明，聽靡有偏，視靡有忒，言違而志必觀其誠，言順而心必觀其佞。婦順之化，資汝而彰；陰教之端，資汝而正。敬之戒之，無替成式，可不慎歟！〔註49〕

此詔文既無貴妃的姓氏，又無明確的時間，因此想做出詳細考釋殊爲不易，但有跡可尋。

（一）首先可以從「元妃」和「貴妃」入手。元妃，並不是唐代妃嬪的稱號，實則有「嫡妻、正夫人」之意。如《唐大詔令集》卷三一《令兩京選皇太子妃敕》：「冢嗣其良，家國之慶，人倫之始，宜娶元妃。」〔註50〕此處的元妃就是正妻的意思。《後漢書・皇后紀》：「齊桓有如夫人者六人，晉獻升戎女爲元妃，終於五子作亂。」李賢注「元妃」曰：「元妃：嫡夫人也。」〔註51〕白居易《賢妃京兆韋氏墓誌銘》記載：「德宗聖文神武皇帝元妃韋氏諱某，字某，京兆人也。」〔註52〕

筆者通過對史料的梳理，可以確定唐代被封授爲貴妃者有：唐高祖萬貴妃〔註53〕、唐太宗韋貴妃〔註54〕、唐睿宗崔貴妃〔註55〕，唐玄宗董貴妃（上文已揭）、楊貴妃，唐肅宗楊貴妃〔註56〕，唐代宗崔貴妃（詳見下文）、獨孤

〔註49〕《唐大詔令集》卷二五「妃嬪」條，第82頁。

〔註50〕《唐大詔令集》卷三一「皇太子」條，第120頁。

〔註51〕《後漢書》卷一〇上《皇后紀》，第399頁。

〔註52〕（唐）白居易；朱金城箋校：《白居易集箋注》卷四二《墓誌銘》，上海：上海古籍出版社，1988年。同時此文收入《文苑英華》卷九六九，第5094頁。由此可見唐德宗的正妻其實是韋賢妃，但是韋賢妃可能未爲德宗生有子女，因此恩寵遠不如生順宗的王淑妃，在王淑妃彌留之際，唐德宗冊爲皇后。詳見《舊唐書》卷五二《后妃傳下・德宗昭德皇后王氏》，第2193頁。《新唐書》記載與之同。

〔註53〕《舊唐書》卷六四《高祖二十二子傳》記載：「楚王智雲，高祖第五子也。母曰萬貴妃。」，第2423頁。

〔註54〕《新唐書》卷三八《諸帝公主傳》記載：「臨川公主，韋貴妃所生」，第3646頁。

〔註55〕《新唐書》卷三八《諸帝公主傳》記載：「鄎國公主，崔貴妃所生」，第3656頁。

〔註56〕詳見下文《良娣楊氏等爲貴妃詔》。

貴妃（貞懿皇后）〔註 57〕，唐憲宗郭貴妃（懿安皇后）〔註 58〕、唐穆宗武貴妃〔註 59〕、唐敬宗郭貴妃〔註 60〕、唐懿宗楊貴妃〔註 61〕。據已有史料我們可以確定唐朝諸帝的元妃是：唐高祖竇氏、唐太宗獨孤氏、唐睿宗劉氏、唐玄宗王氏、唐肅宗韋氏、唐代宗崔氏，因而依次萬貴妃、韋貴妃、崔貴妃、董貴妃、兩位楊貴妃、獨孤貴妃等可以排除。唐懿宗楊貴妃是薨後追贈亦可排除。這樣就剩下唐代宗崔貴妃、唐憲宗郭貴妃、唐穆宗武貴妃、唐敬宗郭貴妃。

（1）唐代宗崔妃。《舊唐書·后妃傳》：「父峋，秘書少監；母楊氏，韓國夫人。天寶中，楊貴妃幸，即妃之姨母也。時韓國、虢國之寵，冠於戚里。時代宗爲廣平王，故玄宗選韓國之女，嬪於廣平邸，禮儀甚盛。生召王偲。初，妃挾母氏之勢，性頗妒悍，及西京陷賊，母黨皆誅，妃從王至靈武，恩顧漸薄，達京而薨。」〔註 62〕

《新唐書·后妃傳》：「天寶中，帝爲廣平王，時貴妃楊氏外家貴冠戚里，秘書少監崔峋妻韓國夫人以其女女皇孫爲妃。妃生子偲，所謂召王者。妃倚母家，頗驕媚。誅諸楊，禮寖薄。」〔註 63〕

結合兩段史料，崔峋和韓國夫人之女無疑是嫁給後來的唐代宗。但是兩書中均記載崔妃所生之子是召王李偲，這就出現問題。

《舊唐書·肅宗代宗諸子傳》記載：「肅宗皇帝十四子：……崔妃生召王偲，……召王偲，肅宗第十一子。至德二載十二月封，元和元年薨。……代宗皇帝二十子：……崔妃生昭靖太子……昭靖太子，代宗第二子。」〔註 64〕

《新唐書·十一宗諸子傳》記載：「肅宗十四子：……崔妃生偲，……召王偲，元和元年薨。……代宗二十子：……崔妃生邈……」〔註 65〕 唐肅宗和唐代宗

〔註 57〕《舊唐書》卷五二《后妃傳下》記載：「后始冊爲貴妃」，第 2190 頁。
〔註 58〕《舊唐書》卷五二《后妃傳下》記載：「元和元年八月，冊爲貴妃」，第 2196 頁。
〔註 59〕《新唐書》卷三八《諸帝公主傳》記載：「義豐公主，武貴妃所生」，第 3669 頁。
〔註 60〕《舊唐書》卷五二《后妃傳下》記載：「俄冊爲貴妃」，第 2200 頁。
〔註 61〕《唐代墓誌彙編》咸通○四一，第 2410 頁。
〔註 62〕《舊唐書》卷五二《后妃傳下·代宗崔妃》，第 2190 頁。
〔註 63〕《新唐書》卷七七《后妃傳下·代宗貞懿皇后孤獨氏》，第 3500 頁。
〔註 64〕《舊唐書》卷一一六《肅宗代宗諸子傳》，第 3382～3391 頁。
〔註 65〕《新唐書》卷八二《十一宗諸子傳》，第 3616～3622 頁。

都有崔妃，肅宗崔妃生召王李偲，代宗崔妃生昭靖太子李邈〔註66〕。因此本傳中在記錄崔妃所生子時，就將兩位崔妃混淆，將唐代宗弟弟召王李偲陰差陽錯記爲自己的兒子，其實當爲崔妃生李邈才對。

　　崔氏是唐代宗元妃。《新唐書》唐代宗崔妃傳中提到「女皇孫爲妃」。《唐大詔令集》中有《冊廣平王崔妃》文，載：「維天寶五載，歲次丙戌，四月癸未朔，十六日戊戌，皇帝若曰：於戲！朱邸傳封，爰求嘉偶，瓊笄作合，必擇華宗。諮爾太子宮門郎崔珣長女，冑自軒冕，訓承圖記。柔閑內正，淑問外宣。既連榮於姻戚，且襲吉於龜筮。是用命爾爲廣平郡王妃。今遣使光祿大夫行門下侍郎陳希烈，持節禮冊。」〔註67〕

　　但在本傳中沒有明確記載崔氏爲貴妃。《新唐書‧諸帝公主傳》中記載唐代宗有十八位公主，「齊國昭懿公主，崔貴妃所生。始封昇平。」〔註68〕那麼崔妃和崔貴妃是否係同一人呢？如果是的話，那麼可證明崔妃是崔貴妃。

　　齊國昭懿公主，即昇平公主，生卒年史書中未有記載，但是卻有「時昇平年亦與曖相類」〔註69〕之語，可知郭曖與昇平公主年齡相近。《新唐書》本傳中記載郭曖四十八歲卒〔註70〕，《舊唐書》本傳記載郭曖卒年是貞元十六年，故而可以斷定郭曖生卒年是公元753～800年，出生年即天寶十二載。昇平公主生年也可能是在此前後。

　　唐代宗娶崔珣之女是在天寶時期做廣平王時，代宗十五歲時被封廣平王，即開元二十八年（740），唐代宗娶崔珣女至少是在開元二十八年之後。

〔註66〕《唐大詔令集》卷三二《昭靖太子哀冊文》，第131～132頁。

〔註67〕《唐大詔令集》卷四○，第187頁。《新唐書‧諸帝公主傳》中記載唐代宗有十八位公主，「靈仙公主，蚤薨，追封。眞定公主，蚤薨，追封。永清公主，下嫁裴倣。齊國昭懿公主，崔貴妃所生。始封昇平。」按此排序昇平公主是代宗四女。如《舊唐書‧郭子儀傳附郭曖傳》記載：「曖，子儀第六子。年十餘歲，尚代宗第四女昇平公主，時昇平年亦與曖相類。」但是也有不同記載，如：「憲宗懿安皇后郭氏，尚父子儀之孫，贈左僕射、駙馬都尉曖之女。母代宗長女昇平公主。」《冊府元龜‧外戚部》載：「郭釗，憲宗懿安皇后之兄也。母，代宗長女昇平公主。」《太平御覽》引《唐書》曰：「憲宗懿安皇后郭氏，尚父子儀之孫，駙馬都尉曖之女。母代宗長女昇平公主。」昇平公主又成爲唐代宗長女，筆者推測這裡可能是說昇平公主是嫡長女，亦可旁證崔妃是元妃。

〔註68〕《新唐書》卷八三《諸帝公主傳》，第3662頁。

〔註69〕《舊唐書》卷一二○《郭子儀傳附郭曖傳》，第3470頁。

〔註70〕《新唐書》一三七《郭子儀傳附郭曖傳》，第4611頁。

天寶元年（742），唐代宗長子即後來的唐德宗出生。唐代宗諸子中生卒年還可知者，是獨孤皇后所生代宗第七子韓王迴（750～796 年），生年是在天寶九載。因此李邈的生年是在天寶元年到天寶九載之間，符合崔珣之女嫁給唐代宗的時間段。

通過以上時間的對比，生李邈崔妃和生昇平公主的崔貴妃，所處時間段極爲接近，很有可能就是同一人。崔妃本傳中說她「達京而薨」，即從靈武返回長安之後就去世。唐肅宗返回長安時間是至德二載（757）十月，唐代宗被封爲皇太子是在乾元元年（758）四月，唐代宗即位是在寶應元年（762）四月。崔妃如果「達京而薨」，那麼就是在唐代宗未即位之前去世，所封貴妃當爲追贈。與本冊文性質不符，可排除。

唐憲宗郭貴妃（懿安皇后）。符合上述既是元妃也是貴妃的條件。郭太后離奇死亡之後，「太常官王皞請后合葬景陵，以主祔憲宗室，帝不悅令宰相白敏中讓之。皞曰：『后乃憲宗東宮元妃，事順宗爲婦，歷五朝母天下，不容有異論。』」〔註 71〕並且本傳中明確記載「憲宗爲廣陵王時，納後爲妃。……元和元年八月，冊爲貴妃。」〔註 72〕就郭氏身世而論，祖父是郭子儀，母爲唐代宗嫡長女，也不能做旁室，當是元妃無疑。

（3）唐穆宗武貴妃。兩《唐書·后妃傳》沒有記載，只有「義豐公主，武貴妃所生」一語，因此殊難判斷。對比唐穆宗的其他妃嬪來看。敬宗之母恭僖皇后王氏，「越州人，本仕家子。幼得侍帝東宮，生敬宗。長慶時，冊爲妃」。〔註 73〕文宗之母貞獻皇后蕭氏，「穆宗爲建安王，后得侍，生文宗」〔註 74〕，未記載穆宗即位之後蕭氏受何封。武宗之母宣懿皇后韋氏，「失其先世。穆宗爲太子，后得侍，生武宗。長慶時，冊爲妃」〔註 75〕。三位皇后傳中都沒有提到與「元妃」相關的內容，而且三人出身不是顯門。武貴妃被封爲貴妃，在沒有皇后的情況下，貴妃就是妃嬪之首。並且義豐公主在「穆宗八女」中排行居首位，可能出生較早，因此推斷武貴妃與唐穆宗結合較早，後又升爲貴妃，所以存在武貴妃是元妃的可能性。

（4）唐敬宗郭貴妃。《舊唐書·后妃傳》：「父義，右威衛將軍。長慶末，

〔註 71〕《新唐書》卷七七《后妃傳下·憲宗懿安皇后郭氏》，第 3505 頁。
〔註 72〕《舊唐書》卷五二《后妃傳下》，第 2196 頁。
〔註 73〕《新唐書》卷七七《后妃傳下》，第 3506 頁。
〔註 74〕《新唐書》卷七七《后妃傳下》，第 3506 頁。
〔註 75〕《新唐書》卷七七《后妃傳下》，第 3507 頁。

以姿貌選入太子宮。敬宗即位，爲才人，生晉王普。帝以少年有子，復以才人容得冠絕，特寵異之。贈其父禮部尚書，又以兄環爲少府少監，賜第一區。俄冊爲貴妃。」〔註76〕此處郭貴妃是否是元妃，很難判斷。其父郭義爲右威衛將軍，官居從三品，雖說北衙禁軍興起之後，十六衛基本成爲閒司，〔註77〕但是從三品也不是小官員，其女當太子元妃也不是全無可能。但如果是元妃，爲何敬宗即位之初，才封郭氏爲地位較低的才人，這也不符合常理，因此郭貴妃不是敬宗元妃的可能性很大。

（二）排除唐代宗崔貴妃和唐敬宗郭貴妃之後，就剩下兩個可能：唐憲宗郭皇后、唐穆宗武貴妃。進而從詔文中分析有「竭奉兩宮，總理眾御」之語，這就需要進一步分析唐代「兩宮」所指爲何。

首先需要說明一下唐代「兩宮」有實指和指代兩種意思。第一種含義，確指兩宮即西內（太極宮）和東宮，如：《舊唐書‧裴寂傳》：「三年，有沙門法雅，初以恩倖出入兩宮，至是禁絕之，法雅怨望，出妖言，伏法。」〔註78〕《舊唐書‧李大亮傳》：「十七年，晉王爲皇太子，東宮僚屬皆盛選重臣，以大亮兼領太子右衛率，俄兼工部尚書，身居三職，宿衛兩宮，甚爲親信。」〔註79〕《舊唐書‧杜正倫傳》：「十年，復授中書侍郎，賜爵南陽縣侯，仍兼太子左庶子。正倫出入兩宮，參典機密，甚以幹理稱。」〔註80〕《舊唐書‧馬周傳》：「十八年，遷中書令，依舊兼太子右庶子。周既職兼兩宮，處事精密，甚獲當時之譽。」〔註81〕

也有指東內和南內。《舊唐書‧地理志》：「高宗已後，天子常居東內，別殿、亭、觀三十餘所。南內曰興慶宮，在東內之南隆慶坊，本玄宗在藩時宅也。自東內達南內，有夾城複道，經通化門達南內。人主往來兩宮，人莫知之。」〔註82〕這裡指東內（大明宮）和南內（興慶宮）。《唐會要》卷二六「命婦朝皇后」條記載：「長慶四年三月，禮儀使奏：『故事，命婦有邑號者，正至四立，並合行起居之禮。緣其日兩宮起居，若依舊章，事涉煩褻。今請正

〔註76〕 《舊唐書》卷五二《后妃傳下》，第2200頁。《新唐書》記載與之相同。
〔註77〕 參看張國剛：《唐代官制》，西安：三秦出版社，1987年，第117頁。
〔註78〕 《舊唐書》卷五七《裴寂傳》，第2288頁。
〔註79〕 《舊唐書》卷六二《李大亮傳》，第2389頁。
〔註80〕 《舊唐書》卷七〇《杜正倫傳》，第2543頁。
〔註81〕 《舊唐書》卷七四《馬周傳》，第2619頁。
〔註82〕 《舊唐書》卷三八《地理志一》，第1394頁。

至日，即詣興慶宮起居訖，詣光順門起居。』制可。」〔註83〕光順門在大明宮，這裡也是指東內和南內。

另外「三宮」之說也有實指。《舊唐書・后妃傳下》：「文宗孝義天然，太和中，太皇太后居興慶宮，寶曆太后居義安殿，皇太后居大內，時號『三宮太后』。……有司嘗獻新芯、櫻桃，命獻陵寢宗廟之後，中使分送三宮、十宅。」〔註84〕「三宮太后」指唐穆宗生母郭氏、唐敬宗生母王氏、唐文宗生母蕭氏。

第二種就是指代的含義。《舊唐書・徐浩傳》：「肅宗即位，召拜中書舍人，時天下事殷，詔令多出於浩。浩屬詞贍給，又工楷隸，肅宗悅其能，加兼尚書右丞位。玄宗傳位誥冊，皆浩為之，參兩宮文翰，寵遇罕與為比。」〔註85〕這裡指皇帝和太上皇。《舊唐書・儒學傳下・徐岱》：「貞元初，遷水部郎中，充皇太子及舒王已下侍讀。尋改司封郎中，擢拜給事中，加兼史館修撰，並依舊侍讀。承兩宮恩顧，時無與比。」〔註86〕這裡指皇帝和皇太子。《舊唐書・代宗本紀》：「上元末年，兩宮不豫，太子往來侍疾，躬嘗藥膳，衣不解帶者久之，及承監國之命，流涕從之。」〔註87〕這裡指唐玄宗和唐肅宗。《舊唐書・回紇傳》：「雍王領子昂等從而見之（回紇登里可汗），可汗責雍王不於帳前舞蹈，禮倨。子昂辭以元帥是嫡孫，兩宮在殯，不合有舞蹈。」〔註88〕指唐玄宗和唐肅宗。劉禹錫《賀冊太皇太后表》：「臣某言：伏見制書，以二月二十七日冊立太皇太后。……伏惟皇帝陛下，纘承列聖，歡奉兩宮。……長慶四年三月日。」〔註89〕長慶四年正月唐穆宗崩，唐敬宗即位於柩前〔註90〕，此表作於三月，因此兩宮當指郭太后和敬宗生母王氏。

綜上而論，唐代的「兩宮」沒有固定含義，隨具體情況不同而不同。再結合唐憲宗郭皇后、唐穆宗武貴妃的具體情況來分析。

〔註83〕《唐會要》卷二六「命婦朝皇后」條，第576頁。

〔註84〕《舊唐書》卷五二《后妃傳下》，第2203頁。

〔註85〕《舊唐書》卷一三七《徐浩傳》，第3759頁。

〔註86〕《舊唐書》卷一八九《儒學傳下》，4975頁。

〔註87〕《舊唐書》卷一一《代宗本紀》，第268頁。

〔註88〕《舊唐書》卷一九五《回紇傳》，第5203頁。唐玄宗和唐肅宗都駕崩於寶應元年四月，即公元七六二年四月。雍王見回紇可汗，《資治通鑒》記年月是寶應元年十月。因此藥子昂之語不假。

〔註89〕（唐）劉禹錫；瞿蛻園箋證：《劉禹錫集箋證》卷一四《表章》，上海：上海古籍出版社，1989年，第366頁。

〔註90〕《舊唐書》卷一七上《敬宗本紀》，第507頁。

唐憲宗郭皇后時代的兩宮有可能是指唐順宗和唐憲宗。唐順宗得重疾史書明確記載，郭皇后作爲皇太子妃也有侍疾的可能性，也與「竭奉兩宮」之語相吻合。

唐穆宗武貴妃，當時兩宮或指居興慶宮的郭太后和居東內的唐穆宗，也可以說「竭奉兩宮」。

這樣的話詔文中的有效信息就被挖掘殆盡，但是依然不能確定此詔文所指爲誰。但根據目前史料來判斷，唐憲宗郭貴妃的可能性最大。當然這也是一種推測，不能下完全肯定的結論，不能排除有像唐玄宗董貴妃那樣埋沒於歷史中的貴妃情況的存在。

十、《良娣楊氏等爲貴妃詔》：

　　詔曰：六位時成，方祗所以載物；四始爰著，樛木於焉逮下。故能風化聿定，肅雍昭被。皇后虔恭粢盛，儀刑邦國，詠《螽斯》而闡業，閱《關雎》而蹈禮，邁樊姬而進善，逾鄧后之推賢。去歲及茲，累陳表疏，以爲內職未備，有虧前代之禮。朕祗奉靈命，君臨邦域，在紫宸之重，若馭朽於悴駕；處黃屋之尊，猶履冰於春旭。志崇簡約，性靡徵求，絕良家之選，曠後庭之列，寧唯矯正百王，亦將垂鏡千祀。皇后所陳□切，理在難辭，式順徽音，敬依來請。良娣楊氏、良娣于氏，並家承鍾鼎，心標婉淑，夙侍儲闈，從升天禁，久淹歲月，先著恭勤，咸擬職上台，分榮中壺。楊可貴妃，于可淑妃，于可德妃，良媛陳爲昭儀，良媛閻爲充儀，良媛陸爲充容，崔氏爲修儀。〔註91〕

筆者判斷這份詔書的頒佈者是唐肅宗。理由如下：

第一，首先此詔文大量篇幅是說皇后，這在其他詔書中是很少見到的，且盡是溢美之辭，可見此時皇后權望之盛。

第二，唐中宗韋皇后符合第一點，但是從詔文排序來看，發生在中宗朝的可能性很小。

第三，此處楊貴妃、于淑妃等是皆由皇太子的良娣進封，上文有唐睿宗所頒《皇帝良娣董氏等貴妃誥》，因此排除是唐玄宗時期的可能。

第四，安史之亂以後的皇后中只有唐肅宗張皇后有如此影響力，並且除

〔註91〕《唐大詔令集》卷二五「妃嬪」條，第82頁。

唐昭宗的何皇后外，唐後期沒有眞正意義上的皇后。那麼這份詔書撰寫於唐肅宗朝的可能性就最大，詔書中的「皇后」應該就是肅宗張皇后。

由於張皇后在肅宗朝權熾極盛，於是起草詔書的大臣在詔書中多對皇后有溢美之辭。詔文中說：「良娣楊氏、良娣于氏，並家承鍾鼎，心標婉淑，夙侍儲闈，從升天禁，久淹歲月，先著恭勤，咸擬職上台，分榮中壼。」表示肅宗在當皇太子時就已經娶她們。唐肅宗即位於至德元載（756）七月，至德二載（757）十月返回長安，乾元元年（758）四月張皇后被冊封爲皇后。時隔半年以後才冊后，表明後宮之制完善較遲，符合「從升天禁，久淹歲月」之語，亦可見當時戰況之危急，政局一直不穩。肅宗等政局稍微穩定之後才下詔，讓隨他同甘苦共患難的妃嬪「咸擬職上台，分榮中壼」。

筆者推斷于氏或與于休烈有親屬關係。于休烈的祖父是于志寧，爲太宗高宗兩朝宰相，于志寧之曾祖于謹是後周的太師、燕文公，從《新唐書・宰相世系表二下》關於于氏世系〔註92〕來看，唐代京兆于氏當爲大族，足以謂之「家承鍾鼎」。於是就有當唐肅宗踐阼於靈武時，于休烈「奔赴行在」之事〔註93〕，或許與其皇親的身份有關。

十一、《冊獨孤穎長女爲貴妃文》：

> 維大曆三年，歲次戊申，月日，皇帝遣使某官某冊命曰：於戲！位亞長姒，坐論婦道，聽天下之內治，序人倫之大端，御於邦家，式是風化。惟爾贈禮部尚書獨孤穎長女，祥會鼎族，行高邦媛。體仁則厚，履禮惟純。有沖敏之識，不資姆訓；有淑愼之行，自成嬪則。蘊此貞懿，灼其方華。選躬之初，奉承先命；肅恭之儀，克稱尊旨。鑾輿北幸，侍從勤誠。祗事壽宮，備申哀敬。能盡其節，實同我心。久奉椒塗，載揚惠問。勤於道藝，每鑒圖書。動有箴規，必脫簪珥。進賢才以輔佐，知臣下之勤勞。謙讓益勤，記功惟最。聲流彤管，道洽紫庭。克副宮教，載修壼職。眷求賢淑，用峻等威。百辟抗辭，六宮歸美。宜崇禮冊，俾舉彝章。是用冊曰貴妃。往欽哉。无或居上而驕，无或處貴而逸。降情以逮下，誠事以防微。潔其粢盛，服其澣濯。敬循禮節，以率嬪御。膺茲嘉命，可不愼歟！

〔註94〕

〔註92〕參看《新唐書》卷七二下《宰相世系表二下》，第2818頁。

〔註93〕《新唐書》卷一〇四《于志寧傳附于休烈傳》，第4007頁。

〔註94〕《唐大詔令集》卷二五「妃嬪」條，第82～83頁。

所記即唐代宗貞懿皇后獨孤氏，兩《唐書》有傳，此亦不贅論。惟有可論者是獨孤皇后入宮時間和生年問題。《新唐書》記載：「天寶中，帝爲廣平王，時貴妃楊氏外家貴冠戚里，秘書少監崔峋妻韓國夫人以其女女皇孫爲妃。妃生子偲，所謂召王者。妃倚母家，頗驕媚。誅諸楊，禮寖薄，及薨，后以姝豔進，居常專夜。王即位，冊貴妃。」〔註95〕《舊唐書》本傳中只記有「后以美麗入宮，嬖幸專房，故長秋虛位，諸姬罕所進御。」〔註96〕後者表達模糊不清，以《新唐書》文來看，似乎獨孤皇后入宮是在崔妃去世之後，但這點無疑是不正確的。崔妃去世的時間，上文已揭《舊唐書》本傳中記載是「達京而薨」，即至德二載（757）之後。依《新唐書》記載孤獨皇后入宮之年，當是在至德二載之後。上文已講過，獨孤皇后所生之子韓王迥生卒年是公元750～796年，生年是在天寶九載，由此可見《新唐書》記載之誤。因而獨孤皇后入宮年份只能在天寶九載之前。

　　獨孤皇后是在大曆十年（775）去世，其與唐代宗結合必是在生韓王迥之前即天寶九載之前。開元二十二年（734）二月，唐玄宗敕令：「男年十五，女年十三以上，聽婚嫁」〔註97〕。唐代人認爲女子十四歲以後就可以生育〔註98〕，據此推斷孤獨皇后生韓王迥是在十四歲之後。如果設一個獨孤皇后生年最下限，也就是十三歲嫁唐代宗，十四歲生韓王迥，其生年當是開元二十五年（737）。唐代宗生年是開元十五年，兩人相隔十歲略顯差距較大，因此獨孤皇后生年或在開元二十五年之前，但是具體時間便不能下定論，只能做此推測。

　　十二、《許氏等爲美人等制》：

　　　　敕：許氏、尹氏、段氏等，素稱柔順，式稟惠和，頗閑閨壼之
　　儀，早備組紃之訓，服勤有素，寵秩宜優，是嘉内範之良，並命中
　　宮之職。許氏可美人，尹氏、段氏並可才人。〔註99〕

《舊唐書·憲宗本紀》明確記載：「（元和元年）秋七月甲子，……以許氏爲美人，尹氏、段氏爲才人」〔註100〕。這裡姓氏和封號都一模一樣，不可能是巧合，只能是這封詔書頒布於唐憲宗在位時期。

〔註95〕《新唐書》卷七七《后妃傳下·代宗貞懿皇后獨孤氏》，第3500頁。
〔註96〕《舊唐書》卷五二《后妃傳下·代宗貞懿皇后獨孤氏》，第2190頁。
〔註97〕《唐會要》卷八三「嫁娶」條，第1811頁。
〔註98〕張國剛、蔣愛花：《唐代男女婚嫁年齡考略》，《中國史研究》，2004年第2期，第67頁。
〔註99〕《唐大詔令集》卷二五「妃嬪」條，第83頁。
〔註100〕《舊唐書》卷一四《憲宗本紀上》，第418頁。

十三、《鄭氏爲才人制》：

> 敕：古者天子設六宮，以詔內理，是以《關雎》樂得淑女，憂
> 在進賢，將聽《雞鳴》之詩，豈唯魚貫之序。鄭氏山東令族，海內
> 良家，每師班女之文，嘗慕樊姬之蕙，桃姿焜耀，蘭行馨香。爰用
> 擇才，冀無傷善，勉當選進之重，无忘平和之心。可才人。〔註 101〕

草寫此詔文者是元稹，收入《元氏長慶集》卷四九《制誥》中〔註 102〕，《唐大
詔令集》沒有記作者。元稹唐憲宗時官職卑微，元和末年才做到膳部員外郎，
長慶初開始受到唐穆宗重用，先拜祠部郎中，知制誥，不久就遷爲中書舍人、
翰林學士承旨〔註 103〕。因此鄭才人當是唐穆宗的內官。

十四、《贈嬭婆元氏潁川郡太夫人制》。同詔書見於《冊府元龜·帝王部》
「尊乳保」條中。《唐大詔令集》將皇帝乳母列入「妃嬪」條中，筆者懷疑宋
敏求此舉是否妥當，或者別有所據。

十五、《婕妤王氏等爲淑妃制》：

> 門下：禮重內朝，國有彝制。德既備於宮壼，位宜峻其等威。
> 婕妤王氏、劉氏，並體坤順之德，循姆師之訓。齊莊知禮，淑愼
> 有儀。楊懿軌於中闈，表柔明於內則。惠流宸禁，芳藹椒塗。慕
> 辭輦之智，弘逮下之德。宜極寵數，以彰徽猷。必能重正閨儀，
> 助修陰教，無愧於女史之誡，國風之詩。王氏可淑妃，劉氏可賢
> 妃，仍並令所司擇日備禮冊命。主者施行。（開成五年二月二十一
> 日）〔註 104〕

此制文有明確時間是開成五年（840）二月二十一日。由於唐文宗崩於開成五
年正月初四〔註 105〕，所以這道制文草寫時間應該是唐武宗即位之初。由此推
斷唐武宗後宮有王淑妃和劉賢妃。

十六、《吳氏等封昭儀制》。有明確時間會昌六年五月二十三日，其文載：
「吳氏可封昭儀，張氏可封婕妤，晁氏、梁氏並可封美人，羅氏、史氏並可
封才人，錢氏可封長城郡夫人，曹氏可封武威郡夫人。」〔註 106〕由於唐武宗

〔註 101〕《唐大詔令集》卷二五「妃嬪」條，第 83 頁。
〔註 102〕（唐）元稹撰：《元氏長慶集》，上海：上海古籍出版社，1994 年，第 248 頁。
〔註 103〕詳見《新唐書》卷一七四《元稹傳》，第 5228。
〔註 104〕《唐大詔令集》卷二五「妃嬪」條，第 83 頁。
〔註 105〕《舊唐書》卷一七下《文宗本紀下》，第 579 頁。
〔註 106〕《唐大詔令集》卷二五「妃嬪」條，第 83 頁。

崩於會昌六年三月二十三日〔註107〕，所以草寫時間應該在唐宣宗即位之後。因而唐宣宗後宮有吳昭儀、張婕妤、晁美人、梁美人、羅才人、史才人、長城郡夫人、武威郡夫人。

十七、《王氏爲才人制》

> 敕：王氏性稟惠和，行推柔順。自備宮闈之選，頗彰令淑之才。組紃獻璽館之功，圖史服椒庭之訓。既嘉懿範，爰錫寵章。宜修九御之教，以正三星之位。可才人。〔註108〕

此制文沒有有效信息可供考證，暫且存疑不考。

十八、另外韓昇、張達志兩位先生在《〈唐大詔令集〉補訂》〔註109〕中，在「妃嬪」條補過三條新的內容。分別是《封貴人燕氏爲賢妃制》、《封賢妃燕氏爲德妃制》、《封德妃燕氏爲越國太妃制》，三條制文都是從《大唐故越國太妃燕氏墓誌銘並序》中析出。

燕氏的其他所見材料有：《舊唐書‧太宗諸子傳》：「燕妃生越王貞。」〔註110〕《唐會要》卷二一「陪葬名位」條：「昭陵（唐太宗）陪葬名氏：越國太妃燕氏、趙國太妃楊氏、紀國太妃韋氏、賢妃鄭氏、才人徐氏、鄭國夫人、彭城郡夫人。」〔註111〕這兩則材料對研究沒有突破性的價值。如果對燕氏有進一步研究還需從《大唐故越國太妃燕氏墓誌銘並序》入手，欲行文方便，引墓誌於下：

> 夫文明演繹，帝妹入飛鴻之祥；景象舒華，軒轅贊貫魚之術。是故五典攸暢，四始鬱興。首涉人倫，肇關王化。若其河魴宋鯉，潤藻谿蘋。資蕙氣於柔明，發蘭儀之清懿。道苞良袂，德冠含章。佐二南之風流，參兩姚之琴瑟。加以圣善陳訓，怀袖盈慈。勵東平之碩膚，勖河間之多藝。南史之策，方紬彤管之詞；西陵之澗，俄促青鳥之兆。在濬之感空纏，彼蒼之哀何极。太妃諱□□，字□□，涿郡平昌人也。姜源詠初，寒冰荐其禋祀；邵伯听訟，行露重其宵徵。綿胅與梓關連高，有芭將棠陰並茂。遂乃星箕分曜，宵符開岳。

〔註107〕《舊唐書》卷一八上《武宗本紀》，第610頁。
〔註108〕《唐大詔令集》卷二五「妃嬪」條，第83頁。
〔註109〕韓昇、張達志：《〈唐大詔令集〉補訂》，《傳統中國研究集刊》第一輯，上海：上海人民出版社，2006年。
〔註110〕《舊唐書》卷七六《太宗諸子傳》，第2647頁。
〔註111〕《唐會要》卷二一「陪葬名位」條，第480頁。

薊門北上，始建梧臺；勃尾東長，初披碣館。丹攄宿憤，舞陽共荊
軻觸秦；蒼折陰謀，楊敞將陳平齊漢。固已靈源浸遠，峻阯彌崇。
曾祖侃，魏車騎大將軍、驃騎大將軍、開府儀同三司、左衛大將軍、
楚州刺史、上柱國、陽平郡開國公。辰象澄華，山川虛受。望歸上
鉉，寄總元戎。七澤煽其風塵，兩河開其井邑。市朝亟遠，聲芳可
尋。祖榮，周上開府儀同三司、晉州刺史，隋蒲州刺史、揚州總管、
邢瀛恆定營幽平檀滄易媯貝十二州大總管、左武候大將軍、上柱國、
洛業郡公。天資剛簡，雅緻英明。宦涉兩朝，禮踰八命。出光連率，
建侯之術且憂；內綰鉤陳，文昌之官增邃。松楸不翦，蘭菊悠然。
父寶壽，門籍高華，神標夷曠。班嗣一壑，前重賜書。楊惲長歌，
聊賢趙女。寄貞心於汶上，輕善宦於浮雲。太夫人即隋太尉、觀王
楊雄之第三女也。太妃德門昭慶，芳閨薦祉。濯仙氣於潢津，吐圓
曜於驪澳。寵豐慈膝而弱不好弄，訓關師氏而幼有成德。沉靜以幽
閒縱體，峻節與簡毅通方。纂組續其妍心，詩書文其婉袖。兄敬嗣
時因稟訓讀上林賦於前，太妃一覽斯文，便誦數紙。太夫人善其聰
令，撫而異之。年甫十三，香名逾振。家門舅族，戚里分華。穠艷
蓁妹，降嬪接軫。遂復光膺禮命，召入後庭。於時業尚賓門，績惟
霸府。內助之美，動多諧緝。及天飛五讓，位正六宮。闢蘭殿而載
華，敞椒風而逾馥。貞觀云始，言興綸誥。詔曰：軒曜垂象，閨廷
列位。助宣陰教，取則上玄。爰從古昔，實惟通典。貴人燕氏識悟
開朗，性履清暢。譽流笄翟，義彰蘋藻。擅美公宮，移芳椒掖。情
深惟舊，宜正恆序，可賢妃。既而瑤筐弄鷫，乍軼雙璜。鏤檻驚熊，
方紓雜珮。十八年內，寵命逾隆，詔曰：二南垂範，王風之所基；
六宮分職，陰教之所繫。故能清眺側於九霄，弘禮樂於八表。賢妃
燕氏器懷明淑，志識韶令。地惟軒冕之華，德備言容之美。鳳陪巾
櫛，早侍宮闈。幽閒之譽，播蘭芳於彤管；婉嫟之風，流玉潤於紫
殿。授以徽命，實允茂典，可德妃。高陽內政，映九嬪而在列；高
辛寤求，參四妃以凝化。斯乃纖阿警策，遙助朱義之光；營室騰文，
環麗紫辰之色。然而昔歆帝敏，早夢惟熊，越王貞，即太妃之所生
也。麟趾應多才之福，詵羽育咸宜之慶。永徽踐阼，恩睦宗枝。念
同氣於磐石，順因心於曾屺。詔曰：德妃燕氏操履貞正，婉順騰芳。

德範椒宮，聲華桂殿，宜加徽命，以申朝獎，可越國太妃。太妃嬪訓夙彰，母儀載闡。自臨藩閫，無遺嚴誨。哲王以金相承顏，諸孫將玉樹分。逮乎炯義，爰發懇詞。每以忠孝爲其區域，廢興存其名理。不肅而成，自家形國。遂使魯衛之政，朱紱與綠竹興篇；荀陳之居，群龍共德星交映。乾封肇歲，肆覲岱宗。射牛燎鶉，千載光其盛事；秸席芝泥，萬靈薦其繁祉。登封起白雲之瑞，降禪肅黃琮之儀。二聖展圭瓚於孝思，太妃奉褕翟於三獻。宗祀之貴，於斯而極。至於河洛受圖，甘泉載鼎，必承恩禮，常冠列藩。商丘之阿，有客奏桑林之樂；睢水之上，賢王陳警蹕之容。越王以明德居宗，此焉闡化；太妃以中宮在感，燧火旋周，乃赴東都，將申哀唁。途中感疾，奄臻大禍。瑤池水上，忽悲青鳥之音；珠絡帳前，永絕紫雲之駕。以咸亨二年七月廿七日薨於鄭州之傳舍，春秋六十有三。嗚呼哀哉。宋都退鷁，史過言魯國之憂；洧水龍沉，子產闕臨川之祭。城邑驚兇，馳馹奏聞。聖上中宮，覽表哀慟。舊制：諸王太妃，自率常禮。言發中旨，特於別次舉哀。兇事所須，隨由官給，務從優厚。仍令工部尚書楊昉監護，率更令張文收爲副。賜東園祕器陪葬昭陵。贈物七百段，粟米七百石，儀仗送至墓所往還，特給鼓吹。仍令京官四品一人攝鴻臚卿監護，五品一人爲副。馳驛賵襚，典策隆重。東都寺觀，恩敕咸爲設齋；宋州僧尼，行道三日，度二七良人。中宮爲造繡像二鋪，廣崇淨業，兼製銘文，詞旨絕妙。青編錦字，事超故實。三昧二乘，傍追勝果。始終之惠，振古莫儔。惟太妃麗則旻遙，令儀景淑。往居髫歲，早喪所天。暨乎有識，遠追哀慕。每鍾忌日，號泣方纏。至如綠芰秋繁，含嚶春薦，臨旨不禦，思形罔極。然而太夫人以高朗之資，隆頓復之念。雖鍾媛重王渾之室，荀氏嬪庾亮之閨。無以仰媲風儀，式序名教。太妃早居天寵，憑藉義方。是以溫恭彰乎夙夜，退讓表乎容色。惟軿不褰，簪珥可象。遂用歷四星而高跱，膺則百以流眖。在昔慈氏云背，哀毀將滅。窀穸云近，羸疹慘然。絕陰陽之拘忌，申攀號於泉壤。欲報之感，前良不屬。及在藩庭，或降中旨。時雖疴瘵，拜受無闕。子孫稟命，用爲家範。且絲竹非娛，墳籍起玩，晚年目疾，而令侍御者讀誦屬聽，而以永日焉。方受三尊而介福，延百祿而集祉。奄日御以書氛，

閱寒泉而告禩。臺蛇成列，廟鳥流音。天宰之賵徒施，自南之風何
有。越王懿高齊代，性踰閔參，躔素序而涉玄英，瞻國門而仰虛棟。
備物如在，餘澤不追。創巨與霜露俱深，樂棘共苫苴交實。龜筮謀
吉，宅兆即幽。粵以咸亨二年歲次辛未十二月甲子朔廿七日庚寅，
奉遷靈櫬，陪葬於昭陵之近塋，禮也。〔註112〕

燕侃史書無傳，燕榮《隋書》、《北史》有傳，都記有燕榮有子燕詢〔註113〕。
不能確定燕詢與燕寶壽是否是同一人。燕氏的生卒年是609～671年，即生於
隋大業五年，去世於唐咸亨二年。武德四年（621），十三歲時嫁唐太宗。燕
氏的舅舅是楊恭道，表妹是李元吉妃楊氏，即第一道詔文中所提到的楊婕好，
藉此可見李唐皇室的婚姻網絡。燕氏進封的經歷是貴人——賢妃——德妃—
—越國太妃，但是唐代皇后之下有貴妃、淑妃、德妃、賢妃，貴人之號未有
記載，並且貴人之號是得於武德年間為秦王李世民之妻時，還是唐太宗即位
之初，也有可考辨之處。

　　貴人之號，始設於東漢光武帝之時，「及光武中興，斲雕為樸，六宮稱號，
唯皇后、貴人。貴人金印紫綬，奉不過粟數十斛」〔註114〕。三國蜀漢後主張皇
后，「建興十五年，入為貴人」，延熙元年由貴人升為皇后。〔註115〕後主太子璿，
母為王貴人。〔註116〕由此可見蜀漢沿襲東漢的內官制度，也有貴人位號。

　　晉武帝時「置貴嬪、夫人、貴人，是為三夫人，位視王公」〔註117〕。南
朝劉宋孝建三年（456），「省夫人、修華、修容，置貴妃，位比相國，進貴嬪，
位比丞相，貴人位比三司，以為三夫人」〔註118〕。南齊建元元年（479），「有
司奏置貴嬪、夫人、貴人為三夫人」〔註119〕。北魏時，「太祖追尊祖妣，皆從
帝諡為皇后，始立中宮，餘妾或稱夫人，多少無限，然皆有品次。世祖稍增
左右昭儀及貴人、椒房、中式數等，後庭漸已多矣」〔註120〕。隋文帝由於獨

〔註112〕《全唐文補遺》第二輯，第240～242頁。《唐代墓誌彙編續集》，第193頁。
〔註113〕《隋書》卷七四《燕榮傳》，第1696頁。《北史》卷八七《燕榮傳》，第2902
　　　　頁。
〔註114〕《後漢書》卷一○上《皇后紀上》，第400頁。
〔註115〕《三國志》卷三四《蜀書·二主妃子傳》，第907頁。
〔註116〕《三國志》卷三四《蜀書·二主妃子傳》，第908頁。
〔註117〕《宋書》卷四一《后妃傳》，第1269頁。
〔註118〕《宋書》卷四一《后妃傳》，第1269頁。
〔註119〕《南齊書》卷二○《皇后傳》，第389頁。
〔註120〕《魏書》卷一三《皇后傳》，第321頁。

孤皇后的原因，不設三妃，直至獨孤皇后崩後，「始置貴人三員」〔註121〕，隋煬帝時，「貴妃、淑妃、德妃，是爲三夫人，品正第一」〔註122〕。

綜上可見，「貴人」之號自東漢以降，中間雖有消失，但都是皇帝妃嬪位號之一。隋煬帝時已無貴人之號。燕氏從貴人進封賢妃，是在貞觀初年無疑，從此以後有唐一代也未見貴人位號。若燕氏貴人之號是得於唐太宗爲秦王之時，那麼又與貴人應該屬於皇帝妃嬪稱號相矛盾。但是唐高祖之時，已見有萬貴妃、尹德妃，可見內官制度是沿襲於隋煬帝而不是隋文帝。《唐六典》記載：「皇太子良娣二員，正三品；良媛六員，正四品；承徽十員，正五品；昭訓十六員，正七品；奉儀二十四員，正九品。（本注《漢書》曰：『太子有妃，有良娣，有孺子，妻、妾三等』。歷代因之。至宋明帝，更爲太子置內職二等，有保林、良娣。齊建元中，太子宮置三內職：良娣比關內侯，保林比五等侯，才人比駙馬都尉。隋初定制也，皇朝因之。）」〔註123〕由此看來貴人稱號也不用於皇太子的妻妾群體。

還有另外一種可能此處「貴人」是尊稱。劉禹錫所作《馬嵬行》詩：「綠野扶風道，黃塵馬嵬驛。路邊楊貴人，墳高三四尺。乃問里中兒，皆言幸蜀時，軍家誅佞倖，天子捨妖姬。群吏伏門屏，貴人牽帝衣。低回轉美目，風日爲無輝。貴人飲金屑，倏忽瞬英莫。」〔註124〕劉禹錫在詩中將楊貴妃改爲楊貴人，貴人當是突顯地位的尊稱。此處稱燕氏爲貴人很有可能是尊稱的一種用法。

十九、另外還可以補一條《追封德儀皇甫氏爲淑妃制》，制曰：「故德儀皇甫氏，贊道中壺，肅事後庭，孰云疾疢，奄見凋落，永言懿範，用愴於懷。宜登西妃之列，式旌六行之美，可冊贈淑妃。」〔註125〕制文時間是開元二十三年，皇甫德儀薨於此年。兩《唐書》都記載玄宗第五子李瑤是皇甫德儀所生，《新唐書》記載：「臨晉公主，皇甫淑妃所生」。〔註126〕皇甫德儀與皇甫淑妃或爲一人。

通過上文的考釋，發現《唐大詔令集》「妃嬪」條的排序有錯誤之處，並且又補充有新內容，今重新整理排序，做《〈唐大詔令集〉「妃嬪」條新表》：

〔註121〕《隋書》卷三六《后妃傳》，第1106頁。
〔註122〕《隋書》卷三六《后妃傳》，第1107頁。
〔註123〕《唐六典》卷二「司封郎中員外郎」條，第38頁。
〔註124〕《劉禹錫集箋證》卷二六《樂府上》，第798頁。
〔註125〕《杜甫全集》卷二〇《策問文狀表碑誌十七首》，第318～319頁。
〔註126〕《新唐書》卷八三《諸帝公主傳》，第3658頁。

原順序	新的順序	備註
《冊楊恭道女爲婕妤文》	《封貴人燕氏爲賢妃制》	貞觀初年
《冊崔弘道女爲才人文》	《冊楊恭道女爲婕妤文》	四條詔文的時間都是貞觀某年月日。這四條冊文從內容上看，可能出自同時。
《冊蕭鏗女爲才人文》	《冊崔弘道女爲才人文》	
《冊蕭鑠女爲美人文》	《冊蕭鏗女爲才人文》	
《起復上官氏婕妤文》	《冊蕭鑠女爲美人文》	
《皇帝良娣董氏等貴妃誥》	《封賢妃燕氏爲德妃制》	貞觀十八年
《睿宗貴妃豆盧氏等食實封制》	《封德妃燕氏爲越國太妃制》	永徽元年
《趙國夫人一品制》	《起復上官氏婕妤文》	景龍三年十一月二十九日
《冊元妃某氏弟爲貴妃文》	《皇帝良娣董氏等貴妃誥》	原文記有時間是延和元年十月，此年八月改元爲先天，因此應該爲先天元年十月爲宜。
《良娣楊氏等爲貴妃詔》	《睿宗貴妃豆盧氏等食實封制》	陳麗萍先生認爲此制文時間實在開元四年，唐睿宗崩之後。〔註127〕
《冊獨孤穎長女爲貴妃文》	《追封德儀皇甫氏爲淑妃制》	開元二十三年
《許氏等爲美人等制》	《良娣楊氏等爲貴妃詔》	唐肅宗時期
《鄭氏爲才人制》	《冊獨孤穎長女爲貴妃文》	唐代宗大曆三年
《贈你婆元氏穎川郡太夫人制》	《冊元妃某氏弟爲貴妃文》	唐憲宗元和元年八月，冊封貴妃當早於冊封美人。
《婕妤王氏爲淑妃劉氏爲貴妃制》	《許氏等爲美人等制》	元和元年
《吳氏等封昭儀制》	《鄭氏爲才人制》	唐穆宗時期

〔註127〕陳麗萍：《唐睿宗豆盧貴妃史事考證》，《唐史論叢》第十三輯，第321頁。

原順序	新的順序	備註
《王氏爲才人制》	《婕妤王氏爲淑妃劉氏爲貴妃制》	開成五年二月二十一日,唐武宗即位初期。
	《吳氏等封昭儀制》	會昌六年五月二十三日,唐宣宗即位初期。
	《王氏爲才人制》	無法判斷,按原順序,列於末尾。
一、《趙國夫人一品制》、《贈你婆元氏潁川郡太夫人制》不列入「妃嬪」條,後者當如《冊府元龜》編爲「乳母」條爲宜。		
二、與《唐大詔令集》原文相比,增加四條:《封貴人燕氏爲賢妃制》、《封賢妃燕氏爲德妃制》、《封德妃燕氏爲越國太妃制》、《追封德儀皇甫氏爲淑妃制》。		

附二：《柳夏雲〈唐代后妃一覽表〉補訂》

　　如在研究回顧中所言，柳夏雲在碩士學位論文《唐代后妃及其生活研究》中，做有《唐代后妃一覽表》。此外，陳麗萍先生的大作《兩〈唐書·后妃傳〉輯補》也是力圖在目前可用史料範圍內做最大範圍的輯補工作。然而兩者都存在一些小問題，雖瑕不掩瑜，但進一步完善此工作實屬必要。

　　首先對柳夏雲所做統計表做校正工作。正如柳夏雲自己所說：「就目前而言，本文對大唐皇帝后妃進行全面的考釋似乎在學術界尚屬首次」〔註1〕。此表搜羅材料全面，考證翔實，就研究內容而言確有開創之功。但仍有一些需要補訂之處。

　　第一，唐睿宗的董貴妃、楊淑妃、武賢妃當爲唐玄宗的后妃。柳夏雲所用來證明的材料正是《唐大詔令集》中的《皇帝良娣董氏等貴妃誥》。筆者在前文已經有論述，先天元年八月，唐玄宗即位之後，尊睿宗爲太上皇。「上皇自稱朕，命曰誥……皇帝自稱曰予，命曰制、敕……」〔註2〕並且良娣、良媛等都是皇太子妃妾的稱號，都指向是唐玄宗無疑。楊淑妃、武賢妃很有可能是唐玄宗的元獻皇后楊氏和貞順皇后武氏，因此列入唐玄宗妃嬪名錄不能並列，需要有所交代。

　　第二，唐玄宗的梅妃，本就是虛構人物，論者實多，黃永年先生在《楊貴妃和她的故事》一文中提到，「所謂梅妃江采芹者，並無其人」，並且引用某位先生的觀點：梅妃的事情是「編造出來的假人假事」，黃先生認爲「倒是

〔註1〕柳夏雲：《唐代后妃及其生活研究》，第26頁。
〔註2〕《資治通鑒》卷二一〇，唐玄宗先天元年八月庚子條，第6674頁。

頗有可能性的」〔註3〕。柳夏雲所引《全唐文·元宗江妃》未見收錄於《文苑英華》和《冊府元龜》中，也未寫作者，因而懷疑是偽作居多。因此梅妃的問題，不能下定論，存疑最好。

第三、唐玄宗的何淑妃，考證錯誤。《冊淑妃爲皇后文》此文本出《文苑英華》卷四四六《冊文五》「皇后冊文」條，明確題有作者爲錢珝，因此考出錢珝的事跡就能推斷此冊文的時間。錢珝《舊唐書》中只有一處記載。《舊唐書·昭宗本紀》記載：龍紀元年（889）「十一月己丑朔，將有事於圜丘。改御名曰曄。辛亥，上宿齋於武德殿，宰相百僚朝服於位。時兩軍中尉楊復恭及兩樞密皆朝服侍上，太常博士錢珝、李綽等奏論之曰……狀入，至晚不報。錢珝又進狀曰……」〔註4〕《舊五代史》也有記載：「崔沂，大中時宰相魏公鉉之幼子也。兄沆廣明初亦爲宰輔。沂舉進士第，歷監察、補闕。昭宗時，累遷至員外郎、知制誥。性抗厲守道，而文藻非優，嘗與同舍顏蕘、錢珝俱秉筆，見蕘、珝瞻速，草制數十，無妨譚笑，而沂自愧。」〔註5〕《文苑英華》中也記有《授膳部郎中知制誥錢珝守中書舍人制》，作者是薛廷珪，《舊五代史》有傳，記載：「廷珪，中和年在西川登進士第，累歷臺省。乾寧中爲中書舍人。」〔註6〕薛廷珪乾寧中爲中書舍人，草《授膳部郎中知制誥錢珝守中書舍人制》，即錢珝是在乾寧中做中書舍人，並且《文苑英華》中收錄大量錢珝在唐昭宗時期草寫的制文。綜合以上材料，不難發現，錢珝草寫制文的主要時間段是在唐昭宗時期。因此《冊淑妃爲皇后文》中提到的何淑妃就是唐昭宗的何皇后，並非唐玄宗的何淑妃。

再回到制文本身來看，「維乾元五年歲次戊午四月庚子朔二十七丙寅，……諮爾淑妃何氏，柔既可觀，儉皆中度。……乃顧皇儲，仍因子貴。……實上帝之所嘉，詎聯心之可抑。今遣某官某持節冊爾爲皇后。」〔註7〕《舊唐書·后妃傳下》記載關於何皇后的內容：「昭宗積善皇后何氏，東蜀人。入侍壽王邸，婉麗多智，特承恩顧，生德王、輝王。昭宗即位，立爲淑妃。乾寧

〔註3〕 黃永年：《楊貴妃和她的故事》，《中國典籍與文化》，1993年第2期。後收入《學苑零拾》和《唐史十二講》。

〔註4〕 《舊唐書》卷二〇上《昭宗本紀》，第738頁。此事也記載於《唐會要》卷九下「雜郊議下」條。

〔註5〕 《舊五代史》卷六八《崔沂傳》，第900頁。

〔註6〕 《舊五代史》卷六八《薛廷珪傳》，第899頁。

〔註7〕 《文苑英華》卷四四六《冊文五》「皇后冊文」條，第2255頁。

中，車駕在華州，冊爲皇后。」〔註8〕《舊唐書·昭宗本紀》記載：乾寧五年（898年，八月改元光化），「四月庚子，制淑妃何氏宜冊爲皇后。」〔註9〕從冊文「乃顧皇儲，仍因子貴」一句來看，當是說何皇后所生唐昭宗長子李裕，李裕在「乾寧四年二月十四日冊爲皇太子」〔註10〕。時間、人物、稱號、事跡，一一吻合，此制文必是說何皇后無疑，「乾元」應該改爲「乾寧」。還有楊矩《冊淑妃何氏爲皇后文》〔註11〕，也是說唐昭宗何皇后之事。爲何皇后的冊文有兩份？筆者懷疑可能與當時動蕩的時局有關。

　　至於柳夏雲所引用《松窗雜錄》中「何皇后」條的材料，更是張冠李戴，此事在《新唐書·后妃傳上》已經有明確記載，當是唐玄宗的元妃王氏事跡，「始，后以愛弛，不自安。承間泣曰：『陛下獨不念阿忠脫紫半臂易斗面，爲生日湯餅邪？』帝憫然動容。」〔註12〕

　　第四，補唐玄宗和麗妃、張美人；唐憲宗杜氏；唐穆宗鄭才人；唐宣宗吳氏、史氏、柳氏。唐玄宗時改革內官制度，「乃於皇后之下立惠妃、麗妃、華妃等三位，以代三夫人，爲正一品」〔註13〕。張說所作《和麗妃神道碑銘奉敕撰》：「……麗妃趙氏，天水人也。麗者以華美爲貴，妃者以配合爲尊。……開元十四年，春秋三十有四，七月十四日薨於春華殿。殯於龍興觀之精屋，示以出家，從道例也。」〔註14〕唐玄宗張美人見新出《唐故張美人墓誌》，載：「開元元年四月四日，敕追入大內，尋冊拜爲美人，……開元十二年六月壬辰終於大明宮妃嬪院，時年二十有四。」〔註15〕唐憲宗杜氏見《唐故沔王墓誌》：「沔王恂，憲宗皇帝第十子，母杜氏。」〔註16〕唐穆宗鄭才人，詳見拙文《〈唐大詔令集〉「妃嬪」條考釋》中《鄭氏爲才人制》的論證。唐宣宗吳氏、史氏、柳氏詳細考證見第五章。

〔註8〕　《舊唐書》卷五二《后妃傳下》，第 2203 頁。

〔註9〕　《舊唐書》卷二〇上《昭宗本紀》，第 764 頁。

〔註10〕　《舊唐書》卷一七五《昭宗諸子傳》，第 4545 頁。

〔註11〕　《文苑英華》卷四四六《冊文五》「皇后冊文」條，第 2256 頁。

〔註12〕　《新唐書》卷七六《后妃傳上》，第 3491 頁。

〔註13〕　《舊唐書》卷五一《后妃傳上》，第 2162 頁。

〔註14〕　（唐）張說撰：《張燕公集》卷二一《碑銘》，北京：中華書局，1985 年，第 215 頁。

〔註15〕　此墓誌乃私人收藏。詳見唐瑋：《新出唐〈張美人墓誌考釋〉》，《碑林集刊》第十輯，2004 年，第 121～122 頁。

〔註16〕　賈二強：《釋唐紀王沔王覲王墓誌》，《唐史論叢》第十三輯，2011 年，第 332 頁。

　　第五，在論述唐憲宗孝明皇后鄭氏時，沒有引用《南部新書》中的重要材料。《南部新書》記載：「李錡之誅也，二婢配掖庭，曰鄭曰杜。鄭則幸於元和，生宣皇帝，是爲孝明皇后。杜即杜秋，《獻替錄》中云：『杜仲陽即杜秋也漳王養母』。」〔註17〕《南部新書》成書於宋眞宗大中祥符時，此條材料雖不影響文中結論，但很可能就是《新唐書‧后妃傳下‧孝明皇后鄭氏》的史料來源，或者兩者史料來源爲同處。陳寅恪先生讀《舊唐書》至孝明皇后鄭氏時，所作札記就是引用《南部新書》的這條史料〔註18〕，亦能證明此條材料之重要。

　　第六，唐文宗的王淑妃、劉賢妃應當歸於唐武宗。所引材料《婕妤王氏等爲淑妃制》。此制文有明確時間是開成五年二月二十一日，由於唐文宗崩於開成五年正月初四〔註19〕，所以這道制文草寫時間應該是唐武宗即位之初。

　　第七，唐武宗的吳昭儀、張婕妤、晁美人、梁美人、羅才人、史才人應當歸於唐宣宗。所引材料《吳氏等封昭儀制》，也有明確時間會昌六年五月二十三日，由於唐武宗崩於會昌六年三月二十三日〔註20〕，所以草寫時間應該在唐宣宗即位之後。制文中隨提到的長城郡夫人、武威郡夫人也應該歸於妃嬪中，這是是唐後期內官制度變化中的「內夫人」。

　　第八，引文不規範。論述唐德宗韋賢妃是時，所引《大唐故賢妃京兆韋氏墓誌銘並序》，出處是《全唐文》，此文是白居易所作，收錄於《白氏長慶集》卷四二《墓誌銘》〔註21〕，當用後者爲好。列唐憲宗孟婕妤時，所引《祭故贈婕妤孟氏文》，也是白居易所作，收錄於《白氏長慶集》卷五七《翰林制誥四》。同樣的問題還存在於唐順宗董德妃，所引《禮部賀冊太上皇后及德妃表》作者是柳宗元，因此使用《柳河東集》更爲妥當。

　　附三筆者將新制一份《唐代后妃一覽表》。需要強調的是下表基本是在參考陳麗萍先生研究成果的基礎之上完成的。對於后妃的相關史料的出處，陳先生所撰已幾乎窮盡，而且涉及到其家族網絡和政治史等相關問題，此方面

〔註17〕　（宋）錢易撰；黃壽成點校：《南部新書》，北京：中華書局，2002年，第66頁。

〔註18〕　詳見陳寅恪：《讀書札記一集‧舊唐書之部》「憲宗孝明皇后」條，北京：生活‧讀書‧新知三聯出版社，2001年，第96頁。

〔註19〕　見《舊唐書》卷一七下《文宗本紀下》)，第579頁。

〔註20〕　見《舊唐書》卷一八上《武宗本紀》，第610頁。

〔註21〕　另外，朱金城箋注：《白居易集箋注》一書也可以使用，上海古籍出版社1988年版。

筆者不擬做重複研究。關於備注部分，只羅列主要史料，如若想深入研究可參考陳先生的文章。但是對於一些問題陳先生有未曾注意，或有所失誤之處會進行補訂。

附三：《唐代后妃一覽表》（新）

皇帝	后　妃	備　　註
唐高祖	竇皇后（太穆） 萬貴妃 尹德妃 莫貴嬪 孫嬪 宇文昭儀 崔嬪 楊嬪 小楊嬪 郭婕妤 劉婕妤	主要材料見《舊唐書》卷六四《高祖二十二子傳》：「高祖二十二男：太穆皇后生隱太子建成及太宗、衛王玄霸、巢王元吉，萬貴妃生楚王智雲，尹德妃生酆王元亨，莫嬪生荊王元景，孫嬪生漢王元昌，宇文昭儀生韓王元嘉、魯王靈夔，崔嬪生鄧王元裕，楊嬪生江王元祥，小楊嬪生舒王元名，郭婕妤生徐王元禮，劉婕妤生道王元慶，楊美人生虢王鳳，張美人生霍王元軌，張寶林生鄭王元懿，柳寶林生滕王元嬰，王才人生彭王元則，魯才人生密王元曉，張氏生周王元方。」〔註 1〕 　　莫嬪。《大唐西市博物館藏墓誌》收錄《大唐莫貴嬪墓誌銘》。據陳麗萍考證兩者爲一人。 　　筆者懷疑張婕妤與張氏或爲同一人。原因有二：第一，高祖二十二子中除李玄霸外，只有尹德妃所生酆王元亨、張氏所生周王元方早薨，分別是在貞觀六年和貞觀三年，而且都「無子國除」。如何

〔註 1〕　《舊唐書》卷六四《高祖二十二子傳》，第 2413～2414 頁。
〔註 2〕　《舊唐書》卷六四《高祖二十二子傳》，第 2416 頁。
〔註 3〕　唐高祖共二十二子。李淵父子大業十三年（617）六月起兵，是年第五子李智雲被殺，時年 14 歲，大業元年生。第七子李元昌，其墓誌已經發現，載貞觀十七年（643）四月六日被賜死，時年 25 歲，生年當在武德二年（619）。可參看樊波、舉綱：《新見唐〈李元昌墓誌〉考略》，《考古與文物》，2006 年第 1 期。第 95～96 頁。李淵至少有十六子都是在武德年間所生，武德元年李淵五十三歲。
〔註 4〕　《舊唐書》卷六四《高祖二十二子傳》，第 2425 頁。

皇帝	后　妃	備　註
唐高祖	楊美人	在貞觀六年和貞觀三年，而且都「無子國除」。如何這是一種巧合的話，那麼我們假設張氏爲張婕妤。《舊唐書》記載：「建成、元吉又外結小人，內連嬖幸，高祖所寵張婕妤、尹德妃皆與之淫亂。」〔註2〕這種「淫亂」，恐非事實。但從側面證明兩人爲建成一黨，而且來往密切。自然深爲李世民所憎惡。從玄武門之變後李世民滅建成一門的手段來看，酆王和周王的處境也不會太好。那麼從這點上張氏爲張婕妤是講得通的。第二，既然尹德妃和張婕妤都深受高祖寵信。從高祖諸子傳中判斷，在武德時期高祖仍具備旺盛的生育能力。〔註3〕酆王元亨爲高祖第八子，武德三年受封。周王元方，高祖第九子，武德四年受封。〔註4〕可見年歲相差不遠。而尹德妃與張婕妤又同時受寵。
	張美人	
	張寶林	
	柳寶林	
	王才人	
	魯才人	
	魯才人	那麼爲什麼在《舊唐書》中稱張氏而不稱張婕妤呢？筆者懷疑，張婕妤可能在玄武門之變後不久就被殺害，婕妤之號也被褫奪。成爲貞觀以後大家不願提及的認爲。因爲在武德九年庚申日，李世民率長孫無忌等伏兵玄武門之時，張婕妤竊知此情況，「馳語建成」。〔註5〕事後李世民必知此事，肯定是又驚又惱，張婕妤也肯定不可能有好的結果。
	張氏＝張婕妤？	總而言之，這種判斷只是一種推測，並無直接材料做證明。
	薛婕妤	《大唐故中書令贈光祿大夫秦州都督薛公墓誌銘》載：「公之姑河東夫人，神堯之婕妤也。」〔註6〕
	（辛處儉妻）某氏	《貞觀政要》卷二
	楊貴嬪	《太安宮嬪楊氏墓誌銘》見趙振華、孫紅飛：《唐高祖李淵嬪楊氏與長安太安宮》，《唐都學刊》2011年第6期。唐高祖貞觀三年（629）四月徙居大安宮，貞觀九年（635）五月崩於大安宮垂拱前殿。楊貴嬪乃太安宮宮嬪，當爲高祖後宮。
唐太宗	長孫皇后（文德）	兩《唐書·后妃傳》
	徐賢妃	

〔註5〕《資治通鑑》卷一九一，唐高祖武德元年六月庚申條，第6010頁。
〔註6〕《唐代墓誌彙編續集》垂拱○○三，第279頁。薛氏有「河東夫人」之號，是因爲曾經爲高宗的舊師。可參看陳麗萍：《兩〈唐書·后妃傳〉輯補》，第24頁。

皇帝	后　妃	備　　註
唐太宗	燕德妃(越國太妃)	《唐會要》「陪葬名位條」中記載:「昭陵陪葬名氏:越國太妃燕氏、趙國太妃楊氏、紀國太妃韋氏、賢妃鄭氏、才人徐氏、鄭國夫人、彭城郡夫人。」〔註7〕
	楊妃(趙國太妃)	
	韋貴妃(紀國太妃)	
	鄭賢妃	《舊唐書》卷七六《太宗諸子傳》:「太宗十四子:文德皇后生高宗大帝、恒山王承乾、濮王泰,楊妃生吳王恪、蜀王愔,陰妃生庶人祐,燕妃生越王貞、江王囂,韋妃生紀王慎,楊妃生趙王福,楊氏生曹王明,王氏生蔣王惲,後宮生楚王寬、代王簡。」〔註8〕
	楊妃(隋煬帝女)	
	陰妃	
	王氏	
	後宮(佚名)	
	楊氏＝楊妃、楊婕妤	參看《〈唐代詔令集〉「妃嬪」條考釋》
	□昭儀	《唐代墓誌彙編續集》永淳○○四《大唐故亡宮二品昭儀墓誌銘並序》
	韋昭容	《唐代墓誌彙編續集》顯慶永淳○○五《大唐故文帝昭容韋氏墓誌銘並序》
	金婕妤	《唐代墓誌彙編續集》永昌○○一《亡宮婕妤三品金氏墓誌銘》
	□婕妤	《唐代墓誌彙編續集》麟德○二一《大唐故婕妤三品亡尼墓誌銘並序》
	廬江王妾	《資治通鑑》卷一九三,唐太宗貞觀二年十二月壬午條。
	崔才人	《唐大詔令集》卷二五「嬪妃」條:《冊崔弘道女爲才人文》、《冊蕭鏗女爲才人文》、《冊蕭鑠女爲美人文》
	蕭才人	
	蕭美人	
	武才人	即武則天
	某下嬪	《新唐書》卷七九《后妃傳上》:「下嬪生豫章公主而死,后視如所生。」〔註9〕
	徐才人?	上引「昭陵陪葬名氏」中還有「徐才人」。陳麗萍先生在《兩〈唐書・后妃傳〉輯補》,認爲徐才人與徐賢妃爲同一人。但爲何會有「才人」、「賢妃」

〔註7〕《唐會要》卷二一「陪葬名位」條,第 412～415 頁。
〔註8〕《舊唐書》卷七六《太宗諸子傳》,第 2647 頁。
〔註9〕《新唐書》卷九七《后妃傳上》,第 3470 頁。

皇帝	后　妃	備　　註
唐太宗	徐才人？	之舛誤呢？《舊唐書·徐賢妃傳》中記載：「太宗聞之，納爲才人，……俄拜婕妤，再遷充容。……永徽二年卒，時年二十四，詔贈賢妃，陪葬於昭陵之石室。」〔註10〕徐氏的晉封路線是「才人——婕妤——充容——賢妃」，才人爲始封之號，爲何不稱「賢妃」呢？再比較其他名錄，太妃之號乃高宗時所封，可見是採用最終封號。《唐西臺舍人贈泗州刺史徐府君碑》中載「武帝賢妃姊也；大帝婕妤妹也。」，在此被稱爲「賢妃」。在《舊唐書·徐堅傳》中稱「堅長姑爲太宗充容，次姑爲高宗婕妤。」稱「充容」尚可，「才人」恐怕就太降等級。出現這種差錯的原因可能有兩點。 　　第一：徐才人與徐賢妃不是一人。陪葬昭陵石室與陪葬昭陵，屬於不同的陪葬方式。 　　第二：徐才人與徐賢妃是同一人。《唐會要》記載有誤「賢妃鄭氏、才人徐氏」當爲「賢妃徐氏、才人鄭氏」才對。宋敏求《長安志》沿襲《唐會要》的錯誤。
	陳先生《輯補》中收錄刀人高氏，但是筆者認爲據其墓誌所載，明確爲秦王刀人，而且卒年是在武德九年四月十日。彼時李世民還是秦王不是皇帝，因此不能以后妃視之。	
唐高宗	王皇后（被廢）	
	武皇后	
	後宮劉氏	《舊唐書》卷八六《高宗中宗諸子傳》：「高宗八男：則天順聖皇后生中宗、睿宗及孝敬皇帝弘、章懷太子賢，後宮劉氏生燕王忠，鄭氏生原王孝，楊氏生澤王上金，蕭淑妃生許王素節。」〔註11〕
	鄭氏	
	楊氏	
	蕭淑妃	
	徐婕妤	太宗徐賢妃妹。
	上官才人	即上官婉兒。高宗上元儀鳳之際，十三歲時被封爲才人。參見李明、耿慶剛：《〈唐昭容上官氏墓誌〉箋釋——兼談唐昭容上官氏墓相關問題》，《考古與文物》，2013 年第 6 期。
	韓國夫人，武則天姊。魏國夫人，韓國夫人之女。陳先生《輯補》中認爲她們是高宗妃嬪之一，筆者對此持懷疑態度。	

〔註10〕《舊唐書》卷五一《后妃傳上》，第 2167 頁。
〔註11〕《舊唐書》卷八六《高宗中宗諸子傳》，第 2823 頁。

皇帝	后 妃	備 註
唐中宗	趙皇后（和思順聖）	上元二年四月辛巳，時爲周王妃，幽死於內侍省。
	韋皇后	兩《唐書・后妃傳》
	後宮（佚名）	《舊唐書・高宗中宗諸子傳》載：「後宮生庶人重福、節愍太子重俊、殤帝重茂。」
	上官婕妤	即上官婉兒。《唐大詔令集》卷二五「嬪妃」條《起復上官氏婕妤文》
唐睿宗	劉皇后（肅明順聖）	長壽二年正月癸巳，被武則天所殺。
	竇皇后（昭成順聖）	
	宮人柳氏	《舊唐書・睿宗諸子傳》載：「睿宗六子：昭成順聖皇后竇氏生玄宗，肅明順聖皇后劉氏生讓皇帝，宮人柳氏生惠莊太子，崔孺人生惠文太子，王德妃生惠宣太子，後宮生隋王隆悌。」
	崔孺人＝崔貴妃〔註12〕	
	王德妃	
	後宮（佚名）	
	豆盧貴妃	《全唐文補遺》第五輯《唐睿宗大聖真皇帝故貴妃豆盧氏墓誌銘並序》
	唐孺人	吳業恒：《新見〈大唐安國相王孺人晉昌唐氏墓誌〉考釋》，《碑林集刊》第十三輯。根據以上崔孺人被追封爲「貴妃」來看，唐孺人也當有追封。
	王賢妃	與王德妃是姊妹。《全唐文補遺》第一輯《大唐睿宗大聖真皇帝賢妃王氏墓誌銘》
唐玄宗	王皇后（被廢）	兩《唐書・后妃傳》
	楊皇后（元獻）	
	武皇后（貞順）	
	劉華妃	《舊唐書・玄宗諸子傳》載：「玄宗三十子：元獻楊皇后生肅宗，劉華妃生奉天皇帝琮、靖恭太子琬、儀王璲，趙麗妃生廢太子瑛，錢妃生棣王琰，皇甫德儀生鄂王瑤，劉才人生光王琚，貞順武皇后生夏悼王一、懷哀王敏、壽王瑁、盛王琦，高婕妤生穎王璬，郭順儀生永王璘，柳婕妤生延王玢，鍾
	趙麗妃	
	錢妃＝錢德妃？	
	皇甫德儀＝皇甫淑妃	

皇帝	后　妃	備　　註
唐玄宗	劉才人	美人生濟王環，盧美人生信王瑝，閻才人生義王玼，王美人生陳王珪，陳美人生豐王珙，鄭才人生亘王璕，武賢儀生涼王璇、汴哀王璥，餘七王早夭。」〔註13〕
	高婕妤＝高才人	
	郭順儀	
	柳婕妤	
	鍾美人	
	盧美人	
	閻才人	
	王美人	
	陳美人〔註14〕	
	鄭才人	
	武賢儀	
	楊貴妃	楊玉環
	項貴妃	某公主生母。《大唐故右威衛左中侯項君墓誌銘並敘》載：「貴妃之令弟，公主之季舅。」〔註15〕
	郭婉儀	《全唐詩》中劉長卿所作《故女道士婉儀太原郭氏輓歌詞》兩首，司空曙《故郭婉儀輓歌》一首。
	張美人	唐瑋：《新出唐〈張美人〉墓誌考釋》，《碑林集刊》第十輯。
	閻氏	《全唐文補遺》第五輯《唐故太原郡帝嚳之苗曳閻嵩之後閻府君（諱力）皇朝贈朝散大夫忠王友故夫人太原郡太夫人王氏開元廿八年八月五日恩制內度太平觀女道士諱紫虛墓誌銘並序》載：「忠使弔祭，恩念賢妃。長女榮親，早薨喪德。外孫金豔，國女信成公主。桃夭盛花，不幸將薨。駙馬，銀青光祿大夫、秘書大監、武陽縣開國侯獨孤明。」
	董芳儀	廣寧公主母。
	杜美人	萬春公主母。
	常才人	新平公主母。

〔註13〕《舊唐書》卷一〇七《玄宗諸子傳》，第3257～3258頁。
〔註14〕陳麗萍在《兩〈唐書·后妃傳〉輯補》誤為「陳才人」，第95頁。
〔註15〕《唐代墓誌彙編》天寶一九三，第165頁。

皇帝	后　妃	備　　註
唐玄宗	曹野那姬	壽安公主母。以上見《新唐書·諸帝公主傳》
	董貴妃	《唐大詔令集》卷二五「嬪妃」條《皇帝良娣董氏等貴妃誥》：「良娣董氏、良娣楊氏、良媛武氏等……董氏可貴妃，楊氏可淑妃，武氏可賢妃。」具體考證參看《〈唐大詔令集〉「妃嬪」條考釋》。
	楊淑妃＝楊皇后？	
	武賢妃＝武皇后？	
唐肅宗	吳皇后（章敬）	兩《唐書·后妃傳》
	張皇后	死後被廢爲庶人。
	韋妃（離婚）	《舊唐書·肅宗代宗諸子傳》記載：「肅宗皇帝十四子：章敬皇后生代宗皇帝，宮人孫氏生越王係，張氏生承天皇帝，王氏生衛王佖，陳婕妤生彭王僅，韋妃生兗王僴，張美人生涇王侹，裴昭儀生襄王僙，段婕妤生杞王倕，崔妃生召王偲，張皇后生恭懿太子佋、定王侗，宮人生郴王榮、宋王僖。」〔註16〕段婕妤，貞元六年六月贈爲昭儀。〔註17〕
	孫氏	
	張氏	
	王氏	
	陳婕妤	
	張美人	
	裴昭儀	
	段婕妤（昭儀）	
	崔妃	
	張皇后	
	後宮（佚名）	
	楊貴妃	《唐大詔令集》卷二五「嬪妃」條《良娣楊氏等爲貴妃詔》載：「楊可貴妃，于可淑妃，于可德妃，良媛陳爲昭儀，良媛閻爲充儀，良媛陸爲充容，崔氏爲修儀。」〔註18〕
	于淑妃	
	于德妃	
	陳昭儀	
	閻充儀	
	陸充容	
	崔修儀	

〔註16〕《舊唐書》卷一一六《肅宗代宗諸子傳》，第 3381～3382 頁。
〔註17〕《舊唐書》卷一一六《肅宗代宗諸子傳》，第 3388 頁。
〔註18〕《唐大詔令集》卷二五「妃嬪」條，第 82 頁。

皇帝	后 妃	備 註
	董婕妤	《文苑英華》卷九六五《贈婕妤董氏墓誌銘》
唐肅宗	鄭良媛？	《大唐太子典設郎鄭公故夫人崔氏墓誌銘並序》載：「是以誕生季女，坐聞天聽，入儲右之□，居良媛之秩。」〔註19〕陳先生推測鄭良媛可能卒於肅宗即位前，也可能使其后妃名號闕失。〔註20〕
	杜良娣，天寶五載十二月，太子出良娣爲庶人。〔註21〕恐不能入后妃行列。	
唐代宗	沈皇后（睿眞）	兩《唐書・后妃傳》
	獨孤皇后（貞懿）	兩《唐書・后妃傳》，《唐大詔令集》卷二五「嬪妃」條有《冊獨孤穎長女爲貴妃文》
	崔貴妃	《新唐書・諸帝公主傳》記爲崔貴妃
	恭王太妃（佚名）	元稹《恭王故太妃輓歌詞兩首》
	張昭儀？	段安傑撰《樂府雜錄》
唐德宗	王皇后（昭德）	兩《唐書・后妃傳》
	韋賢妃	《白氏長慶集》卷四三《大唐故賢妃京兆韋氏墓誌銘》
	武充容	《舊唐書》卷一四《憲宗本紀上》：「冊德宗充容武氏爲崇陵德妃。」
	王氏	王承昇妹。《唐語林校證》卷六
	宮伎董氏（隴西郡夫人）	《唐代墓誌彙編》開成〇一〇《唐故隴西董夫人墓誌》
唐順宗	王皇后（莊憲）	兩《唐書・后妃傳》
	王昭儀（邠國太妃）	《舊唐書》卷一四《順宗本紀》載「承徽王氏、趙氏可昭儀，崔氏、楊氏可充儀，王氏可昭媛，王氏可昭容，牛氏可修儀，張氏可美人。」〔註22〕
	趙昭儀（宋國太妃）	
	崔充儀	
	楊充儀	
	王昭媛	
	王昭容	

〔註19〕《唐代墓誌彙編》天寶一一一，第663頁。
〔註20〕陳麗萍在《兩〈唐書・后妃傳〉輯補》誤爲「陳才人」，第102頁。
〔註21〕《舊唐書》卷一〇六《李林甫傳》，第3239頁。
〔註22〕《舊唐書》卷一四《順宗本紀》，第408頁。

皇帝	后 妃	備 註
	牛修儀 ＝牛美人？＝牛充容？	
唐順宗	張美人	
	崔昭儀	《新唐書・諸帝公主傳》
	崔昭訓	
	張昭訓（郊國太妃）	《舊唐書・德宗順宗諸子傳》載:「順宗二十三子〔註23〕:莊憲皇后王氏生憲宗皇帝;王昭儀生郊王經;趙昭儀生宋王結;王昭儀生鄆王綜;王昭訓生衡王絢;餘十八王,本錄不載母氏。」〔註24〕此處《舊唐書校勘記》載:「王昭儀（筆者注:第一位王昭儀）本書卷一四《憲宗紀》、《新書》卷八二《十一宗諸子傳》作『張昭訓』。」據《大唐故郊王墓誌銘》載:「母太妃張氏。」〔註25〕當以張昭訓爲是。
	閻昭訓（衡國太妃）	《舊唐書・憲宗本紀上》記載:「鄆王母王昭儀、宋王母趙昭儀、郊王母張昭訓、衡王母閻昭訓等,各以其王並爲太妃。」〔註26〕上文衡王母爲王昭訓,這裡衡王母爲閻昭訓,不知孰是孰非,但是一般說來本紀記載多出於實錄,此處與陳麗萍先生意見一樣,以閻昭訓爲是。
	董德妃	《舊唐書・順宗本紀》:「（永貞元年八月）詔立良娣王氏爲太上皇后,良媛董氏爲太上皇德妃。」〔註27〕《舊唐書・憲宗本紀上》記載:「（元和元年三月）壬辰,太上皇德妃董氏卒。」〔註28〕
	陳氏	文安公主生母。《大唐故文安公主墓誌銘》載:「順宗至德大聖大安孝皇帝第十七之女,今上之老姑。母曰陳氏。」〔註29〕

〔註23〕《新唐書》卷八二《十一宗諸子傳》載:「順宗二十七子:莊憲皇后生憲宗皇帝及綰,張昭訓生經,趙昭儀生結,王昭儀生總、約、緄;餘二十王,史亡母之氏、位,四王蚤薨,亡官諡。」第3626頁。
〔註24〕《舊唐書》卷一五〇《德宗順宗諸子傳》,第4047頁。
〔註25〕《唐代墓誌彙編續集》大和〇四六,第916頁。
〔註26〕《舊唐書》卷一四《憲宗本紀上》,第418頁。
〔註27〕《舊唐書》卷一四《順宗本紀》,第409頁。
〔註28〕《舊唐書》卷一四《憲宗本紀上》,第416頁。
〔註29〕《唐代墓誌彙編續集》大和〇一一,第887頁。

皇帝	后　妃	備　　註
	蕭妃，順宗爲太子時的太子妃，貞元六年八月辛丑日被殺。〔註30〕不屬於后妃行列。	
唐憲宗	郭皇后（懿安）	《新唐書・十一宗諸子傳》載：「憲宗二十子：紀美人生寧，懿安皇后生穆宗皇帝，孝明皇后生宣宗皇帝。餘十七王，皆後宮所生，史逸其母之號、氏。」〔註31〕
	鄭皇后（孝明）	
	紀美人	
	許美人	《舊唐書・憲宗本紀》載：元和元年「八月甲子日「以許氏爲美人，尹氏、段氏爲才人。〔註32〕
	尹才人	
	段才人	
	孟婕妤	元和二年十二月十九日，白居易作《祭故贈婕妤孟氏文》。〔註33〕
	杜氏	憲宗第十子沔王恂生母。〔註34〕
	薛太儀？	《唐代墓誌彙編續集》咸通〇四六《故薛太儀墓誌》
唐穆宗	王皇后（恭僖）	《新唐書・十一宗諸子傳》
	蕭皇后（貞獻）	
	韋皇后（宣懿）	
	武貴妃	《新唐書・諸帝公主傳》
	張昭儀	
	□太妃	穆宗第四子安王溶母。《隋唐五代墓誌彙編》（陝西卷）第二冊《大唐故安王墓誌銘並序》
	鄭才人	鄭才人陳麗萍先生認爲與唐憲宗鄭皇后是同一人，但是在《〈唐大詔令集〉「妃嬪」條考釋》中根據作者元稹的任官經歷，應該是唐穆宗的內官。
唐敬宗	郭貴妃	《新唐書・十一宗諸子傳》、《舊唐書・后妃傳》

〔註30〕 陳麗萍：《兩〈唐書・后妃傳〉輯補》，第 118 頁。
〔註31〕 《新唐書》卷八二《十一宗諸子傳》，第 3628 頁。
〔註32〕 《舊唐書》卷一四《憲宗本紀上》，第 418 頁。
〔註33〕 《白居易集箋釋》卷五七，第 3277 頁。
〔註34〕 貫二強：《釋唐紀王沔王夔王墓誌》，《唐史論叢》第十三輯，2011 年。

皇帝	后　妃	備　　　註
唐文宗	王德妃	《新唐書・十一宗諸子傳》載：「文宗二子：王德妃生永，後宮生宗儉。」〔註35〕
	後宮（佚名）	
唐文宗	楊賢妃	《舊唐書》卷一七《文宗紀下》載：開成二年八月庚戌，「詔昭儀王氏冊爲德妃，昭容楊氏冊爲賢妃。」
唐武宗	鄭皇后	《唐會要》卷三「皇后」條僅錄：「武宗皇后鄭氏。」〔註36〕
	王賢妃	兩《唐書・后妃傳》
	王淑妃	《唐大詔令集》卷二五「嬪妃」條《婕妤王氏等爲淑妃劉氏爲賢妃制》
	劉賢妃	
唐宣宗	晁皇后（元昭）	兩《唐書・后妃傳》
	吳昭儀＝吳氏	唐宣宗第四子夔王滋生母。〔註37〕
	張婕妤	《吳氏等封昭儀制》有明確時間會昌六年五月二十三日，其文載：「吳氏可封昭儀，張氏可封婕妤，晁氏、梁氏並可封美人，羅氏、史氏並可封才人，錢氏可封長城郡夫人，曹氏可封武威郡夫人……」〔註38〕。由於唐武宗崩於會昌六年三月二十三日〔註39〕，所以草寫時間應該在唐宣宗即位之後。
	晁美人	
	梁美人	
	羅才人	
	史才人＝史氏〔註40〕	
	長城郡夫人	
	武威郡夫人	
	南安郡夫人仇氏	《全唐文補遺》第四輯《故南安郡夫人贈才人仇氏墓誌銘》
	柳婕妤＝柳氏？	《西安碑林博物館新藏墓誌彙編》所收《唐故昭王墓誌銘並序》
	陳氏	宣宗十一字廣王瀍生母。《全唐文補遺》第七輯《唐故廣王墓誌銘並序》

〔註35〕《新唐書》卷八二《十一宗諸子傳》，第 3633 頁。
〔註36〕《唐會要》卷三「皇后」條，第 34 頁。
〔註37〕賈二強：《釋唐紀王沔王夔王墓誌》，《唐史論叢》第十三輯，2011 年。
〔註38〕《唐大詔令集》卷二五「妃嬪」條，第 83 頁。
〔註39〕見《舊唐書》卷一八上《武宗本紀》，第 610 頁。
〔註40〕陳麗萍：《兩〈唐書・后妃傳〉輯補》，第 138 頁。

皇帝	后　妃	備　　註
	某女樂？	《唐語林校證》卷七
	某美女？	《東觀奏記》下卷。兩者司馬光《通鑑考異》皆不取。
唐懿宗	王皇后（惠安）	《新唐書・十一宗諸子傳》
	王皇后（恭憲）	
	郭淑妃	《新唐書・后妃傳》
	崔婕妤	《唐會要》卷三「內職」條：「婕妤崔氏王氏（此條原本有缺）。」〔註41〕
	王婕妤	
	雷氏	懿宗第三子涼王侹生母。《全唐文補遺》第二輯《唐故涼王墓誌銘並序》
	楚國夫人贈貴妃楊氏	《全唐文補遺》第三輯《故楚國夫人贈貴妃楊氏墓誌銘》
唐僖宗	缺載	
唐昭宗	何皇后（宣穆）	《新唐書・十一宗諸子傳》
	李昭儀	見上文所以《資治通鑑》的相關論述。
	河東夫人裴氏	
	趙國夫人	
	晉國夫人	
	馮翊夫人	
	婕妤三位	《文苑英華》卷四一九《內中齊國夫人、扶風、高陽郡夫人並封婕妤，樂安郡、新秦郡、廣陵郡、太丘郡、雲安郡五夫人並加封秦晉楚越燕國夫人制》
	秦國夫人	
	晉國夫人	
	楚國夫人	
	越國夫人	
	燕國夫人	
	魏國夫人陳氏	出賜給李克用。《舊五代史》卷二六《武皇紀下》

〔註41〕《唐會要》卷三「內職」條，第33頁。

皇帝	后　妃	備　　註
		在《唐大詔令集》卷二五「嬪妃」條最後是《王氏爲才人制》，沒有時間記載也，所以無法確定王才人屬於哪位皇帝，只能推測屬於宣宗、懿宗、僖宗、昭宗諸帝中其中的一位。

參考書目

一、基本史料

1. 〔漢〕司馬遷撰:《史記》,北京:中華書局,1959 年。
2. 〔漢〕班固撰:《漢書》,北京:中華書局,1972 年。
3. 〔劉宋〕范曄撰:《後漢書》,北京:中華書局,1965 年。
4. 〔晉〕陳壽撰:《三國志》,北京:中華書局,1959 年。
5. 〔梁〕沈約撰:《宋書》,北京:中華書局,1974 年。
6. 〔梁〕蕭子顯撰:《南齊書》,北京:中華書局,1972 年。
7. 〔北齊〕魏收撰:《魏書》,北京:中華書局,1974 年。
8. 〔北周〕庾信撰;〔清〕倪璠注;孫逸民校點:《庾子山集注》,北京:中華書局,1980 年。
9. 〔唐〕房玄齡等撰:《晉書》,北京:中華書局,1974 年。
10. 〔唐〕姚思廉撰:《梁書》,北京:中華書局,1973 年。
11. 〔唐〕姚思廉撰:《陳書》,北京:中華書局,1972 年。
12. 〔唐〕李百藥撰:《北齊書》,北京:中華書局,1972 年。
13. 〔唐〕令狐德棻撰:《周書》,北京:中華書局,1971 年。
14. 〔唐〕魏徵等撰:《隋書》,北京:中華書局,1973 年。
15. 〔唐〕李延壽撰:《南史》,北京:中華書局,1975 年。
16. 〔唐〕李延壽撰:《北史》,北京:中華書局,1975 年。
17. 〔唐〕長孫無忌等撰;劉俊文點校:《唐律疏議》,北京:中華書局,1983 年。
18. 〔唐〕李林甫等撰;陳仲夫點校:《唐六典》,北京:中華書局,1992 年。

19. 〔唐〕杜佑撰；王文錦、王永興等點校：《通典》，北京：中華書局，1988年。

20. 〔唐〕杜甫撰：《杜甫全集》，上海：上海古籍出版社，1996年。

21. 〔唐〕白居易撰；朱金城箋校：《白居易集箋注》，上海：上海古籍出版社。

22. 〔唐〕劉禹錫撰；瞿蛻園箋證：《劉禹錫集箋證》，上海：上海古籍出版社，1989年。

23. 〔後晉〕劉昫等撰：《舊唐書》，北京：中華書局，1975年。

24. 〔宋〕歐陽修、宋祁撰：《新唐書》，北京：中華書局，1975年。

25. 〔宋〕薛居正撰：《舊五代史》，北京：中華書局，1976年。

26. 〔宋〕歐陽修撰：《新五代史》，北京：中華書局，1974年。

27. 〔宋〕王溥撰：《唐會要》，上海：上海古籍出版社，2006年。

28. 〔宋〕王溥撰；牛繼清校證：《唐會要校證》，西安：三秦出版社，2012年。

29. 〔宋〕王溥撰：《五代會要》，上海：上海古籍出版社，2006年。

30. 〔宋〕司馬光撰：《資治通鑒》，北京：中華書局，1956年。

31. 〔宋〕陸游撰：《陸氏南唐書》，上海：上海書店，1984年。據商務印書館一九三四年版重印（四部叢刊本）。

32. 〔宋〕馬令撰：《馬氏南唐書》，上海：上海書店，1984年。據商務印書館一九三四年版重印（四部叢刊本）。

33. 〔宋〕宋敏求編：《唐大詔令集》，北京：中華書局，2008年。

34. 〔宋〕李昉等編：《文苑英華》，北京：中華書局，1966年。

35. 〔宋〕李昉等編：《太平御覽》，北京：中華書局，1960年。

36. 〔宋〕李昉等編：《太平廣記》，北京：中華書局，1961年。

37. 〔宋〕王欽若等編：《冊府元龜》，北京：中華書局，1960年。

38. 〔宋〕王欽若等編：《宋本冊府元龜》，北京：中華書局，1989年。

39. 〔宋〕王欽若等編；周勛初等校訂：《冊府元龜》（校訂本），南京：鳳凰出版社，2006年。

40. 〔宋〕馬端臨撰：《文獻通考》，上海師範大學古籍研究所、華東師範大學古籍研究所點校，北京：中華書局，2011年。

41. 〔宋〕徐天麟撰：《西漢會要》，上海：上海古籍出版社，2012年。

42. 〔宋〕徐天麟撰：《東漢會要》，上海：上海古籍出版社，2012年。

43. 〔元〕脫脫等撰：《宋史》，北京：中華書局，1977年。

44. 〔清〕吳任臣撰：《十國春秋》，北京：中華書局，1983年。

45. 〔清〕梁廷楠撰；林梓宗校點：《南漢書》，廣州：廣東人民出版社，1981年。

46. 〔清〕錢儀吉撰：《三國會要》，上海：上海古籍出版社，2012年。

47. 〔清〕朱銘盤撰：《南朝宋會要》，上海：上海古籍出版社，2012年。

48. 〔清〕朱銘盤撰：《南朝齊會要》，上海：上海古籍出版社，2012年。

49. 〔清〕朱銘盤撰：《南朝梁會要》，上海：上海古籍出版社，2012年。

50. 〔清〕朱銘盤撰：《南朝陳會要》，上海：上海古籍出版社，2012年。

51. 〔清〕阮元校刻：《十三經注疏》，北京：中華書局，1980年。

52. 〔清〕徐松等輯：《宋會要輯稿》，北京：中華書局，1957年。

53. 〔清〕彭定求等編：《全唐詩》，北京：中華書局，1979年。

54. 〔清〕董誥等編：《全唐文》，北京：中華書局，1983年。

55. 〔清〕孫星衍等輯，周天游點校：《漢官六種》，北京：中華書局，1990年。

56. 吳鋼主編：《全唐文補遺》（一至九輯），西安：三秦出版社，1994～2007年。

57. 吳鋼主編：《全唐文補遺》（千唐誌齋新藏專輯），西安：三秦出版社，2006年。

58. 羅新、葉煒撰：《新出魏晉南北朝墓誌疏證》，北京：中華書局，2005年。

59. 趙超編：《漢魏南北朝墓誌彙編》，天津：天津古籍出版社，2008年。

60. 周紹良主編、趙超副主編：《唐代墓誌彙編》，上海：上海古籍出版社，1992年。

61. 周紹良、趙超主編：《唐代墓誌彙編續集》，上海：上海古籍出版社，2003年。

62. 西安市長安博物館編：《長安新出墓誌》，北京：文物出版社，2011年。

63. 胡戟、榮新江編：《大唐西市博物館藏墓誌》，北京：北京大學出版社，2012年。

64. 天一閣博物館、中國社會科學院歷史研究所天聖令整理課題組校正：《天一閣藏明鈔本天聖令校正：附唐令復原研究》，北京：中華書局，2006年。

二、研究著作

著 作

1. 王仲犖：《北周六典》，北京：中華書局，1979年。

2. Priscilla Ching Chung. Palace Women in the Northern Sung: 960～1126. E.J.Brill, Leiden, The Netherlands, 1981.

3. 張晉藩：《中國政治制度史》，北京：中國政法大學出版社，1987 年。

4. （日）仁井田陞著；栗勁、霍存福、王占通、郭延德編譯：《唐令拾遺》，長春：長春出版社，1989 年。

5. 吳以寧、顧吉辰：《中國后妃制度研究》（唐宋卷），上海：華東理工大學出版社，1995 年。

6. 任爽：《唐朝典制》，長春：吉林文史出版社，1995 年。

7. 俞鹿年：《中國政治制度通史》（隋唐五代）第五卷，北京：人民出版社，1996 年。

8. 徐連達、朱子彥：《中國皇帝制度》，廣州：廣東教育出版社，1996 年。

9. 朱子彥：《後宮制度研究》，上海：華東師範大學出版社，1998 年。再版更名為《帝國九重天——中國後宮制度變遷》，北京：中國人民大學出版社，2006 年。

10. 任爽：《唐朝典章制度》，長春：吉林文史出版社，2001 年。

11. 張希清等：《宋朝典章制度》，長春：吉林文史出版社，2001 年。

12. 任爽主編：《十國典制考》，北京：中華書局，2004 年。

13. 杜文玉：《五代十國制度研究》，北京：人民出版社，2006 年。

14. 任爽主編：《五代典制考》，北京：中華書局，2007 年。

15. 王其禕、周曉薇：《隋代墓誌彙考》，北京：線裝書局，2007 年。

16. 俞鹿年：《北魏職官制度考》，北京：科學文獻出版社，2008 年。

17. 陳麗萍：《兩〈唐書‧后妃傳〉輯補》，香港：香港大學饒宗頤學術館，2012 年。

18. 苗霖霖：《北魏後宮制度研究》，臺北：花木蘭文化出版社，2013 年。

論 文

1. 王超：《唐朝皇帝制度的發展與完備》，《南京大學學報》，1985 年第 4 期。

2. 毛佩琦：《中國后妃制度論述》，《中國人民大學學報》，1990 年第 6 期。

3. 陳恩虎：《中國封建社會皇帝后妃問題初探》，《安徽大學學報（哲社版）》，1996 年第 3 期。

4. 潘泰泉：《唐代的女官》，收入朱雷主編：《唐代的歷史與社會：中國唐史年會第六屆年會暨國際唐史學術研討會論文選集》，武漢：武漢大學出版社，1997 年。

5. 孟志偉：《北魏內官制度雜考》，《北方論叢》，1997 年第 2 期。

6. 蔡幸娟：《北魏內官制度研究》，《成功大學歷史學報》，1997 年第 23 號。

7. 耿慧玲：《從神龍宮女墓誌看其在政變中之作用》，《唐研究》第 3 卷，北京：北京大學出版社，1997 年。

8. 蔡幸娟：《北齊北周與隋代內官制度研究》，《成功大學歷史學報》，1998年第 24 號。

9. 杜文玉：《五代敘封制度初探》，《史學月刊》，2003 年第 10 期。

10. 萬靜：《論中國古代帝王后妃制度的確立》，《成都大學學報（社科版）》，2004 年第 1 期。

11. 韓昇、張達志：《〈唐大詔令集〉補訂》，《傳統中國研究集刊》第一輯，上海：上海人民出版社，2006 年。

12. 萬鼐雲：《宋朝內命婦遷轉問題之探討》，《通識研究集刊》，2006 年第 10 期。

13. 李文才：《試論唐玄宗的後宮政策及其承繼——〈太平廣記〉卷 224「楊貴妃」條引〈定命錄〉書後》，《北華大學學報》，2007 年第 2 期。

14. 趙雨樂：《唐前期宮官與宦官的權力消長》、《藩婦與后妃：唐宋之際宮廷權力的解說》，收入氏著《從宮廷到戰場：中國中古與近世諸考察》，香港：中華書局，2007 年。

15. 董春林：《唐代內官初探》，《哈爾濱學院學報》，2007 年第 10 期。

16. 凍國棟、黃樓：《唐德宗貞元末皇位之爭考辨》，收入嚴耀中主編：《唐代國家與地域社會研究——中國唐史學會第十屆年會論文集》，上海：上海古籍出版社，2008 年。

17. 曾國富、鄧上清：《五代后妃與政治》，《蘭州學刊》，2008 年第 7 期。

18. 鄧小南：《掩映之間——宋代尚書內省管窺》，《漢學研究》，2009 年第 27 卷第 2 期。後收入鄧小南、曹家齊、平田茂樹主編：《文書・政令・信息溝通：以唐宋時期爲主》，北京：北京大學出版社，2012 年。

19. 邵育欣：《宋代內命婦封號問題研究》，《歷史教學》，2009 年第 14 期。

20. 劉琴麗：《唐代宮人的政治參與途徑》，《文史知識》，2010 年第 7 期。

21. 陳麗萍：《唐懿宗的皇后》，《中國史研究》，2010 年第 4 期。

22. 胡耀飛：《世系・命運・信仰：唐末五代東海徐氏家族三題》，《唐史論叢》第十三輯，西安：三秦出版社，2011 年。

23. 陳麗萍：《唐睿宗豆盧貴妃史事考證》，《唐史論叢》第十三輯，西安：三秦出版社，2011 年。

24. 陳麗萍：唐〈內人蘭英墓誌釋讀〉——兼論唐代后妃的收養現象》，《碑林集刊》十六輯，西安：三秦出版社，2011 年。

25. 吳麗娛、陳麗萍：《從太后改姓看晚唐后妃的結構變遷與帝位繼承》，《唐研究》第十七卷，北京：北京大學出版社，2011 年。

26. 陳麗萍：《讀兩〈唐書〉札記四則》，《隋唐遼宋金元論叢》第一輯，北京：紫禁城出版社，2011 年。

27. 陳麗萍：《唐宣宗的后妃》，《中國社會科學院歷史研究所學刊》第七集，北京：商務印書館，2011 年。

28. 盛姍姍：《北魏「改定內官」以後嬪妃階位名號考略》，《史林》，2011 年第 2 期。

29. 陳麗萍：《〈資治通鑒〉唐代后妃紀事獻疑》，《隋唐遼宋金元史論叢》第二輯，上海：上海古籍出版社，2012 年。

30. 霍斌：《唐玄宗內官制度改革發微》，《唐史論叢》第十七輯，西安：陝西師範大學出版社，2014 年。

31. 仇鹿鳴：《碑傳與史傳：上官婉兒的生平與形象》，《學術月刊》，2014 年第 5 期。

32. 陳麗萍：《唐懿宗的后妃——兼論唐後期后妃制度的發展與變遷》，《中國社會科學院歷史研究所學刊》九集，北京：商務印書館，2014 年。

未刊學位論文

1. 劉曉雲：《唐代女官制度研究》，首都師範大學碩士學位論文，2007 年。

2. 李晶瑩：《唐代后妃與公主經濟生活初探》，首都師範大學碩士學位論文，2007 年。

3. 張萍萍：《從唐代的后、妃看唐代的政治和社會》，天津師範大學碩士學位論文，2009 年。

4. 柳夏雲：《唐代后妃及其生活研究》，陝西師範大學碩士學位論文，2010 年。

後　記

　　與其他青年學者出版的第一本專著是其碩士或博士論文不同，這本書是我在讀碩士研究生期間所寫的習作。即將付梓，我內心的惶恐遠大於喜悅。想想自己目前還是在讀博士研究生，學術訓練以及寫作能力都顯得很稚嫩，多方面尚不成熟的我能否駕馭一本專著，自己都懷疑。但還好本文一有所創新，二無剽竊，對學術發展也尚有微薄的推動，能出版也是一件值得高興的事情，畢竟為找工作及將來評職稱都不無裨益。

　　以往拿到前輩老師們的專著，總是先看《後記》，似乎通過如此，多瞭解些作者的信息讀起書來才更加暢快、舒心。我也嘗試邯鄲學步，利用後記講講關於這本書我想說的一些話。

　　碩士階段在陝西師範大學受到的學術訓練讓我終身受益。眾所周知，陝師大隋唐史專業在前輩學者史念海、黃永年、牛致功、趙文潤、馬馳等先生的引領下，形成了自己的研究風格，那就是重文獻、重考證。其中尤以黃先生的影響最為深遠。在陝師大時，黃先生的所有著作都成為我們的必讀書目。黃先生的考證之功我們也力圖學習，寫小札記小考證成為一時風尚。甚至關於黃先生的八卦故事也為我們所津津樂道。《唐史史料學》上羅列的書單我在圖書館或學院的資料室幾乎都摸過一遍。與此同時，有幸得到黃先生的哲嗣黃壽成老師給我們講授唐史史料學，相得益彰，進步很快。黃老師講課不是羅列書單，講史料有哪些，而是講史料怎麼用。如能用《文苑英華》就不用《全唐文》，能用唐人詩集就不用《全唐詩》等。類似這些問題，黃老師總是在反覆的強調，由不得你不記在心上。真正寫論文時，便知道要解決某問題從哪裏去尋找材料，而不至於手足無措。賈二強老師是黃先生的高足，他開授的文獻學和《太平廣記》的課程也為我夯實了基礎。時至今日，愈發覺得很多問題只有通過文本細讀才能解決。

　　隋唐史專業的老師對自己學生第一年的學習要求往往都是讀《資治通鑒》隋唐五代的部分，有餘力就看兩《唐書》。我用了一年的時間完成了老師的任務，兩《唐書》則讀了本紀和列傳。讀完以後，感覺竟然是空空如也，心想對於唐代三百年政治史的消化與吸收恐怕會更加漫長。但同時卻彷彿找到了對於唐朝的歷史親近感，內心又踏實許多。讀史料時也做一些現在看來非常可笑的批註，當時寫作的欲望也呼之欲出。

　　爲什麼選擇后妃的問題，在選題緣起中已經交代。對制度史產生興趣則是因爲杜文玉老師開授隋唐五代制度史的課程。杜老師的課深入淺出，而且爲人和藹可親、幽默風趣，上他的課總覺得時間過得很快。當時覺得制度史是基礎，該好好學習，於是關於內官制度的小札記便在課後寫了起來。由於我的愛人付婷是杜老師的學生，作爲「杜門女婿」私下與杜老師交往也較多。之後，便勞煩杜老師幫我修改文章，他也滿口答應，毫無難色。彼時場景至今歷歷在目：那天落日餘暉，灑在杜老師書房的陽臺上，我倆坐在籐椅上。杜老師翹著腿，一隻手叼著煙捲，另一隻手拿寫我的論文，吞雲吐霧中給我講文章的不足和需要修改的地方。我則靜靜的側耳傾聽，聽到要點便拿筆記下來。文章準備出版後，杜老師不嫌多次叨擾，慨然應允給我撰寫序言。由衷感謝杜老師對我的教誨和幫助。

　　現在想來，前輩學者對於晚輩學生的影響，除其學術研究成果外，言傳身教可能更加深遠。感謝從本科、碩士、博士三個階段我所結識的那些和藹可親的老師們。這將是一個長長的名單。他們的平易近人，給了我前進的動力。我的碩士導師於賡哲先生和博士導師劉後濱先生對我學術上的影響無疑更加重要，但只能留待以後碩士論文和博士論文出版的時候再詳細講述。總之，我是幸運的，遇到了這麼多好老師。

　　最後，感謝我的愛人付婷，在這個物欲橫流的社會，她是如此勇敢的嫁給一個歷史學窮博士，也謹以此文紀念我們熱戀相愛的日子。也感謝我的師弟顧成瑞、王申，師妹劉欣、王楊梅幫我校訂文稿的修訂。最後感謝花木蘭文化出版社的工作人員，沒有你們的辛勤幫助，這本書是不可能出版的。

霍斌

2014 年 11 月中國人民大學圖書館

正逢秋意最濃時